Postelectronic
Media Era

後電子媒介時代

陳清河 著

政治大學校長
吳思華 鄭重推薦

三民書局

Communication

國家圖書館出版品預行編目資料

後電子媒介時代 / 陳清河著.－－初版一刷.－－臺北
市：三民，2008
　　　面；　公分
　　參考書目：面
　　ISBN 978–957–14–4885–5　（平裝）

　1.大眾傳播 2.電子媒體 3.傳播科技

541.83　　　　　　　　　　　　　　97015856

© 　後電子媒介時代

著 作 人	陳清河
責任編輯	闕瑋茹
美術設計	蔡季吟
發 行 人	劉振強
著作財產權人	三民書局股份有限公司
發 行 所	三民書局股份有限公司
	地址　臺北市復興北路386號
	電話　(02)25006600
	郵撥帳號　0009998–5
門 市 部	(復北店) 臺北市復興北路386號
	(重南店) 臺北市重慶南路一段61號
出版日期	初版一刷　2008年11月
編　　號	S 890920

行政院新聞局登記證局版臺業字第〇二〇〇號

有著作權・不准侵害

ISBN　978–957–14–4885–5　（平裝）

http://www.sanmin.com.tw　三民網路書店
※本書如有缺頁、破損或裝訂錯誤，請寄回本公司更換。

推薦序

在人類進入 21 世紀的年代，電子媒介挾其無遠弗屆的力量，已成為超國界的新勢力。鑒於電子媒介範疇的日新月異，無論器材設備的推陳出新，跨界經營觀念的啟迪，媒體數量的激增與專業人才的養成，皆與資訊的流通密不可分。近年來，電子媒介因應成熟的匯流科技，廣泛用於節目內容與生活應用服務的傳送；結合行動通訊與線纜系統的鋪設，將各類需求配送至各個家庭，突破了傳統通訊受到地面電波與頻寬的限制，逐步邁向多元頻道與加值服務的新紀元，也為人類電子媒介史寫下新頁。電子媒介產業在數位化科技涉入之後的營運模式，一直存在諸多不確定因素，主要原因不外乎來自數位產製、傳輸與接取三大環節的整合尚未完成。此一情境，不但帶給電子媒介產業經營者或是政策推動者頗多困惑，更重要的是，此一數位科技所能建構的電子媒介營運環境，最終仍須維繫於消費面的支撐。

然而，數位化科技的發展讓電子媒介有更具潛力的前景，也預卜了電子媒介嶄新的未來。放眼今日電子媒介市場的機制，在傳播理念與商業競爭上的多元化發展傾向日趨顯現。電子媒介經營者為了爭取生存空間，嘗試在內容與各類服務的設計上，積極追求滿足消費者需求的規劃，以鞏固其市場的作法，就前者而言，電子媒體經營者為迎合消費需求，卻忽視其社會責任或淡化其公共服務事業的本質，已為眾人所詬病；就後者而論，其作法已使電子媒介的規格與服務對象難以界定，電子媒介經營者為求市場回饋，心中對原始所規劃之媒介機能予以漠視。

如以較嚴謹的思維思考，電子媒介的運作除了科技與競爭因素之外，內部組織的自我成長與政策法規的制訂，亦為不可忽略的重點。這些市

場理念的建立與市場情境的認知，對歷經競爭考驗的電子媒介經營者而言，並非客觀上的不能，而是主觀上的不願意。電子媒介環境的建構，在商業運作之下得以靈活運用而活絡市場動能，乃無可厚非之事，但是惡性競爭與惡性循環的矛盾，必然不是諸多經營者或從業人員所樂見的。

　　本書作者陳清河老師在政大服務多年，曾擔任政大之聲電臺臺長及廣電系系主任，個人對於陳老師平日任事不苟、治學嚴謹的作為，一直有極深刻的印象。在本書中，陳老師有系統地介紹電子媒介科技的應用形式、基本運用原理與主要發展趨勢，並從政策層面與法制作業等角度剖析國內電子媒介的發展。本書除了分析電子媒介產業的生態環境外，也探討近年來電子媒介面臨的重大問題；此外，亦針對電子媒介的問題與未來發展，提出政策與法規方面的建議。閱讀本書的內容，對其相關資料蒐集完整、編排脈絡清楚、文字筆調流暢頗為欣賞。因此個人相信，本書對於有心一窺電子媒介理論與實務堂奧的人士，確實是一本不可錯過的好書；在《後電子媒介時代》出版前有幸先期拜讀，並為本書撰序，除了深感榮幸外，更願藉此鄭重推介。

國立政治大學校長

吳 思 華

2008 年 10 月 23 日

序

任教傳播相關課程蕘然已過二十年的時間，回想個人曾經在各大學開過的課程包括廣播節目製作、電視節目製作、企業組織公關、節目製作管理、廣播電視產業經營與行銷、電訊傳播、政治傳播與廣電媒介、衛星與有線電視，以及多年在政大與鄭自隆、林元輝兩位老師一起合開之大眾傳播史等。本次個人深感榮幸，受三民書局之邀請撰寫電子媒介相關內容，其實，在規劃之初滿腦子就在這些課程內容中打轉，一直期待能將這些課程內容之精華給予整合。在近五年中，歷經擔任政大廣電系所主管、教授升等、借調臺視任職董事長，以及擔任廣電基金執行長等職務，本書因而延宕五年才得以出版。但是，也許就是這一種際遇使然，這段期間正是世界各國電子媒介面對數位化與網路化，不論政策法規或科技皆有較大變動的過程。

回顧臺灣近十年的傳媒快速演變，電子媒介的發展幾乎等於過去五十年的歷程。其原因應歸功於 1988 年元月政府宣布解除報禁，以及 1992 年 3 月電子頻道解禁兩大因素，也就是傳播三體硬體、媒體與軟體中，媒體通路的頻道凍結政策終於獲得解構。這更印證了傳播媒體的發展，科技雖然有其必然性，但社會的偶然性應屬更為重要的原因；因為，科技的推動仍須依賴市場的回饋才能生生不息，但任何體制的國家皆然，市場的秩序需扣連在政策與法規的規劃之下才能有所開拓；任何模式的制度也皆然，市場的機制得以推動，媒介組織與人才的結構才會隨之變化。亦即，唯有政策與法規能夠有所鬆綁 (deregulation)，所謂科技的必然性與社會的偶然性，才會朝向正面發展，媒介的營運空間自然得以形成。

電子媒介之異於其他媒介，在於電子媒介的科技性所帶來的立即性

與互動性，電子媒介的範疇可涉及文字、圖像、語言、聲音、肢體動作甚至抽象的傳播符號。因此，個人在思考本書的撰寫過程中，仍然是從人類傳播行為的核心議題談起；其次，再從科技的元素去探討人類傳播行為中的接收因素。誠如本書所探討的數位意涵，數位技術之數位化只是過程，電子媒介相關產業所要因應的是，數位技術提供更多的內容傳輸空間，因應人性化需求，數位媒體的受眾不一定是傳統接收機使用者，擴而大之，可能是車上用戶、行動上班族或利用電腦或各類行動機具方式的接收者。數位時代的浪潮，導致人類的生活習慣及周遭環境產生根本的變化，對於紙本媒介與電子媒介，也產生了完全不同的期待。

　　本書的內容將不單只是科技衍化的介紹，而是將電子媒介的範疇與人類的主體加以結合，其後續議題當然會涉及整體社會對電子媒介的期待，尤其是電子媒介對人類的影響力與控制力兩造之間的牽扯。人類面對電子媒介的快速演變應該如何自處，或許，其中仍有解鈴還須繫鈴人的義理，因為電子媒介對人類而言，主要是來自於需求而非僅來自於人性，當然，人類對媒介產業的需求與期待常是無止盡的，電子媒介科技也將不斷創新以滿足人類的需求。

陳　清　河

2008 年 11 月

後電子媒介時代

目 次

推薦序

序

緒　言

第一章　人類傳播行為的衍化　1

第一節　傳播行為與工具衍化歷程　2

第二節　部落化社會形式的描述　4

第三節　新媒介替代與襲奪的情境　14

第二章　無線與行動電子媒介　21

第一節　無線廣電媒介行為的構成　22

第二節　數位匯流的電子媒介　34

第三節　行動通訊與廣電媒介產業的結合　37

第三章　有線電視媒介　49

第一節　有線電視傳輸系統之構成　52

第二節　數位有線傳播時代　74

第三節　有線電視平臺的營運架構　96

第四章　衛星電視媒介　119

第一節　衛星傳播體系的構成　121

第二節　衛星媒介的相關傳播議題　139

第三節　直播衛星傳播產業　145

第五章　　新電子媒介時代　155
　　　第一節　網際網路與新興電子媒介　158
　　　第二節　電子商務與新型態購物模式　169
　　　第三節　行動通訊與科技的結合　174
　　　第四節　互動電視媒介發展　182

第六章　　電子媒體產業政策與法規　191
　　　第一節　媒體產業政策的制訂　192
　　　第二節　電子媒介法規的演變　199
　　　第三節　臺灣廣電法規之演變　207

第七章　　電子媒介與產業經濟　219
　　　第一節　電子媒體的市場結構　221
　　　第二節　電子媒體的市場測量　245
　　　第三節　電子媒體的產業鏈　263

第八章　　電子媒體產業策略的未來　275
　　　第一節　數位電子媒介的發展　276
　　　第二節　匯流之後的電子媒體　281
　　　第三節　數位電視革命的創新與傳布　302

參考資料　329
名詞索引　341
中英人名對照表　352

表目次

表 1–1　印刷與電子媒介特質之比較 …………………………………………… 10

表 2–1　各國三大傳統彩色電視系統規格 ……………………………………… 28

表 2–2　各國數位電視的規格 …………………………………………………… 28

表 2–3　美規 HDTV 與 SDTV 的比較 ………………………………………… 29

表 2–4　35mm 電影片全畫幅影片掃描解析度 ………………………………… 31

表 2–5　電視頻道之傳輸頻帶對照表 …………………………………………… 32

表 2–6　高、低功率行動電話比較表 …………………………………………… 38

表 2–7　通訊科技專有名詞 ……………………………………………………… 44

表 3–1　HFC 與 FTTC 之網路特性比較 ……………………………………… 67

表 3–2　同軸電纜與光纖之比較 ………………………………………………… 68

表 3–3　5C 涵蓋內容 …………………………………………………………… 87

表 3–4　美國有線電視發展過程 ………………………………………………… 103

表 4–1　無線、有線與衛星三種訊號傳輸特性比較 …………………………… 126

表 4–2　Eurikon 泛歐電視試播結果 …………………………………………… 136

表 4–3　直播衛星電視的優弱勢 ………………………………………………… 148

表 5–1　全球地面無線數位廣播標準 …………………………………………… 176

表 5–2　DVB-H 與 3G 行動通訊之比較表 …………………………………… 178

表 6–1　八大主管機關《廣播電視法》的制訂歷程 …………………………… 209

表 7–1　衛星與有線電視廣告媒體優缺點比較 ………………………………… 269

表 7–2　電信網路與有線電視網路服務發展趨勢表 …………………………… 270

表 8–1　類比與數位的差異 ……………………………………………………… 277

表 8–2　傳統類比電視與數位電視產業之差異 ………………………………… 278

表 8–3　數位視訊產業發展現況 ………………………………………………… 280

表 8–4　工業經濟與數位經濟的轉化 …………………………………………… 296

表 8–5　高速接取網路進程 ……………………………………………………… 301

表 8–6　數位機上盒 (STB) 的功能與應用 …………………………………… 302

表 8–7　對新事物採用之自變項與依變項分析 ………………………………… 311

表 8–8　常見的數位壓縮標準及用途 …………………………………………… 320

圖目次

圖 2-1　各國無線頻率配置圖 ⋯⋯⋯⋯⋯⋯⋯⋯⋯⋯⋯⋯⋯ 33

圖 2-2　行動通訊加值服務 ⋯⋯⋯⋯⋯⋯⋯⋯⋯⋯⋯⋯⋯⋯ 42

圖 3-1　有線電視系統圖 ⋯⋯⋯⋯⋯⋯⋯⋯⋯⋯⋯⋯⋯⋯⋯ 54

圖 3-2　有線電視與電信事業管制圖 ⋯⋯⋯⋯⋯⋯⋯⋯⋯⋯ 57

圖 3-3　有線電視網路頻譜 ⋯⋯⋯⋯⋯⋯⋯⋯⋯⋯⋯⋯⋯⋯ 72

圖 3-4　有線電視市場上、下游之關係 ⋯⋯⋯⋯⋯⋯⋯⋯ 110

圖 3-5　有線電視營運結構 ⋯⋯⋯⋯⋯⋯⋯⋯⋯⋯⋯⋯⋯ 111

圖 4-1　春分與秋分衛星蝕與陽光飛越干擾示意圖 ⋯⋯ 125

圖 4-2　衛星傳輸過程干擾現象示意圖 ⋯⋯⋯⋯⋯⋯⋯⋯ 127

圖 5-1　數位內容的八大類別 ⋯⋯⋯⋯⋯⋯⋯⋯⋯⋯⋯⋯ 163

圖 5-2　傳播通信發展體系 ⋯⋯⋯⋯⋯⋯⋯⋯⋯⋯⋯⋯⋯ 165

圖 5-3　DVB-H 結合之各項業務 ⋯⋯⋯⋯⋯⋯⋯⋯⋯⋯⋯ 179

圖 7-1　電視營銷體制 ⋯⋯⋯⋯⋯⋯⋯⋯⋯⋯⋯⋯⋯⋯⋯ 238

圖 7-2　收視率分析結構圖 ⋯⋯⋯⋯⋯⋯⋯⋯⋯⋯⋯⋯⋯ 258

圖 8-1　數位化基礎模式 ⋯⋯⋯⋯⋯⋯⋯⋯⋯⋯⋯⋯⋯⋯ 285

圖 8-2　數位化電子媒介產業傳輸構面圖 ⋯⋯⋯⋯⋯⋯⋯ 286

圖 8-3　聚合媒體環境的水平分層結構 ⋯⋯⋯⋯⋯⋯⋯⋯ 289

圖 8-4　匯流後之電訊產業結構圖 ⋯⋯⋯⋯⋯⋯⋯⋯⋯⋯ 292

圖 8-5　傳統電視與數位電視經營之比較 ⋯⋯⋯⋯⋯⋯⋯ 304

圖 8-6　傳播科技生態環境衍化程序概念 ⋯⋯⋯⋯⋯⋯⋯ 307

圖 8-7　創新傳布期程的採用率 ⋯⋯⋯⋯⋯⋯⋯⋯⋯⋯⋯ 313

緒　言

　　為能結合科技匯流的精神，在本書中所提「媒體」的用詞是以傳播機構或產業加以界定，而「媒介」則是一種傳播通路；唯須強調，兩者皆存在於工業因素的運作。班尼傑 (James R. Beniger, 1986) 在《控制革命》(*The Control Revolution*) 一書中提及，後工業的概念和前工業以及工業的概念是相對的。基本上，前工業的經濟部門是以農業、礦業、漁業、林業等自然資源為其經濟的基礎；而後工業的經濟部門是種加工處理，而且經常是一些非實體的服務，其中，電訊傳播和電腦對資訊及各類知識的交換日益重要。後工業社會或可稱之為資訊社會 (information society) 的特徵，不在勞動價值理論，而在知識價值理論，知識的創造及如何快速創新成為此一階段的重要程序；數位化之後，電子媒介常在人類的影響力與控制力之間牽扯。較狹隘的技術觀念，乃後工業社會的主要問題，在如何發展出能開發數位資訊的技術；其中電訊傳播主要是電話、電信、無線電和電視以及各類型的網際網路社會，則可以分為社會結構、典章制度和科技文化等三個部分。

　　資訊社會是一個眾所公認的社會新興現象，從 50 年代就開始有人主張，電腦的發明帶動著另一次類似工業革命的巨大變化；到 90 年代個人電腦已非常普遍而資訊網路的快速形成與成長，更讓許多人直接地感受到電腦對人類社會的影響。就電子媒介工具演變，社會結構方面的變遷，就是經濟改造和職業體制改組的方式，而且也涉及理論與經驗、特別是科學與技術之間的關係。電子媒介的產生是一種文明的產物，媒介原本就是人類為了更方便與快速溝通所推出的工具，無論在農業社會、工商業社會乃至資訊社會的階段，這些媒介的工具皆以不同形式出現，較具

體的不同，應該只是傳播形貌的改變。此乃本書將以口語傳播的部落化社會、印刷傳播的非部落化社會、廣電傳播的再部落化社會，以及網路與行動接收結合的新部落化社會，加以描繪媒體的經營與社會的對話，期待此種種議題的探討，得以使傳播媒介工具的定位更為明確。

再就科技的社會形塑觀點，科技之流變主要在探索如何避免將科技獨立於社會之外的弊端，因此「科技決定論」(technological determinism)者主張科技的變遷決定社會走向的說法，不應忽略科技本身也是一種社會產物。以電視為例說明電視科技成為媒介，乃是因為人類心中有所期望才會發展出來，科技不只是社會變化的表徵，而是人類心中期望的核心反應，如果社會需求夠強烈，一項適當的科技就會產生。此一論調更強化任何媒介的產生必然與社會有相互依存的關聯性，也表露出科技的發展仍維繫於社會結構元素的取向。

科技的發展對於電子媒介工業有決定性的影響。科技愈進步，民眾的需求愈能夠被滿足，進而刺激民眾對電子媒介產品的消費，當然，人類也可能會因為電子媒介科技的進步，更難以滿足感官與生活情境的需求，形成一種壓力與困惑，永無止境的提升科技的層次。不過，當消費市場越普及，電子媒介科技的影響力就被強化，迫使政府必須制訂相關政策法規作出回應，而政府的對策又將回過頭來導引電子媒介科技的進展方向。從歷史的演變過程中可以得到印證，此乃在新科技形成中循環不已的過程，此一過程對電子媒介而言，使得政治、經濟、教育及文化的範疇無一能置身事外，成為人類再建構歷史偶然性思考的原因。

然而，從社會的多面向元素加以觀察，縱使電子媒介科技常為民眾需求帶來延伸性，科技的變化也不全然站在人類的角度。當內容產製者或使用者的腳步產生落差時，科技所衍生的福祉便可能將其遠遠拋之在後，其中，科技匯流和數位落差正是媒介科技推動者所必須面對的兩難問題。科技對於人類生活究竟是「革新」還是「革命」？在這個電子媒介科技日行千里的時代，或許應該停下腳步再次思索，追求科技的同時，

應拋開科技必然性的思維，回歸社會對電子媒介的依賴。從臺灣電子媒介近八十年發展的脈絡觀之，電子媒介科技的演變實與人類生活條件的改變有密切相關。未來傳統廣播電視應採跨平臺整合的方向，結合多媒體、影音處理和傳輸技術，創造更多的可能性，滿足閱聽大眾對電子媒介科技多元的想像空間；或是採取如何善待自我的角度，使電子媒介在滿足人類征服感官目的之同時，亦能思考其科技形成的手段，是否也製造數位落差 (digital divide) 的情況，應是值得關心的事。

第一章

人類傳播行為
的衍化

第一節　傳播行為與工具衍化歷程

自 1450 年代印刷科技推出之後，基於其可大量複製與永久保存的特質，建構了大眾傳播的環境。大眾傳播媒介溝通的過程有一個很重要的元素，經常在於傳播工具的使用；社會大眾沒有廣泛而立即的傳播工具，各類型大眾形式的傳播行為當然難以被認同。而傳播工具的溝通特質以及其功能的良劣與否，對於溝通的品質與傳播的效果也是有著重大的影響。就羅吉斯 (Everett M. Rogers) 在 1962 年所提出創新與傳布的理念，科技在人類企求達成擴散的過程中，必須先考量如何用以減少因果關係中的器械動作，以及傳播工具的親近性。其實，這段話更充分顯現傳播情境的重要性。

傳播工具的衍化，從古至今都是為了要讓人們得以更有效率的溝通；相對的，也期待能成為多面向與多層次的媒介，其中，電子媒介所扮演的角色對大眾傳播的場域而言，必然更為實用。回歸人類傳播行為的歷史演進，若以媒介工具的演變來看人類社會的衍化，人類的傳播行為應有下列幾個重要的進程，分別是非口語與口語傳播之「部落化社會」、非同步空間擴散採印刷科技之「非部落化社會」、具同步中心化使用傳統電子媒介之「再部落化社會」，以及垂直與水平、直接與間接模式的網路與個人化媒介之「新部落化社會」等四個時期。較明確的是，上述每個時期都有其重要的傳播工具，以及由傳播工具特性所衍生出的特殊傳播形式。

一、部落化社會

乃指口語發明之前後，洞穴圖像以及採骨塊雕琢的非口語時代所代表的部落化社會。在此一階段，人類是以視覺、嗅覺與觸覺來傳述對話意圖。諸如姿勢與表情，以及語言社會中的長者與智者對空間部落的控制；人類的傳播行為受限於開放式空間且缺乏更有效的媒介工具，因此

皆須在同一有限的空間進行溝通，此種形貌乃屬部落化社會的結構。

二、非部落化社會

就傳播的形式而言，蘇美人和埃及人寫在泥板上的文字，其離開固有空間仍可進行溝通的機制，形成了非部落化的社會形貌。1830 年代的美國，因為一分錢報 (penny press) 的發展，使得古騰堡的活字印刷術，能將訊息傳播給非部落化的大眾，更印證空間解構非部落化的實質意義。施蘭姆 (Wilbur Schramm, 1988) 曾提及，文字的發明逐漸取代人類的記憶，而印刷術在人類傳播史中扮演具象徵空間延伸的意義。

三、再部落化社會

電子媒介的電影、廣播、電視大眾媒介，運用單向性、同步且大區域空間擴散模式，使一個或一小群人能將訊息傳播給大眾，形成中心化與再部落化的社會結構。藉由電子媒介的形式，將空間與時間的既有形式予以解構，使資訊來源的溝通模式回歸部落化社會的時代，有權力者如宗教、智者、商人或政治人物，皆可藉此控制更龐大的部落，甚至產生民族主義或國族主義。

四、新部落化社會

1970 年代之後，以電腦為基礎建立的傳播網路系統 (computer-based communication network) 促成了「一對一、一對多、多對多、上對下、下對上」的同步與非同步資訊交換，促使社會採取虛擬群聚各取所需以及投其所好的新部落化社會。人與人之間的溝通更為多元，社會中的人群不見得相識，但常因意識型態、資訊交換的利益以及偶像崇拜，而有另一種類型的群組溝通模式，自然形成所謂新部落化社會的形式。

而此四段部落形式之改變，不外乎是一種傳播科技衍化的結果，其中，電子媒介的社會建構也就起源於廣而播之 (broadcast) 的形貌。就科

技決定論的觀點，所有的傳播科技都延伸自人類的感官，包括了觸覺、嗅覺、味覺、聽覺或視覺。這樣的感官延伸使人類能在時間和空間中，基於新傳播工具的替代與襲奪得到原本可能無法獲取資訊的模式。媒介提供人類一道通往世界的窗口，使人類能夠更快速知曉更多發生在遠方的事件。因此，在探討傳播工具這個議題時，不能忽略回歸「傳播工具對於人類社會有深遠的影響性」。

第二節　部落化社會形式的描述

一、部落化社會時代——口語傳播

在人類傳播的歷史中，非口語傳播與口語傳播是在文字發明之前的傳播形式，這也是唯一人類所特有的傳播工具。動物製造出聲音來進行爭奪地盤、威嚇、求偶、悲憫或是求救的各種具有本我之功能性訊息；人類也有透過肢體動作來表達的非語文符號，例如面部表情、手勢以及與語言相連的非語文符號，如笑聲、嘆息（游梓翔等譯，1988）。此種可以言之為來自天賦使然的語音與語言工具，讓人類得以溝通。

使用語言是人類傳播史的重要關鍵，語言傳播替代原始的吶喊、手勢、表情和標示路徑的石頭或狼煙。讓人類不再和原始穴居人一樣，使用效率低落的溝通方式；可以想見，語言是人類了不起的智慧成就。然而，口語傳播的保存性是不夠妥善的，人類無法將口述的訊息給予精確、完整且長久的保存，這對於人類文明的演進和社會的影響，相對而言是緩慢、漸進以及不顯著的。以口語溝通的環境，在未能與電子媒介工具結合之前，當然僅能在特定的空間採面對面、一對一或一對多，用威權的方式將知識或資訊傳達，部落化的社會結構自然形成。

口語傳播的部落化社會時代之特色，乃形成長者或智者對知識、宗教、商業或政治訊息的固定空間傳播控制模式，亦是一種中心主義形貌

的公眾傳播儀式；因此，人類智慧傳承經常掌握於少數人手中，導致部落與部落之間較多隔離，空間的元素礙於媒介工具，必然成為該傳播世代的主要障礙。

二、非部落化社會時代──文字與印刷傳播

大約在西元前 10 世紀，閃族的字母被用來書寫亞拉美語，亞拉美根據簡明的傳統字母發展成為貿易用字。這種文字沒有楔形文字的複雜，同時也可以快速書寫，包含自印度引入的數字，基於當時社會的生活情境，文字必須隨羊皮作為傳播工具而得以發展。在人類的歷史中，手寫與印刷是解構空間與時間延續的傳播形式。其實，文字的發明與人類生活方式的改變有關，從漁獵變成農耕、畜牧的生活型態，開啟村落的形成。而村落形成之後，造成人群的聚集，普通的村落可以到百人之多，大型的村落甚至可以到千人，使人們能見到的同類遠比過去為多，更造成許多傳播行為的涉入，諸如以下幾種情境：

㈠資訊流傳的質量改變使多元傳播工具形成

有更多的人從事相同或類似的職業，在擁有共同經驗之下，可以談論的話題就更為廣泛，所需要談論的知識與經驗分享就更多，而這些資訊經常超越人類的記憶力，所以需要文字來補足口語傳播的不足與流傳空間。

㈡資訊交流的形式改變使多元傳播行為形成

人類因為農耕制度而較少需要遷徙和狩獵，長期定居的結果導致某些社會制度和措施發展受限制，更導致數百人居住的村落也需要形成體制來加以管理。私有制度和族譜的記載，也引發更多的傳播行為；為求傳承技藝與社會體制，口述加文字成為留存歷史的重要依據。

㈢資訊內容的交易改變使契約傳播模式形成

伴隨著長期定居和私有制度產生後所引發的政治和商業行為，需要更多的文字和書寫來進行契約的書寫和交易記錄，以便留存更多類型的交易活動。除此之外，人類仰賴文字之長久記錄特質，撰述史實並衍生商業化與權力控制模式。

文字傳播必須仰賴記錄工具。就媒介工具控制空間的思考，草紙乃是在由中央政權控制的有限地區生產，以供集中式官僚行政日用之需；而且草紙本身的脆弱性也使之只能以水路運輸。相反的，羊皮紙乃是廣布分散的農牧經濟產品，可符合分權行政管理及陸運的要求；此外，羊皮紙是適於廣闊地區流傳的耐久材質，可被用來改編成大型參考書籍、宗教聖經及法律條文，並促成圖書館的建立。

就資訊控制的觀點，羊皮紙基於產量不足，使其在空間解放上的意圖較弱，但因人類對文字的使用，經常是寫得少記得多之特質，反而易於造成時間上的知識壟斷。它的發明，對西方文明在知識上的溝通有下列影響：(1)由於並非所有人都有抄寫書籍這樣的能力，只能由當時的修士來進行，對教會組織擴張有促進作用；(2)快速書寫的要求及羊皮紙需經濟使用的特性，促使書寫字體的發展，使閱讀和書寫都成為需高度技術的技藝。然而，羊皮紙造成知識壟斷後，出現紙張與其競爭；最後，羊皮紙強調時間概念的知識壟斷，紙張的出現卻使其壟斷衰頹，促進強調空間概念的政治科層制度發展。有趣的是，前者自然形成國族空間，後者則促成帝國主義的形式。

紙張起源於中國，而中國當初使用紙張記錄文字造成一些典章與制度的影響。諸如，鞏固儒家正統思想，且輔助口述傳承與科舉制度；更由於人類使用同一種文字，而彌補社會各階層之間的鴻溝。然而，早期中國由於使用紙張媒介，因此較為強調空間擴散的概念，而不重視時間存留的意圖；而其後回教徒將造紙技術傳到西方，對於當時社會也造成

一些影響。紙張本質上屬城市型產品，造成原本於鄉村修道院控制之教育，逐漸被在城市中成長的教堂附設學校或大學所取代，使教育脫離教師或長老的控制。此外，紙張的流傳也使原來教會壟斷知識的主流，因為紙張的使用讓各種文字得以發展。識字後的人類，產生與識字前的人類大不相同的情緒，隨之造成社會的變化，階級主義自然形成。綜合紙張對人類社會還有以下影響：

㈠商業行為的形成

紙張在文件及貨幣上被廣泛的使用，也影響商業的興盛與商業契約交易制度的建立。

㈡印刷術的發明

價廉的紙張使人類智慧成果得以普及；書寫技藝受重視造成印刷術發明，提供人類產生複製型大眾傳播的模式。

㈢學理替代口語

以前無教科書時代係靠口語討論辯證，待教科書普及之後，使討論逐漸沒落，學院的體制也產生變化，逐漸有些重要論述為後人所流傳。

㈣圖文語言交錯

在紙張上書寫，可以是文字也可以是圖像，人類開始運用符號，與聲音、情境、情緒以及隱喻結合，促使人類在藝術與溝通的表現更為多元。

如上所述，紙張的繼續發展影響到印刷術的發展。當初是因為《聖經》宣教需求引進印刷術，由於印刷文字採用字母文字，它富彈性且適應機械化要求，大量且快速的印刷成為可能。因而，印刷業使書籍交易業得以建立，出版商開始關注市場，使教會的壟斷降低，書寫文字權威大減，造成鉅大的社會影響。在 16 世紀末，基於羊皮紙之知識壟斷遭破

壞，印刷術因重視地方性方言而造成分歧，形成小國林立，教會由國王支配。印刷也帶來強調自然與理性，個人與財產自由以及對抗封建或教會統治的情境（李明穎等，2006）。印刷工業大量擴張，助長了獨占性事業的新聞自由，並強化民族主義。民族主義建基於語言，並受口述文字機械化的作用，帶來反映權力分散之因素。

　　施蘭姆對於文字發明賦予崇高的評價，並且認為印刷只不過是隨文字發明的一種跟進工具；麥克魯漢 (Herbert Marshall McLuhan) 則給予印刷技術更低的評價，認為印刷文字是違背人類天性的一項發明。依其觀點，閱讀文字必須要循序漸進，以及對抽象符號作線性的閱讀和解釋，造成人類在觀察社會時，會壓抑其他的感官功能而採取較果斷地解讀方式。印刷術提供相較於文字的一種大量記憶體，使得個人記憶漸不適用；印刷術培養出消費者心態，讓人類隨時接受加工且包裝好的知識商品；印刷術更創造出一種心理習慣，和他人進行心靈溝通；印刷術亦可把自己維持在單一情緒性的狀態，例如，人類常用報紙窺探他人隱私（林圭譯，2001）。

三、再部落化社會時代——廣播與電視媒介

　　從電子媒介傳播的特質談起，傳統的廣播電視媒介是以一對多且單向的方式進行傳播行為，此種模式可將分散在各地的空間給予中心化的結合，自然形成再部落化社會時代。在此一社會進程，電子媒介之所以能夠超乎印刷媒介，不外乎有以下幾項特質：

㈠易於接近性的特質

　　電子媒介的一大特性，在於它具有高度的接近性。接近性的意思是，人類取得和接收媒介訊息難易與近用的程度。這個概念可以從下列幾個方向討論：

　　1.內容上的接近性

由於電子媒介的傳播對象是一般普羅大眾，它的內容也就較為淺顯且易於感受，不像報紙或是雜誌，使用的言詞較為抽象且學術，討論的議題也有其進入與理解的難度；而電子媒介為了配合它特殊的傳播形式，以及重視互動的特性，其內容與用字都不能過於複雜與專業。因此，閱聽眾不必受任何教育訓練就可以理解其中的訊息，繼而從中得到滿足。

2.易於接收的接近性

接收電子媒介的內容相對於印刷媒介是容易的。相較於印刷媒介需要透過實體販售通路或是郵寄系統，電子媒介只要坐在接收設備前，不需透過任何人就可以接收到訊息，不必像傳統印刷媒介必需仰靠交通工具，亦即，電子媒介可以不必受到最後一哩 (last mile)❶的障礙。隨著無線網路的普及化，電子媒介接收也不再受限於空間，可以隨時隨地以行動接收方式獲得資訊。此外，隨著無線網路的頻寬加大，各種互動、隨選功能也逐漸成為可能，也因此更豐富電子媒介的傳播形式。

㈡共同閱聽的特質

相較於印刷媒介內容接受時的獨占特性，電子媒介可以是一個共享、共同接收的媒介。在閱讀報章雜誌時，是一個人的閱讀情境，而在觀看電視或收聽廣播時，則是一個具有同時分享和社交性的接收情境。

㈢溝通自然匯流的特質

匯流 (convergence) 的基礎概念為同樣類似的服務可由不同的網路提供。匯流就是原本分屬不同電訊、媒體、資訊市場的提供者，因為科

---

❶ 最後一哩 (last mile) 首現於沃夫 (J. Wolf) 等人出版 *The Last Mile: Broadband and the Next Internet Revolution* 一書，係指訊息傳播給閱聽人之前，仍需藉由其它有形或無形（如文字使用）傳播媒介的通路，而造成傳播者與受播者之間有障礙，此種障礙皆可稱之為媒介的最後一哩。反之，亦有所謂的最前一哩 (first mile)，指傳播組織對內容與服務來源的障礙。

技的改進，而成為市場上的互補角色或競爭者。就像是原本分屬於電信市場的市內電話和網路市場的網路電話，就因為科技的匯流性而成為相互競爭，但又有互補的複雜關係，也使得電子媒介成為一個競爭結構高度動態複雜的產業。

　　從上述的媒介特質可見，電子媒介注重的是互動性。由於電子媒介的傳播特質，它重視的是動態傳輸，塑造出同時傳播的特性，模擬出人際面對面溝通的情境。正因如此，受眾在電子媒介中是高度參與的；同理，產製電子媒介的文本是傳播者和受眾共享模式，其生產出的內容之深度性較為不足，功能在於娛樂而非文化傳承，也比較缺乏保存的價值。再者，由於電子媒介的接收容易，根據鉅大影響理論，它會對人類有較大的科技效應。

　　相較於印刷媒介，電子媒介擁有許多超越過去印刷媒介的特質。而這兩個媒介有許多差異，可以用下列三個面向作為比較與探討。但是值得注意的是，三個面向彼此之間卻也都是交互影響的，不能獨立視之。

表 1-1　　印刷與電子媒介特質之比較

	印刷媒介		電子媒介	
功能特質	重複使用 專業知識	深度報導 永久典藏	同步性強 臨場性強	隔空傳播 高互動化
社會特質	提供新知 學術傳播	啟發民主 社會風潮	傳達資訊 強調互動	高度商業 多媒體化
媒介特質	訊息充分 較長保存 較具彈性	滿足興趣 財力較少 要求精緻	即時傳播 非線作業 低深度性	動態傳輸 高度參與 快速複製

資料來源：作者整理

(一)功能特質

　　平面印刷媒介的表現形式多以文字呈現、輔以圖表說明，其呈現方式適合個人化的、長時間的閱讀。此外，印刷媒介具有重複使用的特質，

只要保存紙本，讀者可以一看再看。因此，在表現形式和重複使用的兩項特質之下，印刷媒介很適合於表現精緻而專業的論述，自然也是適合深度報導與專業報導。電子媒介的表現形式多以影像和聲音呈現，輔以文字說明，這樣的呈現方式適合社群性、短時間的接收。電子媒介的同步性強，強調臨場感，因此較不適合太過於艱澀複雜的內容，以免收視者無法理解其內容意涵。

㈡社會特質

由於媒介表現形式的不同，適合的文本類型不同，對於社會也有著不同的影響。印刷媒介適合於表現精緻而專業的論述，在提供新知方面相較於電子媒介是較為合適的。由於它的特質以及表現形式，很適合用於學術討論之上，印刷媒介具有相當大的保存價值，許多偉大的思想都是經由印刷的媒介得以保存。因此在形塑社會風潮上，也是印刷媒介擅長的。相對的，電子媒介的同步性強，適合提供即時性的資訊，而且它的內容不能太過於複雜，因此，其傳播內容多以商業訊息為主。由於它的訊息傳遞是以商業營利作為目的，必須注重消費者的意見，再加上科技的雙向特性，使得它十分重視互動。

㈢媒介特質

在媒介特質上，印刷媒介的保存相對而言是容易的，因為印刷媒介的產製成本較低，具有較低的技術門檻，可以讓較多的人進行產製，因此，它的生產是比較多元的，社會中各種階層和興趣團體都可以藉此來進行社群討論，它較能滿足多元的興趣。另外，也由於它具有較佳的彈性與低廉的產製成本，能夠顧及分眾的興趣與需求，而有較寬廣的思想空間。

電視、廣播和衛星大眾媒介的發明，其隨身性強的行動媒介特質，對於人類的傳播也有著重大的影響。人們藉著這三種傳播工具，得以大

量與易於接近使用地傳輸各種影音訊息給閱聽大眾。然而，這些傳播工具在當時又掌握在少數的社會階級手中，因此，容易造成社會中的主流文化和強勢意見，缺乏能與之抗衡的聲音。媒介效果子彈論 (bullet theory) 和宣傳分析認為媒體影響巨大，必須由政府加以控管，否則容易對社會造成重大負面影響；新的電子媒介讓人類恢復以較為豐富的感官方式來解讀媒介內容，動用了比印刷媒介更多的感官和腦力。廣播電視是電子媒介裡最重要的一個，因為它能浸透幾乎每個家庭，一面以終極的訊息對人的整個感官系統加工塑形的同時，一面把觀眾每個人的中樞神經系統予以延伸。

四、新部落化社會時代──網路及個人化媒介

綜觀科技脈動下之電信、有線電視、衛星、無線及電腦工業的分立，將因匯流而成為整合流通系統，經由數位科技的推波助瀾，數位科技使傳輸訊號的模式有了革命性的改變。然而，數位科技的產物在推廣過程，卻因社會接受取向而有所不同，目前各國對數位傳輸科技的推展即面臨此一問題，其間的變化似乎在印證班尼傑 (James R. Beniger, 1986) 所言，是「一種控制革命的自然延續」(俞灝敏等譯，1998)。不同的是，其影響程序已非如以往，廣電產業將由生產而分配再到消費的階段，自動化與虛擬化的「生產模式」同時必須面對常時 (always on) 消費需求的考驗；其「分配模式」是多向且雙向，從資訊流通的觀點，生產者亦可能是消費者，反之消費者也可能是生產者；而「消費模式」則成為具有主動控制的能力，過去所謂的合理化與科層化的面貌將因數位科技產物的引用而有所改觀，往後之廣電傳輸數位化過程，必然要在軟體產製、訊號傳輸與接收設備三管齊下運作。

傳播科技所創造的虛擬空間與網路空間，被韋伯斯特 (Frank Webster) 放在「虛擬文化」(virtual culture) 的概念下加以理解。虛擬文化被視作是一種「人／科技／空間」所形成的一種新關係鏈，經由虛擬社

區加以具體化呈現，這種文化是由穿梭在不同空間、眾多具有相乘作用的社會技術關係體系所形構，而這個體系提供了地方性與非地方性（即超越地域限制的），一種親密的、關係性的與相互回饋性的聯結。隨著傳播科技的發展及電腦應用普及率提升，許多新傳播方式、工具及管道源源不斷被開發出來，並且進入每個現代家庭，成為現代人生活中不可或缺的一部分。即時通訊軟體 (web messenger, MSN) 的使用便是一例，在上班時間開啟即時通訊工具，開啟一天溝通的行為。開啟即時通訊的目的，是基於希望同事與友人之間能夠彼此互通有無，以及資訊互相流通。現代的人，若沒有在即時通訊工具上進行群組交流，反而會出現些許疏離與失落感。

　　雖然電腦網路的雛形早在 1960 年代便已出現，只是過去的網路比起現在單純很多，當時大多是用以連結能量強大的電腦主機與終端機，以儘量發揮主機的效益。由於電腦及相關設備不斷進步，企業不斷嘗試擴充電腦網路的功能。時至今日，網路越連越廣，各類網站大量出現。電腦在未來的真正工作將不會跟資料檢索有任何關係，因為人類常把記憶用在許多用途上，大部分是無意識的。尤其是網路及個人化媒介，常將使用者之間的類同需求加以群組，而自然產生新部落化社會的時代。

　　網路空間，既不是任何神學體系的產品，也非物理的空間，而是在物理空間之外的空間，但它卻是一個屬於「心靈」的新空間，魏特罕 (Margaret Wertheim) 將之稱為「網路心靈空間」，這個最新型態的空間，亦有創造網路烏托邦 (cyber-utopia) 的重要功能 (Wertheim, 1999)。無論是從唯心、唯物的觀點，或以全球化、資本主義或國家主義的角度來分析，都對網路空間的形塑成因提出不同的見解。此種虛擬情境已具備替代實體空間的傳播情境，網路傳播便是形塑此一概念的典型。基於網際網路的加入，結合電信與資訊的一對一及雙向、主動、點選與資料庫之新科技溝通模式，建構出數位化的傳播通路。亦即，基於科技的日漸成熟，傳統廣播電視的傳輸已可將聲音、影像及資料整合起來，儲存龐大

訊息供隨時選取，並聚集互動功能於一身。網際網路的快速發展，透過線上來進行即時與互動式的訊息傳播，但不見得能夠適用於網路虛擬社群，因為網路屬於一個虛擬世界，任何人、任何地點只要連結上網路，便可以立即瀏覽所好或所需的訊息。

第三節　新媒介替代與襲奪的情境

　　新媒介是相對於傳統媒介而言的相對定義。對於報紙或雜誌文字媒介，廣播的聲音是新媒介；對於報紙和廣播，電視是新媒介；對於報刊與廣播電視而言，網路是新媒介。回顧大眾媒介的發展，新媒介的出現並不一定會取代傳統的媒介；反之，新媒介帶來挑戰和競爭，促進傳統媒介的發展和創新。亦即，當傳統媒介帶給人類的經驗值飽和之後，就自然有新媒介的創意值出現。以網際網路的出現為例，網際網路與傳統廣播電視媒介運用於溝通情境的創意差異，包括同步性與異步性、多元接收與供應、可測量特質、單向與多向、形式與深入、被動與主動、獨立與觀摩以及批判與思考等不同。由於網路是一個由科技建構出來的另類虛擬空間，因此網路虛擬世界也面臨一個無處所、無地方、無地域的社會學新興議題。在虛擬的網路世界中，參與者可以透過虛擬的空間與其他網路使用者交流、互動，除了對社群有更深一層的認識和參與外，更能夠培養社群的默契和緊密關係。因而，所建構的溝通情境必然會影響受播者接觸媒介的經驗與思考面向。

　　以下將比較網際網路與廣電媒介的傳播型態，首先，應探討閱聽人的特質。英國傳播學者麥奎爾 (D. McQuail) 將閱聽人研究區分為三大傳統（潘邦順譯，1997）：

1. 結構主義傳統 (structural tradition)

　　研究取向重視描述閱聽人的組成及其與社會結構的關聯，亦即，對閱聽對象的研究測量，結果可供媒體組織管理與經營的參考。

2.行為主義傳統 (behaviorist tradition)

探究媒介訊息對於個人行為、意見、價值觀和態度的影響，亦即研究閱聽對象有意識、有目的、選擇性地接受訊息後的反應，屬於「媒介效果與媒介使用」的範疇。

3.社會文化傳統 (social culture tradition)

閱聽對象在選擇媒介與訊息時不完全主動也不完全被動，而是由社會因素及閱聽對象心理因素形成需求與動機，同時考量所處的文化或次文化位置對其解讀訊息的思考。

從麥奎爾的論點可以想見，媒介的形成與使用者對文化價值的認定有密切關係。就傳播的形式而言，使用傳統廣電媒介與網際網路自然有所不同，雖然兩者之間尚未構成替代的條件，但因兩者之特質帶給閱聽人使用媒介情境的差異，必然會建構出另類傳播活動的新情境，以下擬就其媒介特質加以分析：

(一)傳統廣電媒介之特質

1.具有資源的特定意涵

就各國的現狀而言，廣播與電視媒介由於頻道數量有限，在電子媒介頻道開放之前，廣電媒介大多只能使用特高頻 VHF 與超高頻 UHF 電波。因為兩者之頻道數有限，無線電波又屬於稀有資源，較難以滿足應用於內容遽增且日漸普及的傳播環境。

2.電波傳送的空間限制

廣電媒介是使用電波傳送影音資料，電波的功率高低又會影響傳送距離遠近，而且經常會因為高山或大樓等地形限制而阻擋訊號的傳送。因此，一般廣電媒介所播送的節目並非無遠弗屆，一旦離開特定地方，便可能被迫中斷傳播行為。

3.法規規範單向傳輸的特質

廣電媒體非電信事業的範疇，通常是以一對多且單向方式訊息傳播

給受播者，其無法兼顧所有傳播特質和需求，也無法明確地將訊息回饋，導致傳統廣電媒介傳送的內容和受播者之需求有所出入。

4.媒介形式造成深度不足

廣電媒介受限於時間長短，加上可能有多種傳播內容需要播送，所以在製播訊息上可能採簡單易懂的方針進行，希望在極有限時間內能結束，而這也就造成傳播深度不足，過於表面膚淺的情形。基於理解受播者行為，只能由傳播者自行決定，而且廣電媒介受眾屬匿名且異質性高，當然無法準確判斷分析受播者的結構。

5.缺乏輔助通路之資訊管道

在以往利用廣電媒介傳播的過程，廣電媒介是受播者唯一可以接觸到資訊的管道，沒有其他的輔助傳播管道可以類似網路點選方式，提供更多元、互動且深入的資訊。因此，容易造成受眾的視野與思考出現狹窄與僵化的現象。

6.即時同步特質的限制

由於傳統廣電媒介都是在固定時段中播出特定傳播內容，受播者也必須在此時段同步接收內容，一旦臨時有事需要處理，便無其他補救的管道。雖然錄放影設備可以側錄節目，以彌補其不足，但其傳播效果甚為有限，且品質常受影響。

(二)網際網路於傳播型態之特質

由於網路空間寬廣，只要個人使用的電腦記憶體足夠，受播者不但可上傳，更重要的是，運用網路的環境，還可利用連線軟體讓網友進行水平式群組共同討論的溝通模式。由此可見，網路傳播最重要的特質，乃在網際網路環境觀摩；其次，網路使得消費者可積極追求接收更深度之資訊，正如網購行為，消費者經常是在搜尋與分享 (search & share) 的情境中。網際網路的內容應有盡有，凡是有心主動者皆可利用搜尋引擎找尋所需相關資訊，深化自我的參與程度。由於網際網路上的內容除了

有文字，還可以是圖畫、聲音，也可以是影像，具有多媒體的特質❷，因此對於使用者而言，對輔助資訊的效果以及輔助資訊內容的加大，有莫大的效益。另則，網路更有輔助管道特質，因為網際網路的使用者可藉由連結方式主動接觸搜尋，對於網路的廣泛資訊，使用者要如何找到適合本身所需，也是得視自我需求而定，因此網路只是處於一個輔助的地位，使用者的思維具有主導性。

網路的多元存取模式亦為其特質。如前述，全球資訊網 (world wide web, WWW) 系統具有極強的整合能力，可以傳送文字、圖形、聲音、影像，還可以利用 JAVA 程式語言規劃互動式訊息內容，並且具有超文本 (hypertext)、超鏈結 (hyperlink) 的功能，方便操作且是以多媒體的型態呈現，可以提供公告事項或是相關資料下載，使內容與資訊形式可按個人消費習性另作取捨。基於上述的特質，網路溝通的環境使訊息需求可隨時反應獲得更完整的解決；網際網路的另一重要特質是兼具同步性 (synchronization) 與異步性 (asynchronous)。所以，一旦使用者有任何意見，都可以利用網路的連線功能收發訊息與網友分享。換而言之，網路異於傳統媒體，乃在其重視群體中的個體而非整體式溝通的理念。

---

❷ 網際網路最大的特色是「網網相連」，是一種實體上的網路系統，也是一個跨越時空限制的資源分享環境。網際網路所使用的通訊協定是 TCP/IP (Transmission Control Protocol/Internet Protocol) 協定。在網際網路上，各式各樣的資訊以各種不同的形式展現，有文字、圖形、聲音、多媒體、甚至互動式。按功能分類：電子郵件 (E-mail)──人與人的訊息交換，文件分享；討論群組 (news groups)──電子布告欄 (usenet/BBS) 上的討論群組；線上交談 (chatting)──允許線上互動地透過文字交談；遠端登入 (telnet)──登錄到遠端的電腦上執行工作；檔案傳輸 (FTP)──在電腦和電腦之間傳輸檔案；地鼠 (gophers)──使用階層式的選單找尋資訊；archie──搜尋各地的文件、軟體、和資料檔案的資料庫並下載；全球資訊網 (WWW)──使用超鏈結來擷取、格式化、並展現包括文字、聲音、圖形、和影音的資訊。

㈢使用網際網路傳輸的優勢

綜合上述的分析,使用網路於傳播情境由於其形式可分整體與個別、同步與非同步、被動與主動、以及單層與多層規劃之溝通模式,因此,對於創新傳播環境的空間概念與突破科層式管理的理念,的確有甚多好處。重點條列如下:

1.可享有更多元通路的機會

網際網路負載量大,一旦遇到影像或聲音的資料檔案,也有寬頻技術加以支援,比起傳統的廣電媒介只能播放有限的內容,更能達到快速且大量傳遞資料的目標。

2.可預測受播者的使用狀態

不同於廣電媒介,網路使用者的隱性受播性質,透過網路使用者的結構特性,以及網路的雙向溝通,可以明確瞭解使用網路傳播的受播者特性和需求為何,也可以更清楚訂定傳播的內容和目標。

3.可增加視聽覺傳播輔助性

雖然使用廣電媒介完全是以視覺影像的影帶內容播出,然而,仍是缺乏多媒體特質;以網路進行傳播,除了可以主動利用多樣活潑的圖片或短片作為同步播放,更有利於增加視覺傳播的吸引力。

4.更能滿足個人化自主需求

由於網路空間無限,只要有人可以提供任何內容,網路上都可以容納,不像以往需受限於廣電媒介慣性提供的固定時段,使用者也可以依照自己的人格特質、興趣、和需求,決定自己要哪些傳播內容,也可上傳訊息分享。

5.突破影響範圍與線性限制

網際網路的科技發展結合各項通路成就「地球村」(global village) 夢想的實現,達到所謂「天涯若比鄰」的境界,對於有意接受訊息者,不必再因為電波限制或地形阻擋而有所落差,自然有時移 (time shift) 的情境。

6.可提供附帶加值應用服務

利用網際網路進行傳播，除了訊息本身之外，還可以提出一些附帶服務，例如個人諮詢或是可以開闢一個讓受播者彼此交流的聊天室，這些服務也許不如訊息本身重要,但也因此提供讓受播者感到貼心的感受，並藉以拓展另外的資訊來源，必然有助於增加溝通之廣度與深度。

綜合上述網路傳播的環境,必然可使訊息供需之間的情境更為密切。網際網路的使用者是無國界、無地域的差別，只要擁有一部具連線功能的電腦，便可利用網路進行跨際溝通，也因此利用網路進行傳播，不會有上需與下傳 (first mile & last mile) 的距離感。使人類傳播行為，因為網際網路多層次、多路徑以及多功能的產製與互動接收情境，進入全數位化與逆向的替代與襲奪時代。

第二章

無線與行動電
子媒介

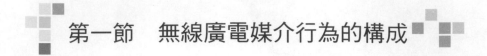

第一節　無線廣電媒介行為的構成

　　早期透過無線電傳送都稱為無線電 (radio)，其發射的電臺稱為「無線電臺」(radio station)。當無線電播音出現時，一方面由於是透過無線電傳送，所以稱為「無線電」；另一方面，由於無線電廣播可以廣為傳播，所以又有廣播 (broadcasting) 一詞出現。其後「電視」的發明，大多數的廣播公司都兼營無線電播音電臺及電視臺，兩者合稱為「廣播」。因此之故，在無線電的影音管理上則習慣將透過無線電波所做的發射，統稱為「廣播」；音訊廣播就是將聲音透過無線電傳播，將聲波轉變為成音波；成音設備將來自不同音源的聲音整合成廣播節目音訊，而將此廣播節目之成音加之於載波（所謂高頻波、無線電波）中再發射出去。反之，具影音廣播的電視媒介，影像訊號的程序與音訊廣播原理大同小異，只在同步技術及頻寬之要求，有較多條件之限制而已。

　　載波的調變方式，通常包括調幅與調頻兩種；除了採無線方式之外，或可將廣播成音轉變為訊號經由纜線之幹線與分配線網路送達接收端，前者可稱之為行動網 (mobile network) 模式，後者則稱之為固網 (fixed network) 模式。亦即，廣播乃經由接收機將無線電波接收下來，濾掉載波，或將有線廣播訊號還原為訊號經由接收機具還原影像與聲音。

　　在傳播系統中，接收機的結構亦非常重要。早期的電視機或收音機又重又大。隨著科技日益精進，現今的接收機又輕又小，甚至可以依附在其他的電子器具中，如車用接收或行動型手持設備如電腦、PDA、3G手機或具備影音及圖像的多媒體載具中，使得廣播變成沒有自己的存在卻又可無所不在之環境，這將為影音廣播帶來另一種轉機。

一、音訊廣播事業的發展

　　最早的真空管是二極管，只能做整流，後來在真空管內加入柵極成

為三極管，真空管就有放大作用，自此之後就開始有擴大機。廣播的發明，就像各種科技一樣，是集合許多研究而成的；其中，電磁學的發明與利用及無線電的衍化都是廣播事業發展的重要元素。

1820 年代初期無線廣播未問世之前，人類已有了有線通信的開發。當時的發展都是以歐洲為重心，而且自有線電通信技術發明之後，不到十年的時間便已達到生活化的階段，在歐洲各主要城市大多裝設有線通信設備。不但如此，歐洲諸國因為工業革命所造成原料取得與生產過剩形成的殖民主義，為了殖民掠奪的效率以及殖民國更進一步經營殖民地的目的，開始採用海底電纜的裝置，將資訊傳入被殖民國的國土，滿足對被殖民國支配極大化的需求。然而，有線通信終究是運用線纜為通路，其所受限制因素頗多，特別是必須以固定點對點的傳訊，甚難以突破空間受限的障礙，因此無線電行動通信的研究，便成為更具積極與實用的推展。

就訊號傳輸原理，有線與無線的差異只是在其如何將電線的通路改為空間電波的通路❶，而非在訊號產製原理的不同。這正如電報所使用的電碼 (message code) 以及電話所使用的麥克風之功能，在無線電通信科技推展的過程，對於無線廣播一直扮演著重要角色的原因。1840 年英格蘭摩斯 (Samuel F. B. Morse) 展示有線電報機 (Morse telegraph)，以及在 1876 年美國貝爾 (Alexander Graham Bell) 的電話，此兩種發明對無線通信研究是為重要的里程，因此電磁波的理念才會應運而生。1844 年，摩斯將其實驗成功的電信傳輸裝置加以改良；1900 年 1 月 4 日菲森登

---

❶ 1858 年第一家洲際電纜架起，於 1870 年海底電纜已可將歐洲與世界聯結，1876 年貝爾通過電線傳遞使聲音可向遠處傳輸。德國赫茲在 1887 年證實電流的變化能產生不需要通過電線就能在空間以光速傳遞的波；1897 年馬可尼因為發明無線電得到專利，並於 1901 年發送橫跨大西洋的無線訊息傳遞。其後，美國菲森登和佛瑞斯特等人利用電磁波發送高品質聲音為以後的廣播打下基礎（程之行，1995）。

(Reginald Aubrey Fessenden) 在 Cobb Island 所建立的實驗電臺發出第一個無線電報，雖然僅自華盛頓特區到巴爾的摩約百公里的路程，但已為人類電信傳輸科技帶來更多的生機。必須強調的是，摩斯所使用的電碼，是將聲音的頻率和長短搭配英文字母，其傳送訊息的量仍受到速度上的限制，如要達到傳達一般語言的資訊量，其困難度必然更高，此乃無線電報和無線廣播在技術上難以比擬之處。

1873 年蘇格蘭馬克士威 (James Clerk Maxwell) 的電磁波動態理論 (dynamical theory of the electromagnetic field)，經由 1888 年德國赫茲 (Heinrich Rudolf Hertz) 加以印證無線電波帶入光波，並將其區分八個波段的頻率。其後，義大利馬可尼 (Guglielmo Marconi) 兄弟於 1895 年實驗發射機，當年因為未獲義大利政府支持而到了英國發展。馬可尼於 1901 年 12 月 12 日晚上 12:30 成功的在加拿大東南角 St. John's, Newfoundland 藉由天波反射的途徑，接收到從英格蘭橫跨過大西洋之三響微弱代表 S 字短促的無線電訊號後，人類便因此一無線電發報機的實驗，印證無線電是一種具實用商業價值的通訊媒介 (Bittner, 1991)，也出現蔚為風氣的跨國傳播科技。綜合以上所述，藉由無線電波傳送訊號的技術，建構電子媒介得以突破時空的傳播形式，此乃無線媒介傳播行為的濫觴。

回顧 1913 年，美國為了發展 1912 年鐵達尼船難事件中，發報員沙諾夫 (David Sarnoff) 以無線電報所發揮的緊急救難功能，而更積極研發真空管的放大功能。該事件中，沙諾夫及時接收到正在下沉的鐵達尼號所發出的信號，因而拯救千餘人的生命。1906 年佛瑞斯特 (Lee De Forest) 完成三極真空管，在 1916 年將真空管使用於廣播接收機上，讓人類得以運用真空管的放大機制，結合振盪功能與無線電傳送裝置，更完美的將聲音傳送到遙遠的地方，充分發揮人類對科技的想像。

1906 年 12 月 24 日的耶誕夜，菲森登在麻州黑雁石 (Brant Rock) 播送耶誕歌曲與《聖經》詩句，使在海上作業的人自耳機中第一次聽到人

類的聲音而驚嘆不已。在廣播事業正式出現之前五年，音訊廣播是家庭播送鋼琴、唱片的重要用品，可透過無線電播送音樂，並設計一個完美的「無線電音樂盒」(radio music box)。

第一次世界大戰結束後，美國政府解除對無線電廣播器材的管制，當時的西屋公司 (Westinghouse Electric Company) 副總裁大衛斯 (H. P. Davis) 認為，無線電廣播可促銷該公司的收音機等產品，乃與康瑞德 (Frank Conrad) 合作全天候播放節目，並向商業部申請正式商業（廣播）執照；1920 年 11 月 2 日西屋公司在匹茲堡的 KDKA 電臺獲得美國第一張廣播執照。1947 年，美國貝爾實驗室發明電晶體，使廣播得以成為最強的行動媒介，更使電子傳播進入一個全新的時代，音訊廣播的出現為後續電視科技解決傳輸的門檻。

到了 1990 年所推出的數位廣播 (digital audio broadcast, DAB)，是繼調幅、調頻廣播之後的第三代廣播。透過其較佳的頻譜使用效率，可解決廣播電臺頻道取得困難之問題。同時，其 CD 般的音質及附加的數據服務諸項功能，也能滿足對於廣播媒體多元化之需求。DAB 的優點還包括：單頻成網 (single frequency network, SFN)，提高頻道使用效率；1.5MHz 的頻寬可同時傳送至少五套 CD 音質的立體聲頻道；更具選擇彈性的頻段與廣播方式，包括地面廣播、衛星直播、地面衛星混合廣播、有線廣播等；能同時提供數據、文字、影音等多媒體服務；抗干擾與雜訊；快速移動時接收不受影響；數位調變技術降低傳輸功率耗損；可結合網際網路、GSM、PDA 等技術，比傳統類比廣播有更多附加價值等。2005 年，韓國更推出 DMB，主要是將影音與多媒體匯流的概念付諸實現。

二、電視傳播事業的發展

1884 年，德國科學家尼普可夫 (Paul Gottlieb Nipkow) 針對蘇格蘭發明家班恩 (Alexander Bain) 所推出之並聯式圖像傳送裝置，將平面傳送裝置予以改進，完成 Nipkow 式電視影像傳送系統。尼普可夫電視影像傳送

系統的論點乃運用視覺暫留原理 (persistence of vision)，先將原有之影像予以分解成為光點，其後再將此連續光點組合還原成原有之影像，此一方式被稱為分解組合法 (analyzing & synthesizing method)，其原理是運用圓版之小孔，在圓版迴轉時使影像經由小孔而自然分成無數不同密度之光點，此點在電視畫像中可稱之為影像元素 (picture element)，後來稱電視影像元素即以畫素 (pixel) 為專用字彙。然後，再藉光電效應原理將其轉成電氣的訊號，由一條傳輸訊號的電線依序送出；另一方面，於接收之影像配合 1987 年德國布勞恩 (Karl Ferdinand Braun) 的映像管原理，使影像訊號之元素還原出原有之影像。

如細加分析上述過程不難發現，其構想已具備電視所運用之電子傳送原理，唯當時對電子訊號的放大器並未發明，因而 Nipkow 圓版圖像傳送方式與音訊廣播一樣，一直延至 1913 年三極真空管達到完全真空狀態才去處理訊號同步的問題，這也是為什麼電視科技是到 1923 年左右才由蘇格蘭貝爾德 (John Logie Baird) 及美國傑金斯 (Charles Francis Jenkins) 兩位科學家完成 Nipkow 圓版電視影像傳送實驗的主因。當時對 Nipkow 圓版方式之結構，有甚多研究者亦相繼推出以圓版小孔掃描的實驗結果，但較為具體的是日本高柳健次郎在 1927 年以 Nipkow 圓版的方式完成的映像管影像傳送裝置。高柳健次郎在其實驗裝備上所使用的映像管，是德國布勞恩在 1987 年所發明，因此後來電視工學中乃將映像管稱為 Braun gun。按映像管的線性掃描原理，電視機的映像管至今仍被稱為陰極射線管 (cathode ray tube, CRT)，只是，自從平面顯示器出現之後，映像管的裝置逐漸被取代。

除了電視影像再現處理的發展外，電視攝像管亦於 1925 年根據 Braun gun 原理發展出 image dissector（通稱為解像管），此乃世界上最早使用之電視攝像管，其工作原理在使光學影像在光電面上成像。此種光電子的處理方式，因採用蓄積訊號方式處理的攝像管，因而輸出之電子仍感薄弱，感度及訊號雜波比（signal-to-noise ratio，S/N 比）不甚理想，

因此往後的電視攝像管發展皆改以靜電容量容積電荷的原理為主。結合 Nipkow 圖像分解再組合原理與 image dissector 的攝取影像方式，1926 年貝爾德在倫敦皇家學會 (Royal Institution of Great Britain) 將所實驗成功之有線電視傳送系統公開，這是世界上較為具體的電視影像以有線方式傳遞之始。其後的十年時間電視影像之傳送，則是貝爾德以及亞歷山德森 (Ernst F. W. Alexanderson) 的共同努力結果，終於在 1936 年於英國正式完成電視影像之無線傳送播映作業。

電視畫面的構成是透過串聯式影像組合元素完成畫面的傳遞，其基本原理就是電視的掃描與傳輸皆是以連續的點構成平面，這些點皆屬於電視畫面的影像基本元素，本節所要討論的重點便在電視畫面的掃描以及傳輸原理的分析。將電視畫面中影像元素之組合細加分析，只是一個甚多數量明暗點的集合，這正與報紙及雜誌之加網線作業以及照片或者是電影影像之粒子結構相同，皆是利用光點結合成一幅影像內容，因而影像元素的電子點數量與影像的精密度亦即畫面品質具有密切的關係。以當時 NTSC (National Television System Committee) 所訂黑白電視系統的影像元素理論值之計算，4:3 的電視畫面，以 525 條線的水平線組合，則橫向掃描之畫素應為 700，再以 525×700 得出一幅電視影像之總元素數量，得出黑白電視影像係由 367500 個畫素組合而成。

電視影像之完成與電影影像在元素組合上，最大差異乃電視影像使用電學中之串聯方式，而電影所採取的是並聯方式。因為電視影像元素在形成一幅影像的過程，基於傳輸需求無法完全同時亮起，而是按照由左而右以及由上而下的順序持續動作，但人眼視覺只可見到不斷的影像呈現，此一方式便是電視影像中所謂掃描動作 (scanning)，亦即由點而結成線再由畫面中排列之橫線組合達成影像內容的傳輸。

目前 NTSC 彩色電視系統，除臺灣之外，美國、日本、韓國、菲律賓等皆屬之。此一系統之電視影像訊號頻率自 0～4.2MHz，每一頻道所占頻率是為 6MHz，其中包括影像訊號載波，色彩訊號副載波以及聲音

訊號載波；另有兩個電視系統，PAL 之電視頻帶 7～8MHz，SECAM 則占 14MHz。因此，其後所發展出之數位電視 (digital TV, DTV) 或高畫質電視 (HDTV)，規格的規劃自然受到限制。

表 2-1　各國三大傳統彩色電視系統規格

	掃描線	圖場頻率	間歇掃描	畫面比例	彩色傳送	聲　音
NTSC	525	59.94Hz	2：1	4：3	直角 2 相 AM	FM
PAL	625	50Hz	2：1	4：3	直角 2 相 AM*	FM
SECAM	625	50Hz	2：1	4：3	線順次 FM	AM

　　傳統的電視稱為類比電視 (analog TV)，畫面訊號屬於連續性的變化，數位電視則是將畫面訊號經數位化處理後，變成一串數據資料，再經數位調變技術傳送。根據訊號的傳輸方式，數位電視可分為地面無線數位電視系統 DVB-T、有線數位電視系統 DVB-C、衛星數位電視系統 DVB-S(digital video broadcasting-satellite)、手持行動數位電視系統 DVB-H、可回傳的數位電視系統 DVB-RPC，以及 IP 電視系統等。電視數位化後的效益包括行動收視、高畫質、多媒體、雙向互動（視訊會議、商務交易、娛樂服務）、環繞音效，以及多頻道等優點。

　　現今數位電視的規格包括：美規：ATSC，用於 6MHz 電視頻道；歐規：DVB-T/S/C/H，用於 6/7/8MHz 電視頻道，目前臺灣採用的是歐規 DVB 6MHz；日規：ISDB-T/S，用於 6MHz 電視頻道（屬歐規 DVB 改良型）；韓規：T/S-DMB，屬歐規 Eureka 147 DAB 的改良版；2006 年才公布的中國規格 DMB-T/H，香港及澳門皆採用。

表 2-2　各國數位電視的規格

名　　稱	起始年	視訊壓縮	音訊壓縮	使用國家
ATSC	1996	MPEG-2/H.264	Dollby Ac3	美國、加拿大、墨西哥、韓國、宏都拉斯、阿根廷、中美洲國家
ISDB	1997	MPEG-2/MP4	MPEG-2AAC	日本、巴西

				英法德為首的歐洲國
DVB	1997	MPEG-2/H.264/MP4	MPEG-2BC	家、南非、臺灣、新加坡、澳洲、紐西蘭、印度、東協國家
DMB-T/H	2006	AVS/MPEG-2/H.264	MPEG-2/AVS	中國大陸

資料來源：參考自葉財佑 (2007)

　　至於高解析度電視 (high-definition TV, HDTV)，又稱「高畫質電視」或大陸所稱「高清電視」，是數位電視的優勢與應用，能提供觀眾高音畫質的影音享受。類比電視時代，NTSC、SECAM 與 PAL 因掃描線數的不同，產生不同的畫面解析度。因此，各地製作電視內容時，需以當地標準為主要拍攝格式，使跨國播映的格式轉換相當麻煩。日本擔心當 HDTV 成為市場主流時，同樣的情形會再發生，所以建議現在的國際電信聯盟廣播部門 ITU-R (International Telecommunication Union Radio Communication Sector)，應為 HDTV 訂定國際通用的標準。HDTV 採用至少 720 條掃描線，比現有電視系統至少高出一倍以上；16:9 的寬螢幕尺寸也擴大觀賞視野。

表 2–3　美規 HDTV 與 SDTV 的比較

方式 \ 項目	掃描線數	長寬比	有效垂直掃描線	有效水平掃描線	頻率數	掃描方式	亮度訊號 luminance	彩度訊號 chrominance	音頻訊號
HDTV 高畫質電視	1125	16：9	1080	1920	24、25	循序式	Y＝20MHz	Cw＝7.0MHz Cn＝5.5MHz	PCM stereo 6ch
					23.97/24 29.87/30	循序式			
					25	交錯式			
					29.92/30	交錯式			
			720	1280	24、25、50	循序式			
					23.97/24 29.87/30 59.94/60	循序式			
SDTV 標準電視	525	4：3/16：9	480	720	59.94/60	循序式	Y＝4.2MHz	I＝1.5MHz Q＝0.5MHz	FM stereo 2ch
					23.97/24 29.97/30	循序式			
					29.97/30	交錯式			

　　世界各國自 1980 年代便積極發展高畫質電視，目前除了 16:9 螢幕

有所共識之外，仍有諸多障礙。其中，包括硬體標準的議題，尤其在數位傳輸與影像壓縮的標準一直無法確認，就連電視接收設備規格也未定，其中，數位接收機可分 1080i、1080p、720i、720p 等規格。在市場推動過程，電視產業傳輸有衛星、無線、有線之外，近年更加入了 MOD 與 IPTV 等新服務模式，使電子媒介產業之資金規模相互排擠、政策法規未明以及投資報酬率不定，這些情況必然成為產業之隱憂。上述之隱憂，使得各國發展高畫質電視的政策一直處於左右為難的抉擇。有選擇一次到位直接跨入數位高畫質電視，採高畫質與標準畫質電視並存模式者，如美國、澳洲、日本及韓國；亦有是先另求他途的國家，其思考乃提出先投入數位電子媒介產業，以及考量發展接受度較高之多頻道電視 (multichannel video programming distributor, MVPD)、資料廣播 (datacasting)、多媒體家庭平臺 (multimedia home-platform, MHP) 與數位加值服務 (application service)，由互動功能擴增並加大營收，待時機成熟再引入高畫質電視，如歐洲國家皆是。

日本是最早提出高畫質電視規格的國家，當年的構想中，高畫質電視除了針對改良三大電視系統之外，更重要的是，期待各國之電影工業也一併考量，藉由高畫質影像處理而能使用 HDTV 之機材拍攝電影。美國電影電視工程師協會 (the society of motionpicture and television engineers, SMPTE) 曾建議採用 1125/60 的規格成為美國國家標準系統，但經過多方的討論之後仍被拒絕，其主要的原因是該系統難以和 NTSC 的系統作轉換（秦鼎昌，2008）。經過多年的發展，相關數位化的廣播資料壓縮或錯誤校正等基本的技術慢慢成熟，數位高畫質錄影機已經可在八種不同的格式下做轉換，其垂直掃描線制定為 1080 個像素 (1125×0.96)，水平解像度為 1920 個像素 $(1080 \times 16/9)$ 的數位格式，影像品質已經可以接近電影底片的質感。因此，目前有八成以上的好萊塢電影，在後製階段已經採用高畫質電視的技術。由於電影底片的解像力對應數位解析度的像素而言，是以 K 作為計算單位；雖然 4K 掃描是數

位後製的標準規格，但因掃描時間與檔案空間過於耗費，目前還是最常用 2K 的掃描格式，以免造成後製作業極大的不便，最後也可轉回 4K 進行影片輸出，或直接以 2K 輸出。

表 2-4　　35mm 電影片全畫幅影片掃描解析度

掃描規格	像　　素	解像力
1K	1024 × 448	20cycles/mm
2K	2048 × 1556	40cycles/mm
3K	3072 × 2334	60cycles/mm
4K	4096 × 3112	80cycles/mm
8K	8192 × 6224	160cycles/mm

資料來源：秦鼎昌 (2008)；楊宏達 (2007)

三、電視訊號傳輸的結構

以 NTSC 電視系統為例，一個完整的電視影像訊號稱為複合影像訊號 (composite video signal)，其中包括影像訊號、同步訊號 (synchronized signal) 以及遮沒訊號 (blanking signal)。電視影像訊號的結構及分布內容，通常須經示波器之波形訊號顯示便可看出。其中，只含括一個圖場之內容，垂直同步訊號是每一個圖場結束之後才發生作用，水平同步訊號則為每一水平掃描線即有一次動作。電視訊號傳輸的處理上，NTSC 電視系統基本影像訊號的特性乃電視影像訊號在發射時所使用之訊號載波必須在影像訊號 4.2MHz 之十倍以上（通常用在二十倍左右），因此電視所占頻道必定使用 VHF、UHF 甚至 SHF 的頻率才可傳輸。臺灣目前所使用頻率是 VHF 之高頻段的臺視、中視、華視三臺 7～13 (174MHz～216MHz)，低頻段的民視 5～6 (76MHz～88MHz)，UHF 中頻段的 33～48 教育電視頻道 (584MHz～608MHz)，以及公視 50～53 (686MHz～710MHz) (參考表 2-5 之美國頻道欄位說明)。世界各國對於電視頻道之傳輸頻譜規劃，皆有一定的規範，其中，VHF、UHF 是無線電視的主要

頻段（如圖 2-1）。由圖中可見，日本與美國的頻譜規劃有頗大差異。

表 2-5　電視頻道之傳輸頻帶對照表

臺灣頻道	美國頻道	頻率 (MHz)	頻帶區分	使用電臺／地區
	5	76～82	VHF 低頻段	全民電視臺使用
	6	82～88	VHF 低頻段	全民電視臺使用
1	7	174～180	VHF 高頻段	臺視，北部、南部
2	8	180～186	VHF 高頻段	華視，中部
3	9	186～192	VHF 高頻段	中視，北部、南部
4	10	192～198	VHF 高頻段	中視，中部
5	11	198～204	VHF 高頻段	華視，北部、南部
6	12	204～210	VHF 高頻段	臺視，中部
7	13	210～216	VHF 高頻段	
8	33	584～590	UHF 中頻段	教育電臺，臺東、苗栗、宜蘭
9	34	590～596	UHF 中頻段	教育電臺，南部
10	35	596～602	UHF 中頻段	教育電臺，北部、花蓮
11	36	602～608	UHF 中頻段	教育電臺，中部；華視，金門
12	37	608～614	UHF 中頻段	澎湖一般電臺
13	38	614～620	UHF 中頻段	中視，金門
14	39	620～626	UHF 中頻段	澎湖一般電臺
15	40	626～632	UHF 中頻段	臺視，金門
16	41	632～638	UHF 中頻段	澎湖一般電臺
17	42	638～644	UHF 中頻段	公共電視，金門
18	43	644～650	UHF 中頻段	東勢
19	44	650～656	UHF 中頻段	一般電臺，基隆、新竹、南投
20	45	656～662	UHF 中頻段	一般電臺，東勢
21	46	662～668	UHF 中頻段	一般電臺，基隆、新竹、南投
22	47	668～674	UHF 中頻段	一般電臺，東勢
23	48	674～680	UHF 中頻段	一般電臺，基隆、新竹、南投
24	49	680～686	UHF 中頻段	
25	50	686～692	UHF 公共電視	臺北、苗栗、宜蘭、澎湖、馬祖
26	51	692～698	UHF 公共電視	南部（旗山）

27	52	698～704	UHF 公共電視	北部（萬里）、花蓮
28	53	704～710	UHF 公共電視	中部、臺中、彰化、雲林、南投

註：一般電臺指臺視、中視、華視、民視。

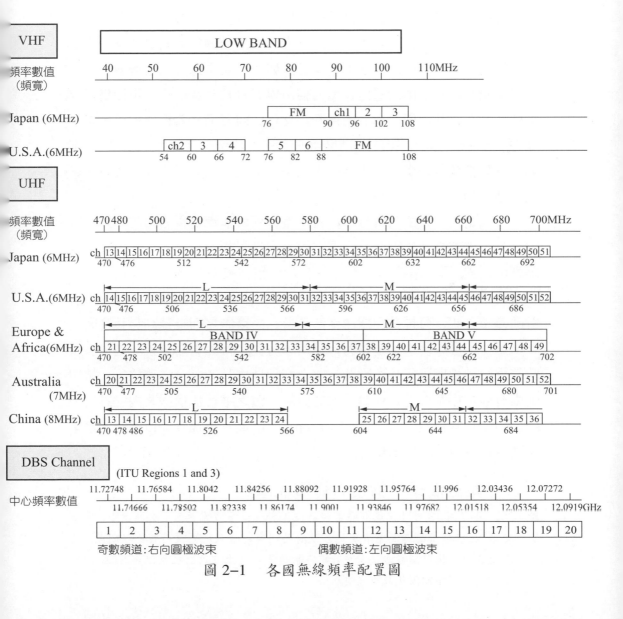

圖 2-1 各國無線頻率配置圖

第二節 數位匯流的電子媒介

近幾年電子媒介市場結構的變化的確超乎預期，其中含括如何藉由法規的制訂與鬆綁，使此一產業成為合法而且多元化屬性的行業；如何經過市場競爭使其具有吸引更多經營者參與的誘因；而高度的滲透率更奠定媒介產業成為民眾生活的必需品。如今，廣電媒介已被視為準公共事業的範疇，當下的問題是，如何使市場與科技快速衍化，更而仍可存乎於「共有、共治與共享」的機制，文化與商業何者為重成為另一媒介議題。尤其是各國在 2011 年將陸續全面採用數位廣播電視的過程中，應如何推動數位終端機具與更多應用服務，更是目前電子媒介市場對商業模式運作的首要思考工作。

再就電視產業的特質分析，有線電視異於無線電視者乃其受眾的特定性有頗大差異，也因此，使得有線電視推展數位化及加值化的模式成為理所當然。國家傳播通訊委員會 (NCC) 預估最遲到 2013 年，期望臺灣完成有線電視全面數位化❷，盱衡全球數位化的發展，數位科技的推廣有助產業升級，可提升民眾的生活品質，讓臺灣名列全球高科技發展之林，維持研發與製造的競爭力，是一項勢在必行的重要政策。鑑於該項政策之必然性與可行性，因此，將全面性地推動改為分階段施行，諸如先由有線電視業者進行傳輸線路的更新，繼之推行加值服務內容以及鼓勵用戶裝置數位機上盒 (digital set-top-box)，進一步提升節目內容的水準及數位資訊供應品質的穩定。

一、產業經濟學的數位有線電視產業

❷ 2007 年 7 月 18 日「促進有線電視數位化發展策略方案草案」公聽會中，業者建議 NCC 應出面邀集業者與地方政府共同商訂鋪設地區及時程，以期考量業者建設自主權與消費者接受度，並能兼顧業者與地方政府之互動與共識，以收三方共同宣導數位化政策之實效。

　　面對既定的有線電視數位化時程，部分業者已經投入發展數位化的
準備。就國內有線電視數位化規劃，應該由市場結構、市場行為、市場
績效、產業基本條件以及周邊影響因素等五個面向來討論（張美娟，
2002）。就產業經濟學的「結構、行為與績效學派」強調：市場結構決定
商業的競爭行為，競爭行為決定產業的表現，為剖析臺灣有線電視市場
的競爭特性，以及產業的發展趨勢為主題，在市場結構部分，業者應考
慮產業內競爭者與替代品的市場占有率、市場集中度、發展狀況等；市
場行為部分則應考慮可採用的產業優勢與企業、集團資源、行銷模式等；
市場績效方面，首要是以提高市場占有率，其次是提供差異化優質服務、
獲利率、技術成熟等諸項指標。

　　與以往不同的是，在數位化產製的過程中，就接收情境，應建構一
無縫（seamless）網絡環境，其作法乃將固定與無線網路服務整合 FMC
(fixed mobile convergence) 與匯流，因此，FMC 推動扮演著重要的角色，
結合無線與有線電信業者的網路服務，將可擴大使用者網路連結範圍的
環境，達成固網、寬頻互聯網、廣電及行動通訊的電訊業務「四網合一」。

二、數位電視的新產業形貌

　　為了使傳統的節目服務得以延伸成為資訊甚至電信服務的整合數位
影音內容概念。數位技術之寬頻服務的前提，數位化只是過程，影音相
關產業所要因應的是寬頻未來，數位壓縮技術提供更多的內容傳輸空間，
因應人性化需求，數位影音媒體的受眾不一定是傳統廣電接收機使用者，
反而可能是車上用戶、行動上班族或利用電腦方式接收者。因為數位接
收機功能應用極廣，不但可提供甚佳的影音品質，還可以傳輸數據，導
致在數位科技成熟之後，影音媒體業者與資訊通訊服務業融為一體將可
預期。

　　然而，任何科技的推動皆有賴市場的回饋才得以持續，電子媒體產
業數位科技當然也無法例外。以現行電子媒介市場而言，市場的因素包

括消費者接收器材的花費、硬體業者的投資意願以及軟體節目的產製等，皆不可忽視。根據諸多實驗得知，目前電子媒介數位科技的傳輸應用上，除了一般節目的供應之外，尚可支援語音、資料、資訊、電信甚至多媒體服務，更可藉由網際網路進行資訊傳輸成為網路服務供應者 (internet service provider, ISP) 以及提供節目附加資訊 (program associated data, PAD)❸ 等。從先進國家的發展經驗可知，數位化不但為影音事業製造數位接收機、數位特殊積體電路，影音數位科技的發展，更可帶動電信、網際網路、平面媒體及廣電媒體等四大工業體融合成一個新興的產業。

　　電子媒體產業面對數位科技的來臨，不論在政府之政策與法規面的主導，或是企業內部人力資源的調整，皆應儘快效法各國推動數位科技的模式採取因應之道。基本上，無論就數位科技標準的選擇與媒體環境的變遷，甚至從電波傳輸性能分析，因數位科技所衍生之定點與行動接收或傳輸標準成熟度的認定，乃至影音市場的產業利基、業者投資意願、大眾權益等因素都是必須加以考量的。足以推測，往後的廣電節目或相關媒介軟體市場之消費情境，必然會在更為多元之中，尋求較具彈性與定性的兩極化遊戲規則。電子媒介產業環境的演變，是一種整體結構性的調整，在推動數位化的過程，必然也會影響到此一科技的普及接受與認同。在數位時代中，快速發展的科學技術，對於傳播媒介應採納何種規格的電子媒介科技產品有決定性的影響力。如前述，應使用何種規格的影音科技實無法藉由技術層面決定，反而必須從其與原有產品的相容性、產品本身的可塑性、產品技術的延伸性，以及未來發展的延續性加以評估。

---

❸　節目附加資訊 PAD：乃指伴隨著節目內容一起傳送的相關資訊，如曲名、創作者、樂團簡介、CD 封面；主題曲、演出與代言、衍生商品、節目置入等。另則，非節目相關資訊 Non-PAD：係指利用多餘的頻寬，來傳送與節目無關的圖文資訊，如最新路況、氣象、股市等，使用者可用數位接收器附帶的小型螢幕來收看。

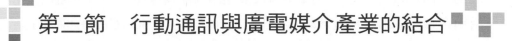

第三節　行動通訊與廣電媒介產業的結合

　　行動通訊具有建設快速、維護容易的特性，即便是在無法進行布線或地形較複雜的地方，如建築物、山區、離島或河川地，都較易於完成。加上行動通訊具有可移動性，對於經常需要移動或常須變動使用地點與位置的人而言，可滿足其使用上的便利，突破傳統有線固網的地理限制❹。目前，主管機關將這些地區規劃為有線廣播電視服務因故暫未達區域，因此，行動通訊與廣電媒介產業的結合成為新的議題。隨著市場的競爭，傳輸系統及行動電話手機功能的提升，未來的加值服務將會不斷增加，雖然目前此種加值服務對於電信公司的獲利尚屬有限，卻可保留客戶與形象的提升。以下，擬就行動通訊的發展加以簡述。

　　行動通訊的發展從第一代到第三代 (2G～3G)，幾乎是十年一變。在臺灣，第一代行動電話泛指 090 與 091 類比式行動電話，開啟享受行動通訊的便利，不用再受有線電話的限制。不過，由於第一代行動電話是採用類比式訊號，使得其功能受限，而且容易被盜用。接著產生的 2G 行動電話則改採數位訊號，不但不易被盜用，加入了數據功能後，讓行動電話可以傳送簡單的文字或利用筆記型電腦上網；更重要的是，2G 行動電話可突破國家的界限，透過國際漫遊協定，縱使到了國外也可以用原有的行動電話聯絡。之後，所推出的第三代行動通訊 (3G)，3G 行動電話有更快速的傳輸速度可達 384Kbps 以上，比 GPRS 更具優勢。在行動通

---

❹ 根據 NCC 於 2007 年的調查，無線寬頻網路的設計原則，是對地形、地物不適合有線光纖寬頻網路布達之區域，例如易發生土石流、山崩與地形移動的區域；光纖不易到達、村里部落太分散以及離島地區皆屬之。建議上述地區可將無線寬頻傳輸的容量從 D3 (45Mbps) 擴增至 STM-1 (155Mbps) 以上處理，此點正是有線電視工程免查驗區（有線廣播電視服務因故暫未達區域）審查標準可以納入考量之處。

訊的技術與規格上,主要分為蜂巢式網路系統傳輸與數位視訊廣播系統。目前在蜂巢式網路系統傳輸方式上,各國均藉由 2.5G (GPRS) 與 3G 系統進行;3G 行動通訊達成無所不在、無所不能 (always on, always there, anywhere) 通訊時代。只是,基於 3G 標準不一造成發展受限,因此,各國開始呼籲制定 4G 解決相容問題。國際電信聯盟 ITU 乃達成共識,將行動通訊系統與其他系統(WLAN 等)結合起來發展 4G。

一、行動通訊從 2G 到 4G

㈠ 2G 行動通訊發展概況

　　2G 數位式行動通訊較主流的系統有包括歐規的 GSM、日規的 PDC 與美國的 CDMA、D-AMPS 等多種標準。若以系統市占率加以分析,GSM 的用戶數已擁有全球行動通訊市場六成以上的占有率,而 CDMA 系統則享有近八成的高成長率。GSM 標準為歐洲的 CEPT 組織(即現在的 ETSI)在 1982 年提出,主要因為歐洲原使用的類比系統眾多,行動電話在跨越國界後就因系統不相容而無法使用,因此歐洲便在發展第二代數位行動通訊系統時,達成建立泛歐系統的共識。日本另於 1995 年提出 PHS 低功率行動電話,其功能與特性差異如表 2-6。

表 2-6　高、低功率行動電話比較表

功率／項目	低功率（如 PHS）	高功率（如 GSM）
使用頻段	1900 兆赫	900 & 1800 兆赫
基地臺發射功率	32 瓦以下	50 瓦以上
基地臺涵蓋半徑	1～2 公里	1～15 公里
移動性	約 100 公里／小時	大於 120 公里／小時
手機發射功率	小於 10 毫瓦	大於 600 毫瓦
數據傳輸速率	9.6Kbps	64Kbps

由於各區域快速地建立行動電話系統,使得電信市場規模快速擴大,也因此各家業者之間的競爭日趨激烈。為求生存,2G 行動通訊市場價格必須不斷地下降, 加值服務則不斷地推出。除此之外, 競爭激烈也使得加值服務不斷創新, 從來電之號碼顯示、三方通話、電話轉接, 到現在職業車輛記錄、股票訊息及上網等等, 不斷地推陳出新;另外, 諸如推出用戶識別卡, 將原本儲存於系統主機的部分加值服務資料轉錄至 SIM 卡上, 提供用戶在使用加值服務或操作行動電話時更快速、方便,同時,也能減少用戶聽取電信服務語音操作指示系統的時間, 進而降低消費者的通訊費用。

2G 行動通訊的頻寬每秒 64Kbps 以下, 傳送語音資料與黑白圖像雖尚稱足夠, 但若要進行更消耗頻寬的服務, 便有所不足。較困擾的是, 各國 2G 行動電話並無法相互支援,而且多以語音通訊為主要目的,數據傳輸速度十分有限, 當然很難因應須傳送大量圖像檔及軟體資訊的網際網路時代。

㈡ 2.5G 行動通訊之發展概況

GPRS 即是整體封包分封交換 (packet switch) 的無線服務 (general packet radio service, GPRS)❺, 屬於 2.5G 行動通訊中的一種, 非常適合用來傳輸數據的方式。此系統是透過行動通訊和基地臺, 以現有的 GSM 電路式交換系統來傳送封包式數據訊號。 雖然仍使用原有語音的 200KHz 頻寬, 由於 2.5G 使用的是分封交換技術, 因此 GPRS 可以整合八個數據頻道 (slots), 可提供高達 115Kbps 的數據傳輸技術。在連線速

---

❺ 所謂分封交換, 就是先將數據資料切成資料量小的小封包 (packet), 每個封包都有標頭, 指明這個封包要送往何處, 但系統並不指配線路來傳送此一封包, 反而是看現在哪條線路上有空, 就將這個封包利用此線路送出, 也就是說每個封包可能走的線路都不一樣, 如此一條線路就不是專屬於一個使用者, 而是大家都可以分享這個線路的資源, 讓此線路運作得更有效率,進而提升用戶數。

度方面，以 GPRS 封包交換模式上網速度可以達到 20Kbps 以上。

㈢ 3G 行動通訊之發展概況

　　3G 就是所謂的第三代行動通訊，最大的特點在於使用數據傳輸而非語言傳輸，並提供更大的頻寬。3G 行動電話可整合所有 2G 系統不同的服務，並納入更廣泛的寬頻服務，包括語音、數據、視訊、網際資料存取、多媒體、遠端監控以及電子商務等服務，並和固定式通訊網路相結合，實現全球漫遊的目標。3G 行動通訊帶來全新的行動通訊概念在於高速度、高容量、多媒體與個人化，而且具上網設計。其主要理念在拓展行動通訊，提供高容量與高速度的寬頻❻傳輸，其平均速率是 2Mbps，與 2G 行動通訊的 9.6Kbps 相較，速度可加快兩百倍以上。

1. 3G 行動通訊之發展進程

　　1998 年 9 月，以 i-mode 聞名全球的日本系統業者 NTT DoCoMo，結合了 Nokia 的 3G 手機，完成全球第一個 3G 通訊❼。至於，1995 年由日本自行研發的是 3G 行動電話系統 PHS (personal handy-phone system)；如前所述，由於 PHS 的基地臺功率較 GSM 行動電話低，因此視為「低功率行動電話」，比起 GPRS 可以整合數據頻道的數據傳輸技術。

　　在日本 3G 推出後，歐洲業者從 1999 年亦陸續出現指標性的發展。

---

❻　寬頻是一種相對的描述方式，頻寬愈高傳送的資料也相對增加。在電訊中，可以指頻寬 (bandwidth) 大於電話線傳送語音速率 64Kbps 的通道。在固網中，最常見的寬頻形式是數位用戶迴路 xDSL。由於各國寬頻網路普及程度不一，因此對於寬頻服務之定義亦有所分歧，且由於部分寬頻定義所要求的「頻寬」太高，顯得不切合實際情況。新加坡更明確將寬頻服務定義為 ADSL、Cable Modem、Leased Line、ISDN、LAN 及 Wireless LAN 等接取服務，而不以「頻寬」為判定標準。因此，國際間在統計寬頻用戶數時亦不以嚴格的寬頻定義為準，而以業務別（例如：ADSL、cable modem 及 2.5G 等）為統計標的。

❼　此項創舉不但實現 NTT DoCoMo 以 W-CDMA 標準作為下一階段發展的目標，更為全球 3G 發展跨出成功的第一步。

首先是 Nokia 透過公共交換電話網路開通 W-CDMA 的 3G 通訊,完成通用移動通訊系統 UMTS❽的里程碑;其次,芬蘭也開始推動 3G 發展,由該國交通通訊部頒發全球首批為期二十年的 3G 執照給 Sonera、Radiolinja、Telia Mobile 與 Suomen Kolmegee 等四家業者。目前,3G 行動電話的標準包括歐洲 W-CDMA、美國 CDMA2000,以及中國的 TD-SCDMA 等。

2. 3G 行動通訊特性

3G 在技術的發展上從早期的十五種競爭規格,彙整為兩套主要的技術系統,主要分為歐規和美規兩大規格。歐規獲得歐盟與日本支持,包含分碼多工接取 W-CDMA (wideband code division multiple access) 與分時多工接取 TD-CDMA (time division-synchronous code division multiple access) 兩種多重存取技術的 UMTS 技術規格;美規則是由北美與韓國所採用 CDMA One 系統所演進的 CDMA2000 技術規格。在進行影像電話以及傳統的語音通話時,採取的是電路交換,而行動上網時則採「封包交換模式」(packet switch mode)。不同的是,計價單位是依實際的資料傳輸量來計費。

㈣ 4G 行動通訊之發展

國際電信聯盟已達成共識,由於 3G 標準不一,各國開始呼籲制定 4G 解決相容問題,把行動通訊系統與其他系統(WLAN 等)結合起來發展 4G。2007 年之後,代表 4G 行動通訊的 WiMAX (worldwide interoperability for microwave access) 乃以網際網路的結構,以及無線寬頻可移動接收的特性為主要訴求。4G 在快速和慢速移動中,傳輸速率可

---

❽ UMTS (universal mobile telecommunication system):在歐系手機中看到的網路設定 UMTS 字樣,其實就是臺灣所說的 W-CDMA,只是在歐洲普遍以此名稱相稱。隨著 UMTS 手機(涵蓋日本與亞洲所稱的 "W-CDMA",以及歐規 TD-CDMA 的 "UMTS TDD"),在 2005 年已發展出其雛形。

達 100M 和 1Gbps，載速將比撥號上網快兩千倍，上傳速度也能達到至少 20Mbps；其發射功率可達現在的一百倍，且較不受其他設備的電磁干擾。2007 年 10 月舉辦的世界無線電通訊大會 WRC (World Radiocommunication Conference) 決定了 4G 的頻譜配置，預期 4G 將在 2010 年開始商業化。Sony Ericsson 與日本 DoCoMo 行動電話公司規劃 4G 行動通訊的技術，將之稱為「多媒體行動通訊」(multi-mobile communication)，其無線傳輸速率將可達 10Mbps 至 20Mbps，遠超過第三代的標準。國際電信聯盟 (ITU) 認可的第三代行動電話標準有日歐標準的 W-CDMA 和北美的 CDMA2000 以及大陸的 TD-SCDMA 等，日本的 Premier 流動通信公司 NTT DoCoMo 藉機提供各種流動多媒體服務，諸如無線聲音和資料通訊 i-mode 行動上網服務，以及各類加值服務，如圖 2-2。

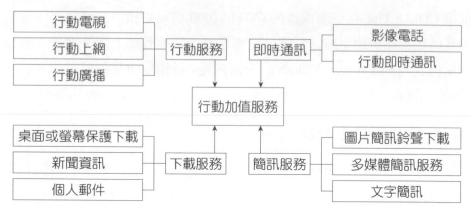

圖 2-2　行動通訊加值服務

　　基於媒介之替代與襲奪理念，WiMAX 技術未來前景不是大好就是大壞，過去在印度推動很成功，是由於當地基礎建設不佳，促使業者大量推動 WiMAX 來替代用戶家中的電話線路，不過，如該國媒介基礎建設較好則無此缺口。自 2005 年起，新開發的 IMS 技術❾與 WiMAX、

❾　IMS (IP multimedia subsystem) 是由國際合作組織 3GPP (3rd generation

Wi-Fi，以及 3G 這三種技術的整合應用，以電視接收影像電話 (TV phone) 的服務，結合適地性服務 (location-based service) 和隨按即說 (push-to-talk over cellular, PoC)❿，可顯示地圖於群組的行動裝置上，具備類似無線電多方單向通話的功能；或者在行動電話上線上共享圖檔、簡報的 "MeShare" 服務，已經為 WiMAX 導出商業模式。

就產官的思維，臺灣的市場顯然較偏好在 WiMAX 端的應用，理由是臺灣網通產業結構較偏向 WiMAX 或 Wi-Fi 技術；另則是因為 WiMAX 相較於 3G，更適用作資料傳輸。在經營策略上，其服務型態提供好的內容可以增加行動電話者使用該服務，因為使用該服務的行動電話者越多，越能鼓勵內容提供者提供行動電話更多更好的服務。這一個良性循環是通訊服務業不變的真理，i-mode 在此方面確實打造相當好的商業模式，包括交易模式、資料庫服務，如電話號碼簿；資訊服務，如股票行情、飛機航班資訊，以及娛樂服務，如占星、流行訊息。其次，收費方式亦有創新思考，過去在計價時不是以服務的項次計價而是單純的以時間計價，因此使用者在使用無線通信服務時常會有來自時間的壓

---

partnership project) 提出的新技術標準，係指一專為服務供應商及通信業者設計的標準化架構，使其在封包或交換網路上提供廣泛以會話發起協議 (session initiation protocol, SIP) 為基礎的固網或無線服務給客戶。IMS 並可作為 Cable、WLAN、WiMAX、GSM、GPRS 等有線、無線網路的共同平臺，讓用戶可以經由任何終端，享有結合語音 (voice)、數據 (data) 與視訊 (video) 的三合一 (triple play) 通訊服務。資料來源：http://tw.search.yahoo.com/search?ei=UTF-8&fr=yfp&p=ims+%E7%B3%BB%E7%B5%B1&rs=2&fr2=rs-top。

❿ PoC (隨按即說)：顧名思義，凡支援這項技術的產品，只要按下 PoC 功能鍵，即可與其他同類型手機使用者進行交談。PoC 可以在同一時間內，以「一對一」或「一對多」的方式交談。由於是透過封包傳送語音，受限於現有 2.5G 的網路傳輸速率較慢，當使用者在高速行駛或身處偏遠地區時，對講時的品質會受到影響，語音資料傳送可能會斷斷續續，未來全面進入 3G 服務之後，應能獲得改善。資料來源：http://tw.knowledge.yahoo.com/question/question?qid=1004122402032。

迫感，比較容易感受到時間與價格之間的關係；而 i-mode 則是以服務項
次來計價，容易使消費者在無形間一直繼續消費下去。

　　隨著科技的快速演進，行動通訊的互動模式與高畫質電視的傳輸特
質，不斷推出各種不同形式的科技名詞，諸如 IPTV、PCTV、Web 2.0 TV、
DVB-H、DTT、D-CATV、DMB、DAB、P2P TV、3G TV、MOBI-TV、
MOD TV、HDTV、SDTV、MHP-TV、Wi-Fi TV 以及 WiMAX-HDTV 等
（如表 2–7），使得整體電訊傳播在匯流情境下有無限的可能性。

表 2–7　通訊科技專有名詞

科技名詞	說　明
IPTV (internet protocol television)	乃利用網際網路在 PC 的顯示器上觀看影音節目內容的模式。
Web 2.0 TV	指利用 Web 2.0 上傳及分享的機制，在網站上觀看網友自發創作或上傳的影音內容。
DVB-H (digital video broadcasting-handheld television)	即數位行動電視。可利用行動電話、PDA 等載具接收數位電視節目。
DTT (digital terrestrial television)	即所謂的數位無線電視，透過家中的機上盒接收，或在車上看到的數位電視節目。
D-CATV (digital cable television)	即指數位有線電視，利用數位機上盒來接收有線電視內容。
DAB/DMB 數位廣播 (digital audio broadcasting/digital multimedia broadcasting)	用 DMB 的接收機收聽數位廣播節目。因技術上 DMB 同樣可以經營視訊業務，所以納入。
P2P TV ⓫ (peer to peer television)	ezPeer、Kuro 是所謂的點對點的音樂下載服務；P2P TV 乃指點對點影視節目下載服務。

⓫　點對點技術 (peer-to-peer, P2P) 又稱對等網際網路技術，是一種網路新技術，依
　　賴網路中參與者的計算能力和頻寬，而不是把依賴都聚集在較少的幾臺伺服器
　　上。因此，在系統端的伺服器上較不占用頻寬；但是在使用者端，因必須同時
　　處理其他網頁需占用頻寬，使得使用者在同時上傳 (up load) 給伺服器時將受

3G TV	即透過 3G（第三代行動電話）的電信網路來收看影音內容。
MOD TV (multimedia on demand television)	中華電信所經營之「大電視」服務，透過機上盒上網來收看或點選影音內容。
MHP-TV (multimedia home platform television)	透過內建 "MHP" 軟體系統的機上盒收看無線數位電視節目；可具備某種層次的互動功能，因此可稱為「互動電視」。

二、 數位化之後行動通訊與媒介的整合

　　由於傳統電視媒體與網際網路產業之間，仍處於二元對立競爭的零和模式，主要是因為數位科技的推展，全球的電信自由化開放政策，以及產業間聯盟的興起，逐漸打破資訊、通訊、電信、娛樂、傳播、消費電子甚至網際網路等各領域間之藩籬，形成所謂的整合科技匯流 (technology convergence) 的情境。由於數位化帶給傳播與電信科技的解構，許多終端機具皆可同時提供語音、數據、影音服務，閱聽人不會像過去單獨購買一種服務，所以產製者會傾向提供套裝服務 (package service) 來吸引消費。

　　無線通訊機具及技術中之先進行動通訊服務的定義，是以行動電話為載具藉由 3G 技術，以及數位廣播電視系統中 DVB-H 所發展之行動電視服務為主體，提供具有高度行動性之行動電話加值服務。隨著行動電話與無線、有線電視的高度普及，行動通訊的發展，使媒介工具涉入人類的生活更為密切，諸如 iPhone、WiMAX 技術工具能否取代媒體成為資訊發布者，成為熱門的議題。在行動通訊的發展中，過去提供服務的

　　影響；另外，也因為需處理封包的問題，對於影音下載的延遲時間必然更長。此種現象，在影音串流模式 (streaming) 中，因其頻寬皆由系統端處理，對使用者而言都不需考量。P2P 依賴網路中參與者的計算能力和頻寬，沒有客戶端或伺服器的概念，只有平等的同級節點，同時對網路上的其他節點充當客戶端和伺服器。

電信系統業者、提供內容的電視臺及提供載具的行動電話硬體終端業者之角色日益重要。行動通訊服務與傳統電視的差異可先從以下三大特性討論：單向廣播與家庭下載或閱覽、封閉性的固定線路與室內接收，以及需配合不同裝置呈現的附加功能。而行動通訊的特點不同於以上特點，乃行動通訊是具有雙向互動且個人化的媒體，以及具便於攜帶、輔助溝通及行動接取之特性，再加上具有整合傳播、資訊與電信 (triple play) 的多媒體平臺功能，因而日漸成為閱聽人接受與傳布資訊的主要工具。基本上，DVB-H 是無線數位電視系統 DVB-T 的延伸應用，並強化移動性、低功耗、接收抗干擾能力、網路層資料的 IP 封包，以及與行動電話網路相容等特性。預計未來將開發更多頻寬，由內容提供者、電信公司、手機業者共同發展數位行動電視。

　　4G 行動通訊除可提供固定接收外亦可提供行動接收，如家用電視機、個人電腦、筆記型電腦、手機、PDA、手持式裝置等接收機具，提供給眾多設備的使用者。更因多重格式的設計，可滿足不同接收設備之不同消費族群；WiMAX 寬頻無線系統適時推出，以無線、大頻寬、可移動的特性正可滿足使用者的需求；其高畫質服務，更可直接感受 WiMAX 寬頻無線所帶來之便利與服務，徹底顛覆傳統電視的收視習慣。因此，內容提供者可製造相符格式的數位內容，透過 WiMAX 寬頻無線系統傳遞；所謂的移動式 WiMAX-HDTV，就是利用移動式 WiMAX 的頻寬來傳輸 HDTV 高解析度的電視節目；而移動式的 WiMAX，不同於固定式的 WiMAX，主要是以行動通訊應用為主，可同時提供固定式與移動式的無線網路用戶接入，其最吸引人之處在於傳輸距離可達 50 公里，同時可支援行動接收。至於，具有雙向互動的中華電信 MOD「大電視」雖然改變電視瀏覽成為點選的行為，但 WiMAX 因其大頻寬之故，結合 Internet 後所能表現的互動性當然不輸 MOD，最重要的是，WiMAX 不需要受限於觀賞電視的環境。

　　由於這些行動通訊的技術，均是藉由較大的電信網路設備頻寬傳輸

資料封包,提供下載或串流影音,在技術規格上全球並無太多歧異。其中,4G 行動通訊的 WiMAX 因具有寬頻無線的頻寬負載,可負擔大頻寬(3Mbps) 供 HD 節目傳輸,加上 WiMAX 平臺之網路結構提供寬頻且雙向的功能,因此提供電視節目內容可點選及互動的需求;亦即,WiMAX 可行動接收的特性,使服務範圍擴及擁有行動裝置的使用者,成為增加收視族群的誘因。除了 WiMAX 之外,2007 年在美國上市的行動電話 iPhone,其配備可播放美國 Google 公司之 YouTube 網站共用視訊所提供視訊內容的功能,藉由該功能的支援,可利用 Wi-Fi 或 EDGE 進行播放。除此之外,蘋果公司宣稱將使其所屬 iPhone,亦可利用電視播放個人電腦接收內容的直接記憶體存取 (direct memory access, DMA) 方式,使 Apple TV 仍然可以支援 YouTube, 並提供通過更新軟體實現該功能的服務。

傳統行動機具之終端介質為核心的新媒體, 大多僅僅是以電視節目為主的播放形式; 而真正較進階的行動通訊服務內容, 應該是根據閱聽人需求的差異和個性化模態終端機具的特點去思考。然而, 對營運傳輸環以及終端環而言, 基於所願付出的代價常難有共識, 因此並非一定如其所好, 畢竟以進階行動通訊方式傳布資訊是需要一定的引導與孕育。只是, 隨著科技發展, 運用各種科技載具在行動中收看電視節目或下載相關資訊的型態與方式不斷推出, 這些技術衍生智慧型手機 (smart phone) 的發展如何結合無線網路技術 (Wi-Fi、WiMAX、iPhone),或在行動電話載具上收看電視, 確實值得關注。

從媒體的觀點, 行動通訊服務事實上也是數位內容產業的一環, 因此在此產業強調價值創新時, 便必須考量消費者對內容的創新、 現實的實用性等實際需求。價值創新的基本要素便是跨越現有的產業邊界普遍存在的買方價值因素, 以創新為主軸的策略思考。市場絕對存在尚待開發的更多需求, 關鍵在於如何開發這些需求, 因此需要把注意力從供應面轉移到需求面, 在供應面探索資訊使用者核心價值與需求為何, 而在供應面中提供使用者完全解決的方案。就行動電視服務的創新價值分析

包括內容創新的價值，在提供消費者創新的內容體驗上，讓使用者先用現有的內容瞭解與體驗行動通訊服務，再從創新的數位內容，讓使用者有新的影音體驗；其次是隨身媒體的價值，過去是把行動電話當作一種溝通的工具，行動通訊服務的發展則將行動電話變成一個隨身的媒體；至於，個人化創造的價值則含行動通訊的出現，更加強使用者在媒體的個人化與隱私權上的提升；最後，多媒體資訊平臺的多工價值，使行動電話在扮演多媒體資訊平臺的角色上，除了行動電話載具硬體面的功能外，其焦點乃在軟體面的創新對下一代行動通訊服務所提供的服務內容，是否能取代傳統媒體，這將成為資訊傳輸者的議題。

第三章

有線電視媒介

　　有線電視是藉由一訊號輸送線，在一特定的區域內，將電視節目傳送給當地居民的一種媒介行為。有線電視 CATV 這四個字母原本是 communication antenna television 的縮寫，其意義是社區天線電視系統，但討論到有線電視都以其為 cable television 的縮寫，亦即線纜電視。就物理現象，無線電載波的頻率愈高較容易產生訊號損失的現象，相對的頻率愈低卻容易遭受干擾。另則，基於無線電傳輸過程係以直射波的原理，在電波傳輸過程遇到地形、地物的阻礙，會影響其服務範圍與品質，造成收視不良的情形。就在此際，以政治議題為主導的有心人士，為了達成使用有線媒介通路的目的，利用同軸電纜傳送方式，轉播三家無線電視臺節目，另播映錄影帶的「第四臺」，自 1976 年在基隆發跡後，迅速擴及全省。1988 年夏季漢城奧運之實況，隨著四處林立的衛星天線（俗稱「小耳朵」）直接傳送至全國各收視戶中，更使第四臺及原有社區共同天線系統，藉此種方式接收來自國外的衛星電視節目訊號，進一步擴大其節目頻道數量與內容。有些經營者甚至轉向創造消費者的需求，提供廣告服務、股市交易資訊乃至發展雙向互動之加值服務等內容。

　　由上述得知，有線電視是為了改善兩種不同地區的收視情況而出現。其一是為解決偏遠地區的弱收視情形或山谷間訊號受阻隔而無法清晰接收的問題，另一則是為避免因大城市內高樓產生的複路徑之反射而造成的鬼影 (ghost image) 現象。然而，也因為此一發展背景，使早期的有線電視形成兩種體制，其一為社區共同天線的性質，另一則為有線電視系統所衍生的非法第四臺。臺灣發展有線電視之背景，當初是為了解決收視問題以及實現民主理念而來，其後逐漸增加收視通路，使得早期之第四臺與共同天線成為有線電視播送系統、有線電視系統、固網業者，甚至發展為數位平臺經營者。

　　和許多國家一樣，臺灣有線電視的發展背景，主要是為克服因複雜的地形影響無線電視收視品質之動機而設立。1968 年，在臺中縣大甲、清水一帶，即出現為改善收視品質所成立的社區共同天線。基於共同天線設

立屬善意的動機，1972 年交通部開始對社區共同天線經營者核發營業執照。1982 年底，公部門設置一個臨時性的研究委員會，專門討論發展有線電視的可能性。該委員會之研討結論中初步肯定有線電視對社會的正面效益，因而於 1983 年 8 月行政院成立「建立有線電視系統工作小組」，積極進行規劃，並參酌世界各國發展有線電視的經驗，同時進行經濟、技術、社會、法律方面等方面之影響評估，已經思考如何將第四臺非法有線的業者，以及已經取得社區共同天線經營者執照的業者納入正軌。

從有線電視發展歷史來看，有線電視產業因法規管制之介入，使其發展進程上呈現出一個由零散的細分化、非法且政治力高度涉入之市場，逐漸轉變為一個完整但過度管制的產業。主管機關針對過去因為有線電視多系統經營者及少數地區性獨立有線電視業者濫用其市場力量，而對消費者造成不公平的收視定價及低服務品質等潛在的弊病，透過法規之制定，進行謹慎而有效率地管制。

由於有線電視的經營很容易會出現所謂的自然獨占的問題，因此在政策制訂上採行特許制，先劃分經營區域，再由業者提出其營運計畫申請，或選定其營業區域後提出營運申請。在特許負擔部分則訂為 1%，有關於外資比例部分，立法院院會於 2002 年 5 月通過《有線廣播電視法》第十九條、第五十一條、第六十三條議案，在外資部分，為配合國際化趨勢，直接及間接則放寬外資上限至 60%。在費率管制上採行投資報酬率，在集團經營部分則採行水平結合之限制方式，系統集團的訂戶數不得超過全國總收視戶的三分之一。另外，與系統有垂直整合的頻道商所提供的頻道節目數，也不得超過該系統可利用頻道的四分之一。除此之外，也有必要轉播之規定，有線電視必須播送無線電視的頻道。上述種種議題，皆將在本章中深入探討。

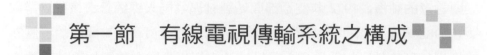

第一節　有線電視傳輸系統之構成

　　各國最早的有線電視系統，大多是為了解決某些地區無線電視收視不良，或因傳輸距離太遠以及地形、地物的限制所設立。1948 年，美國 Jerrold 電子公司為了改善當地的無線電視收視情況，利用一個巨大的垂直天線，形狀如同常見到的 VHF 接收天線，接收廣播電視臺所送出的訊號，這些訊號再經由分配系統以線纜方式傳送至社區內的收視戶家中，其整體情境即為有線電視的基本雛形。

一、有線電視產業結構

　　有線電視的經營型態分為系統經營者與頻道經營者兩種。根據《有線廣播電視法》之規定，有線電視系統經營者 (system operator) 是指依法核准經營有線電視系統服務者；而有線電視頻道經營者 (channel operator) 或稱頻道供應者，是指由系統經營者授權經營特定頻道業者❶。兩者的關係，就如房東與房客或者是百貨公司經營者與專櫃經營者之關係；有線電視系統經營者就像房東或百貨公司，而頻道經營者有如租賃這些店面的商家或是百貨公司專櫃經營者。

　　一個有線電視系統經營者必須包含頭端設備、傳輸網路、收視戶接收設備三個部分。經由此三大結構，形成有線電視系統經營者的訊號傳輸網路。其中，頭端設備是有線電視系統訊號接收、處理、分配以及傳輸中心；傳輸網路可分為幹線網路及支線網路；而收視戶接收設備則包含解碼器以及終端機。

---

❶　下游的系統業者與上游頻道供應者的對價關係，必須視頻道內容的優勢程度而定。上游內容較強者，下游必須付其內容授權費才可播出（26～77 頻道）；上游內容較弱者，則需比照購物頻道模式，必須付給下游系統業者上架費才有機會上架播出。

　　由於有線電視是屬於小眾傳播之區域化電視媒介，以往之無線廣播電視由於頻寬有限，只可經營一個頻道，因此為滿足所有觀眾之需求，乃有必要將無線電視之頻道規劃為綜合性頻道。而有線電視多頻道的特性，由於可選擇的頻道空間很大，因此，可以將頻道定位為針對某些特定族群，或分眾概念的族群而設計的專業頻道。有線電視系統經營者為了提供收視戶更多的服務內容，以求得更高的利潤，除了在纜線上輸送電視節目與廣告資訊訊號之外，還可附加許多資訊與電信相關內容，以供收視戶選擇使用。後者的服務乃所謂的加值型服務，內容包括保全、購物、銀行、教學以及通訊等經由原線纜送至收視戶接收機中，這些資訊的提供，更進一步提升為所謂雙向互動電視 (interactive TV) 的服務。

　　在未完成數位營運之前的有線電視經費，主要來源有 85% 是仰賴收視戶使用上述所提供之節目與資訊服務，採按月或計次繳交費用方式維繫營運。因此，有線電視系統經營者為了保護其經營權益，不讓未繳費的收視戶接收到這些服務內容，必須對其傳輸之訊號採取某種程度的保護措施。一般所稱之編碼 (encoding) 或擾波 (scrambling) 技術，就是在影像或聲音訊號在輸出前，先經由數位鎖碼的方式加以組合，這些組合或附加符碼的方式，透過線纜以數位設定的形式與終端設備相互牽制。接收端則根據這些符碼重新組合或安排影音訊號的程序再行播映，此乃所謂的解碼 (decoding) 或解擾波 (de-scrambling) 的程序。雖然，解碼與編碼的過程增加傳輸作業的複雜度，但此一程序卻能保障有線電視經營者的權益，因此編碼與解碼的技術，對於有線電視系統作業上相當重要。特別是有線電視受限於其基本頻道的收費上限標準之後，甚多節目或加值資訊服務皆會採取計次付費的方式，對有線電視系統經營者而言，此數位鎖碼技術將更為重要。

　　如前所述，有線電視的頭端為有線電視系統的心臟，有線電視的頭端是將所有外來或內部播出訊號來源合併處理後，供給線纜網路送至收視戶使用。早期的有線電視系統都使用獨立的載波產生器，控制載波輸

出電視節目訊號或資訊的內容，此種設計是因早期的有線電視系統所提
供的頻道數不多所導致。臺灣在共同天線或第四臺的時期，一個有線電
視系統，最多也只可提供十二個頻道，因此，縱使多加兩三個載波也不
會增加系統的負擔，但其後的系統大多可達六十幾個甚至到一百多個頻
道；當有線數位化之後，更好的數位壓縮技術使得上達數百個頻道都不
成問題。因此，若再增加載波，很容易會使有線電視網路系統產生過飽
和現象，反而增加訊號干擾或失真的機會。

　　有線電視顧名思義是指以鋪設線纜方式，傳輸影像與聲音訊號內容，
供消費者收視收聽的服務，因此，也可稱為有線電視系統，為了達成此
種線纜服務的程序，所以在此一網路建構上必須包括頭端、傳輸網路以
及接收端三大部分，其原理與電力公司之發電、輸電與配電系統的建構
頗為相近。

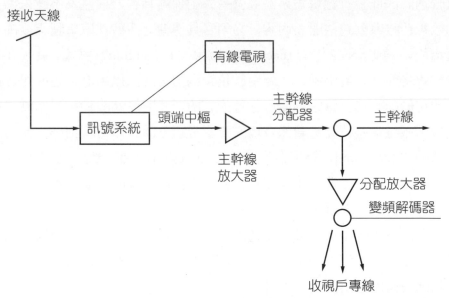

圖 3-1　有線電視系統圖

簡而言之，頭端就是有線電視接收與輸出中心。有線電視系統都是

由一點出發將電視訊號送至許多點,這種技術與電力輸配網路相當類似,可通稱為一點對多點的單向星狀網路系統, 不像電話或一般通信網路是為多點至多點的雙向傳輸網路。所謂的一點, 一般是指為訊號源或訊號系統的播出中心, 在工程名詞上稱為頭端; 顧名思義, 頭端是有線電視訊號的接收、轉繼以及輸出中心, 包括所有節目或廣告訊號的接收、整合、並經處理, 以便有線傳輸網絡傳送, 進行再傳輸的處理。目前部分頭端同時擁有錄製設備, 以及接收、處理、傳送有線電視影音訊號或有線聲音廣播訊號, 並將其播送至次頭端或稱配線網路 (HUB) 之設備。有線電視頭端接收訊號的來源包括有線、無線、衛星、網路以及電訊之節目與廣告訊息; 由於上述訊號形式皆不相同, 故應以何種頻道播出, 都須加以處理之後再行傳送出去。有線電視系統頭端的功能, 包括利用天線接收衛星、無線以及通信機構等外來的訊號。再經訊號處理過程, 諸如自動增益、引示訊號 (pilot-tone) 的產生程序以及自製錄影畫面、音樂、KTV 等下行訊號 (down stream signal) 的播放和上行訊號 (up stream signal) 的接收保全, 以及遙控訊號的監測等雙向訊號的處理。

　　這些影音訊號傳送的幹線網路 (trunk network/backbone), 依照《有線廣播電視法》第四條之規定, 皆須租用第一類電信機構設置的幹線系統(如光纖線路), 或是自行設計經相關單位核准而鋪設的分配線路系統, 由分配線 (distribution line) 傳送到收視戶的附近, 再由導入線 (drop/subscriber line) 連接到收視戶的終端設備, 進行解碼及插卡計時收費的功能, 甚至是應用型的服務。此種跨電信平臺之經營, 將是未來之主流議題。

二、有線電視與第一、二類電信事業規範

㈠第一類電信事業之管制重點

　　第一類電信事業主要是指固定網路(綜合網路、市內網路業務、長

途網路業務、國際網路業務）、行動網路（數位式低功率無線電話、中繼式無線電話、行動數據通信業、無線電叫人、行動電話）、衛星網路（衛星行動通信、衛星固定通信）。由於電信屬於稀有資源，因此第一類電信事業採行特許制，使得固定之通訊網路 (fixed line) 因而形成無可避免之寡占現像。在外資比例的限制上，直接外資不得超過 20%，間接外資不得超過 60%。由於受硬體之限制，儘管網路在不同地區、網路仍互連，但會計需分離且不得交叉補貼。固網被定位為全民使用之共同資源，應普及化其服務，並有資費上的管制限制。而第一類電信事業為電信市場的主導者，並使網路細分化。

㈡第二類電信事業之管制重點

第二類電信事業之特殊業務包括：經營語音單純轉售服務、E.164 用戶號碼網路電話服務、非 E.164 用戶號碼網路電話服務、租用國際電路提供不特定用戶國際間之通信服務等。《第二類電信事業管理規則》第十四條明文規定，經營者之營運不得危害國家安全或妨害治安、妨害公共秩序或善良風俗。在管制重點上，第二類電信事業與有線電視系統和第一類電信事業不同之處在於，採行的是許可制，也就是可以多家同時經營，不受法規之限制，資費部分也可由業者自訂。

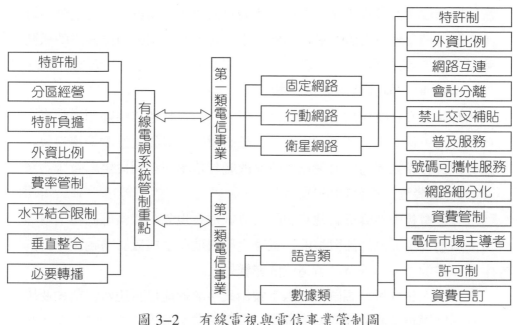

圖 3-2　有線電視與電信事業管制圖

三、有線電視傳輸技術之發展

　　有線電視之訊號來源可以利用早期投資的電視臺設備，或是利用強力天線接收遠方電視臺的弱訊號再經過處理；當然也可利用碟型天線接收衛星的電視轉播訊號，再加以重新調變後當成一種訊號來源，以及以存取設備當成節目訊號的來源。上述所有節目訊號，皆須透過一組訊號處理設備加以規格化後，統一傳輸至有線電視網路的機房再行傳送。經由有線電視系統傳送到收視戶的影像訊號，整體訊號品質之優劣，頭端訊號環境與周邊設備的標準為最重要之因素。有線電視系統頭端裝設之後，仍然會有些影響訊號環境的情況繼續發生，這些或許可稱為訊號干擾情況，包括：

1.無線電視或廣播站設施的影響

　　一般無線電視或廣播業者與有線電視系統沒有太多的關聯。但是，

當這些無線電波經營者為了提升主要服務區的訊號品質時，可能會刻意改變發射機位置或天線系統，因而，影響有線電視頭端地區傳送的訊號強度。

2.同頻、強波或雨衰的干擾

有線電視系統之頭端建立之後，新設立的同頻道或相鄰頻道頻率，在特有的天候傳輸條件下，也可能引起嚴重的衛星訊號接收干擾現象。此一現象亦可能因這些發射或接收站改變其功率大小而發生。

3.頭端位置不佳的問題

有線電視頭端鄰近新建築物的設立或加高現象，如緊鄰高樓大廈等可能減弱衛星或無線訊號接收，或產生反射波而造成鬼影傳輸現象。其中，以接收外來訊號時，所造成的影響最大。

基於上述分析，想確定有線電視頭端系統性能是否正常，首先要確定其訊號環境接收與再傳輸的條件，是否與當初設立時的一樣。有時候系統設立之後，頭端的訊號環境有很大的改變，因而，使訊號品質降低。這類問題中有些很容易測出，例如系統傳輸訊號中鬼影 (ghost image) 的出現與附近新建築物的建造時間相同，則其原因就很明顯。

終究，有線電視頭端是收視戶接收訊號的源頭，其訊號品質對於有線電視的影響頗大。有線電視系統的頭端為系統的神經中樞，其主要功能包括維持整體系統的正常運作，決定節目等頻道視訊的順序，以及收視戶終端資料檢索，甚至在未來進行雙向互動服務時之控制訊號的適時反應等功能。為了保障視訊品質的穩定及滿足雙向服務的需求，有線電視系統之頭端採用電腦控制，而且，其電腦可能是一組工作站或數部個人電腦的組合。工作站或個人電腦將整合各項需求，迅速而有效率地調節再行輸出，以確保整體訊號上下行之間傳輸系統的可靠性。

(一)頭端 (head-end) 及幹線網路 (backbone)

有線電視頭端最主要的功能是將各類天線所接收的訊號、自行播放

所製作或購買的訊號，以及自收視戶或次頭端上行纜線所接收的訊號加以處理，然後由線纜系統傳輸到分配中心。此時，所用的線纜稱為幹線網路，此一幹線網路可使用光纖或同軸電纜，為了將來系統能擴充到更高頻，例如播送系統同軸的 550MHz、HFC 的 750MHz、數位 860MHz 甚至未來 NGN (next generation network)❷之 1GHz 系統的規則，如用光纖將是較佳的選擇。由上述的介紹可知，頭端控制中心的功能所延伸的相關設備至少包括下列幾項：

1. 訊號放大設備

一般而言，從衛星碟型天線所接收到的訊號相當微弱。因此，必須將訊號經過放大降頻之後，再傳送到訊號調變系統。然而臺灣無線電視因服務區較小，視訊強度並無不足的現象，所以經由同軸電纜直接輸入訊號處理器 (processor) 即可。而放大器的使用，應注意的地方是，任何的訊號放大器在輸入端接受較低頻率或較弱的訊號時，須將這些訊號予以加強，使其在輸出端不會有影響傳輸的現象。因此，放大器的功能必須具備補償同軸電纜系統的傳輸損耗。

2. 訊號之調整設備

由於頭端對各種訊號來源經由大線所接收之訊號強弱並不一致，一般而言，近距離的訊號比遠距離所傳來的訊號必然要強。但因有線電視線纜系統傳輸訊號強度的要求不能差異太大，因此，在訊號進入頭端處理時，必須先將所有訊號接收處理後，再加以調整使所有視訊來源能保持一定的強度再行播出。

---

❷ NGN (next generation network) 次代網路，提供新一代互動式多媒體服務與開放的服務介面，SIP 的會議控制／媒體混和用戶交談視頻通訊將是未來主流，vedio and voice 可用 SIP over IP 達到多媒體通訊的應用。IP 電信得以擺脫傳統電信的束縛，其中有兩項重要的電信技術，一是能提供整合語音與數據服務之 SIP (session initiation protocol) 標準，另一項則是提供電話號碼與 IP address 號碼轉換及管理之 E-num 技術。

3.訊號源自動增益控制 (automatic gain control, AGC) 設備

大部分接收的訊號會隨時間與距離變動，線纜系統必須使訊號強度保持在一定的水準。在訊號處理的設備中，此一設備可自動補償接收訊號的強度突然變弱或降低現象。

4.將訊號源轉換頻道設備

在電波的傳輸過程，在訊號頻率越高的狀態，傳輸過程的損失越大。為了降低訊號在有線電視線纜的損失，通常是採取將較高頻訊號轉換為較低頻訊號以避免此一現象的發生。另一種原因，是為了整合播出頻道號碼，有線電視系統的地區訊號必須轉換為其他不同頻道，因為，相同頻率的訊號可以由線纜或直接由當地的電視機天線所接收，產生多次接收的鬼影現象。這也就如一般所謂的鄰頻、同頻干擾或強波干擾情況。由於線纜系統的訊號傳輸要比無線訊號時間長，因此鬼影現象通常較易影響無線電視臺的訊號。

5.節目中引示訊號之產生設備

現今大多數有線電視系統都使用至少一個或多個引示訊號，作為配線系統自動增益功能時之參考基準。除此之外，亦可作為不同訊號源之訊號強度調整的主要標準。

6.訊號之組合設備

有線電視不同於無線電視之電波，有線電視是將所有訊號來源僅藉由同一條線纜在同時間傳輸訊號，其相互干擾情況雖較不易產生，但仍應加以防範。因而，在有線電視之頭端必須有一訊號組合的設備，此一設備裝置的目的乃在使每一頻道皆經由頭端個別處理時，可避免因所有頻道訊號由同一線纜傳輸而產生交互作用。亦即，有線電視在傳訊過程中，必須在頭端的最後一個周邊設備將所有訊號來源加以重新整理。

此種頭端設備，和現有網路頭端，基於執行訊號處理的內容及服務項目有所不同，因此，其周邊設備的功能考量也必然會有所不同。其最大的差異是允許收視戶直接接收網際網路資源，使電視的功能延伸為通

信或資訊，以作完整結合。除此之外，形成媒體資源混用的狀態，使很多資訊及娛樂服務的提供者 (infortainment provider) 可直接以電路的方式直接提供服務。此種開放網路的情況，使得未來網網相連的架構較容易達成，從消費者橫向溝通之角度，也可達到網路間資源共享的目的，使所有提供服務者包括網路服務供應者在內，特別是一些專業或特殊的系統經營者，皆不須有自己的網路或網站，其提供的資源就可被其他有線電視收視戶接收，藉以達到資訊高速公路的契機。

(二)訊號傳輸系統或配線傳輸網路 (distribution network)

係指連接有線電視系統經營者之機房至頭端，或頭端至頭端間傳輸有線電視訊號，或有線廣播訊號以及資訊、電信等相關內容之傳輸網路。傳輸網路由光纖或同軸電纜組成，聯結頭端，將訊號、節目或廣告內容透過電話線架設或地下裝置的大電管與支線線纜，經由不同路線傳送至服務的社區以及收視戶家中，此一系統網路皆屬之。

從頭端到分配器稱為幹線網路，而連接次頭端或分配中心至收視戶間之線纜及設備，則稱為分配線網路。至於，傳輸影音訊號的線纜材料可為同軸電纜或光纖等，其差別僅在頻寬容量的大小以及受干擾的程度差異。如基於纜線架構困難或成本過高，亦可使用多頻道多點系統 (multi-channel multi-distribution system, MMDS)。通常 MMDS 指電視訊號經由微波傳送之方式，以多頻道多點方式傳送之服務，將節目傳給有線電視系統尚未連接或難於到達的區域 ❸。

---

❸ 根據 NCC (2008) 促進有線廣播有線電視普及發展補助方案中，NCC 所稱為因故未達區域，其中包括不經濟區、僅供應簡易自來水區、電信普及補助之人口密度為每平方公里 127 人之鄉（鎮、市），以及該地區設籍戶數未達每平方公里 60 戶，且住戶為散置者；上述地區，皆可符合促進有線廣播有線電視普及發展補助。此一方案，係沿用過去行政院新聞局與電信總局所認定 5% 可列為免查驗區之意。

(三)收視戶接收設備 (subscriber drop)

指由社區傳送至家中或辦公室的同軸電纜，以及將訊號接上家中電視機或其他裝置如電腦終端機的聯結。線纜經由地面電桿、埋管或地下水道進入收視戶家中，再經由頻率轉換器與收視戶之電視機或電腦終端機相連接。藉由此一轉頻器，使線纜傳輸之頻道編碼，轉接到收視戶家中電視機所設定的頻道或者個人電腦的介面板，完成整體影像傳輸之流程。類似可應用在 ISDN 網路上的影像電話、內含數位機上盒 (digital set-top-box) 之數位電視機，可讓收視戶應用隨選視訊 (video on demand, VOD)、家庭購物和家庭銀行。除此之外，更可藉由個人電腦和數據機 (cable modem) 的組合，讓收視戶透過有線電視網路接上國際網際網路。

四、有線電視傳輸功能的延伸

早期的有線電視系統在第四臺時期大多只有十二個頻道，節目來源的訊號透過線纜可以直接經由收視戶接頭進入收視戶家中的電視機。其後，系統頻道容量隨著市場的需求與衛星轉繼的節目而大量增加，一般舊型的電視機已無法直接轉換播送系統所提供的影像及聲音訊號，以致在全頻電視機❹未推出之前，必須藉助有線電視終端設備中加裝選臺器或稱變頻器 (converter)，將所有線纜訊號轉換成固定頻道的載波訊號，再送入家中的電視機播出。如將此一作法想像成現在的鎖碼及分組付費服務所使用的數位轉頻器或數位機上盒，其意義則頗為類似。

為了達到分組收費的目的，系統經營者在訊號源送出之前，就以編碼或是加入擾波方式處理訊號傳輸模式。收視戶必須藉著接收機內的數

---

❹ 早期的非全頻舊型電視機只可接收 13 個頻道，而且無 AV 輸入的插孔裝置。導致所有來自有線或衛星甚至錄放影機的訊號，皆必須經由第 13 頻道輸入，這也是有線電視在非法時期被稱為第四臺的原由。當時的機上盒就是為了收視有線臺的多頻道節目而推出的過渡型產物。

位處理裝置或另加數位機上盒，將訊號解碼復原或是重新組合。相同的，若有線播送系統經營者需要更高層次的鎖碼功能，則可在其頭端加裝一套專用電腦系統進行編碼。由此可知，有線電視是直接將頭端訊號藉由纜線傳輸網路送到收視戶家中，其過程頗為複雜，特別是在有線電視的規模日益加大，為能電視、電信兼備又能執行雙向互動以及分組付費之鎖碼功能者，較新的數位機上盒之功能設計，必然將更為複雜。

　　此種數位機上盒在操作時並不必另行按鈕，只要使用鍵盤或採用遙控操作即可設定密碼。系統經營者亦可以程式去設定頻道及自動監測收視戶接收有線電視節目的時間，較新型的數位機上盒，可同時兼附收視數位訊號、家庭保全以及隨選視訊的功能。有線電視傳輸系統的鎖碼技術，概略可區分為類比訊號與數位訊號的鎖碼兩種方式。但必須強調的是，類比訊號的鎖碼技術反而是比數位訊號的鎖碼難度較高，其複雜度也較大，因此類比鎖碼在被解碼後較不易更換。而數位鎖碼在電腦科技的主導下，已發展到極為精密，樣式繁多、隨時可更動鎖碼形式，更重要的是解碼不易。

　　從科技的觀點，數位機上盒是未來推動數位電視以及高級鎖碼功能，甚至是傳輸雙向互動電視的必需配備。然而，有關科技的推動仍有賴政府給予輔助，包括法規的制定、外人投資以及傳播政策的擬訂。也唯有如此，才可使有線電視經營者為求競爭力的提升，而願意在經營態度上全力投入。數位機上盒在功能上包括數位壓縮解碼功能、定址功能以及回溯頻道調變解調功能等。如前所述，按技術層次、演進順序或應用方式加以劃分。機上盒（解碼器）的發展又可分為三個階段：

(一)類比解碼器

　　早期的類比解碼器基於無全頻的電視機，故只具備選臺器的功能。

(二)定址選臺器

定址選臺器 (addressable converter) 的功能，就像為每個有線電視收視戶編碼，系統業者較能控制收視戶所接收到的節目內容。在此一階段的解碼器便能提供按月或計次付費 (pay per view, PPV) 的服務。

(三)數位機上盒

數位機上盒的發展與定址選臺器最大的差異，乃在訊號處理過程增加解壓縮的功能，也因此可提供隨選視訊或雙向互動加值網路的服務，其產品技術層次相當高，市場的普及性相對也就較難以推動。

由上述數位解碼技術的發展介紹得知，有線電視系統經營者使用鎖碼技術時，應考慮的因素包括：訊號傳輸不易被解碼；系統訊號與接收電視機介面必須具有良好的相容性；未來新服務如加值網路服務、數位電視或互動電視之技術延伸；不因鎖碼處理之後而影響鎖碼頻道或其他頻道的收視品質；成本低廉、安裝容易以及故障維護方便等種種條件。其後，有線電視的分組付費與數位化的推動便可加以考量數位機上盒的功能，未來為了配合有線電視跨業經營電信與數據服務的需求，當有線電視發展成後來的固網服務❺時更為必要。

---

❺ 所謂「固定通信網路」（簡稱固網）是指由固定通信系統所組成之通信網路，亦即透過固定的電話線路發送、傳輸或接受語音、數據、影像、視訊或多媒體等訊息。不同於行動電話以無線基地臺方式傳輸訊號，固網方式包括語音及數據（如 internet）傳輸。固網必須要架設有線網路，需要的成本較大，但網路分布廣，不易受地形、天候影響；可以利用寬頻或是光纖傳輸技術，展開更多的多媒體或電子商務服務，其附加價值相對提高。過去臺灣只有中華電信一家國營的固網業者，然而隨著新固網業者的加入，中華電信獨占固網市場的局面也將改變。交通部於 1999 年 7 月公告受理申請固定網路通信業務，2000 年 3 月通過三家業者，包括東森寬頻電信（力霸）、台灣固網（太電）以及新世紀資通（遠東）。

　　有線電視發展初期，有一段頗長的時間並未引起民眾的注意。當時人們認為有線電視只是一種補救無線訊號傳輸不良的方法，但隨著線纜不斷增多頻寬加大，有越來越多的收視者，除改善收視情況外，為得到更多功能或外加節目來源，使其更有意願藉由裝設有線電視的方式得到自我需求與滿足。在演變當中，線纜電視發展成固網服務之後，有兩種重要的變化：

㈠附加價值服務

　　線纜傳輸系統在完成改善收視訊號的目的後，更進一步提供收視戶許多附加服務，成為有線電視系統業者跨平臺服務的前身。

㈡雙向的多功能傳訊服務

　　線纜傳輸系統在發展過程中，突破一般媒介限制，由原來雙向被動的轉繼訊號，轉變為雙向的多功能傳訊服務；透過電腦網路連線，更可提供多樣的資訊服務，如電話或上網業務。

五、有線電視光纖傳輸網路系統

　　隨著訊號傳輸材料的發展，有線電視系統視訊系統的傳輸網路，已逐漸由光纖與同軸電纜材料混合型網路結構，亦即，以光纖為主幹線配合分配器再由同軸電纜傳輸至收視戶家中的方式，取代早期純以同軸電纜之樹狀網路 (tree branch) 鋪設方式。光纖與同軸電纜混合型網路結構對控制訊號的取得與系統的運作方式，在品質上甚為理想且網路建構的經費亦頗合理，因而有線電視系統經營者皆能接受。星狀網路與樹狀網路結構最大的差異，乃有線電視傳輸系統使用光纖的比例；如屬光纖到家 (fiber to the home, FTTH) 的星狀網路則可進行雙向互動電視，且每個收視戶或訂戶的收視頻道數，可在配線站（分配站）加以調整。

　　目前有線電視播送之系統幾乎完全使用樹狀網路，此一網路較大的

特色，乃從頭端 (head-end) 到收視戶大多採同軸電纜傳輸。因此，經由幹線 (trunk) 到各收視戶之配線傳輸網路（distribution network 或 feeder system）皆為同樣的頻道數量。如果系統經營者希望採取分組付費的制度，則將難以在此一系統內執行，因為，其訊號之流量與方向已不易改變。至於，未來要採取的星狀網路方式最大的特色，便是於幹線可容納的頻道數與節點下的分枝之頻道總數並不相同。此兩種網路之所以會有不同，乃因傳輸管道的通路差異所致。

　　由上述分析便可得知，線纜材料的差異才是其主因，也就是樹狀網路的幹線與引線（支線），如非同軸電纜大小不同，就是幹線採光纖而引線卻分採同軸電纜。因此，每當收視戶有任何需求要回饋給頭端時，經常要考慮到因上行傳輸 (up stream) 較窄的緣故，所以回饋較慢。類似目前業者所採取的電話線路搭配回應方式，將有所困難。正因為如此，雙向互動在上行訊號無法增加的情況下，必然較無法推動。至於，星狀網路結構應屬全採用光纖傳輸訊號的方式。

　　有線電視之星狀網路乃所謂的光纖到家的概念，由於其上下皆可提供收視戶在 1GHz 以上的頻寬，雙向互動必然可以達到，但因其成本極高，特別是進入收視戶接收端之設備與施工費用的負擔頗大，必須階段性才可達成目標。因此，目前有線電視系統只能採取非對稱式傳輸方式發展，也就是一般所稱非同步傳輸方式 (asynchronous transfer mode, ATM)，或是非對稱式數位用戶迴路 (asymmetric digital subscriber line, ADSL)，其架構是將幹線網路 (backbone network) 和收視戶網路 (access network) 分開處理。此種處理方式乃以光纖為骨幹，訊號由頭端送到節點，其下游部分則以同軸電纜的方式，由節點接到收視戶家中。此一非對稱式的光纖結合同軸電纜之布線方式 (hybrid fiber coaxial, HFC)，是有其優點，乃訊號在長距離傳輸時，幹線不必耗費太多的放大器裝置。另則，節點到收視戶的配線可因此縮短，對於高頻寬或高速率要求之資訊傳輸成為可能，這也使得此一系統的服務網路更具彈性，依各服務對象

或數量的需求，甚至可滿足個人資訊系統的規則，不必再作其他設備的投資，請參考表 3-1HFC 與 FTTC 的特性比較。

表 3-1　　HFC 與 FTTC 之網路特性比較

		HFC——樹狀 (tree branch)	FTTC——星狀 (star branch)
傳送路徑之利用型態		多個收視戶共同使用	中心到節點間共用，節點到末端可由一收視戶單獨使用
面臨的問題	下行方向	存在保密性問題	無保密性問題
	上行方向	傳送的頻寬受到限制 存在雜訊問題	傳輸的頻寬不受限制 不存在雜訊問題
	類比傳送	傳送容易	不可直接收容 （可與有線電視網路合併配送）
	數位傳送	需透過 RF modem	直接傳送容易 （可收容 ATM 交換）

資料來源：蔡時郎、許燁榮 (1996: 52)

　　在有線電視傳輸訊號的過程，同軸電纜本身或多或少會產生一些傳輸損失。如果系統的有效長度增加，則傳輸過程所造成的損失相對會加大，導致線纜在傳送訊號的過程中，會受到某種程度的雜音干擾，這些訊號損耗與雜音干擾程度多少會因頻率不同而有所差異。一般而言，在電波傳輸時具有的特質是，高頻較容易損失而低頻較容易受到干擾，這種差異在聲音訊號的結構而言，可能造成頻率響應 (frequency response) 不平坦的問題。而且，同一條線纜所載送的頻道愈多，相互間的影響愈大，互調失真的情況，也是有線電視系統常須加以克服的一個問題，因此，光纖的使用成為必備的材料。但基於科技及材料成本因素，過去要使用光纖自有線電視頭端到收視戶家中的電視機，似乎仍頗為困難，但隨著材料成本與技術層面的問題逐漸調整，全光纖化已可實現。

表 3-2　同軸電纜與光纖之比較

	同軸電纜	光　纖
有效距離	5 公里以內使用	最長 25 公里
訊號品質	距離越長，訊號品質越差	訊號品質較不受傳送距離影響
特　色	樹狀系統架構無法傳送不同內容訊號，若要傳送不同訊號需使用專用線纜及專用放大器	各個接收點均以專線連接，但可共用一個發射機。一條光纖可多蕊傳輸，可供應多個接收點，未來可擴充連接更多頭端

資料來源：程予誠 (1995: 59)

　　一般有線電視系統網路架構，除了幹線會考慮租用電信單位的光纖外，分配網路則可用同軸電纜或光纖混用方式。基於長遠的經濟效益及未來系統擴增的可能性因素加以考量，以光纖材料傳輸當然是較佳的選擇。若配線網路使用同軸電纜且距離較長時，則必須適當地使用線路延伸器 (line extender) 以提升傳送訊號的強度，減少分配站的設立，這對系統建構成本的降低以及收視品質的保障性有很大的助益。從同軸電纜與光纖材質特性的差異可見，有線電視的傳輸，在光纖大量的引用之後，除了訊號品質可大幅提升之外，其傳輸的形式也將有改變。

　　使用光纖的最大好處是光纜體積小，不受電磁波干擾，傳輸距離長和高頻寬；但最大的缺點是成本比同軸電纜高出許多。這個現象隨著光纖的普及和製程技術的進步，已遠不如以往明顯。就整個有線電視系統來看，光纜成本已不再是關鍵的因素，反倒是進入收視戶的設備組件及施工花費，是較沉重的負擔。所以欲提升有線電視的系統架構，通常不是從頭端到收視戶全面地更換同軸電纜為光纖，而是折衷地以光纖為骨幹，節點以後到收視戶仍沿用同軸電纜，即所謂光纖同軸電纜混合網路。此一網路架構，依光纜的觀點，至少有兩個好處，包括光纖材質傳輸特質充分發揮，使用光纜為幹道，藉其可進行長距離傳輸之便，較傳統的網路，節省為數不少的放大器。其次，隨著光纜材料的日趨普及，目前已可降低成本又可保持頻寬的因素,也因同軸電纜布設長度的相對縮短，

使得傳輸頻寬配合訊號質量需求的有效運用成為可能。

由於幹線網路是以長距離和大容量傳輸為主，因此極適合以光纖來傳送。一般訊號經過長距離輸送後，訊號強度必然會衰減下來，所以網路的適當間隔處須安置更多的放大器。然而，訊號在經過長距離傳送仍多少都會引入雜訊，或受線路本身產生的雜訊干擾。所以，在必須使用同軸電纜的情況下，除了使用放大器還需使用濾波器，過濾不必要的訊號。

有線電視是一種服務業，服務性質的系統須相當注重可靠性才可生存，同樣的，有線電視系統當然必須要有相當高的穩定性，因而，在整體系統的投資，除了初期的建構外，更不可忽略後續的系統維護工作。由於有線電視整個系統的穩定性、可靠性、維護以及線纜網路的壽命都會影響到整個系統訊號傳輸功能，目前的有線電視傳輸訊號系統設計都已走向單體化設計，維護相當容易，線纜網路也因配管技術及光纖線纜材質的選擇，使其壽命延長許多，而電子材料的發展以及技術之更新更使得系統穩定性相對提高。必須強調的是，光纖是一種以光傳導的纜線，其功能雖和同軸電纜一樣，皆是用來傳達影像、聲音訊號的導體，但從硬體的角度而言，光纖使得訊號的通路更為寬廣，也因此任何人一提到光纖都會有高科技的印象。在講究大量又快速傳輸資訊的年代，光纖的使用的確頗有助益。然而，光纖材料運用於電視媒介的領域，已有近五十年左右的時間，其特質應有以下幾點：

(一)可提升訊號的品質

在傳輸訊號的過程，訊號的衰減量與傳訊之導體的材料品質必然成反比。光纖是到目前為止除了超導體的材料之外，體積最小且訊號較能保持的一種導材。其導訊原理接近於光的傳導，其超高頻率的載波，對於雜訊干擾的免疫力極高，也就是說光纖具有甚高的訊號雜波比(signal-to-noise ratio)，傳輸訊號品質自然提高。

㈡大量快速與長距離的容量傳輸

雖然光纖體積小，但其導體特質使得其通路容量可以高於一般之同軸電纜。理由是同軸電纜傳輸訊號的過程，必然會受阻抗特性 (characteristic of impedance) 的影響。其中包括電磁波（載波）在真空中之傳輸所產生的變化，特別是在真空以外傳輸過程的改變，在工程原理上其變化對於電磁波頻率的高低影響較少，但對傳輸訊號的容量與速度之影響確是頗大，光纖在此種因傳輸所產生的速度變化問題較可予以避免。

㈢可進行雙向互動傳輸的功能

一般使用於訊號傳輸之通訊電路（或稱鏈路，link），如以單向傳輸而言，通常使用鏈路即已足夠。但在訊號改為數位化處理之後，所謂的數據鏈路 (data link) 必須連接此鏈路兩端相互通訊所需的全部設備，甚至於達到網路的階段，故須使用光纖否則難以達成。

在 1980 年代初期所盛行的資料通訊系統 (information network system, INS)，就是因有光纖材料的使用才得以推動。其後所推動的整合服務數位網路 (integrated service digital network, ISDN)，也是一種整合數位網路 (integrated delivery network, IDN) 所延伸而出的一種綜合型服務系統。基於此一系統的推展，使人類跨入 3C 時代，亦即，將電腦 (computer)、電子消費 (consumer electronics) 以及傳播 (communication) 結合，而突破傳統的電信傳輸之規格。不過，科技似乎只能短暫的滿足人類無限慾望的可能性。

按光纖高容量以及其對頻率較高的訊號長距離傳輸不衰減的優點而言，對於有線電視畫面或聲音訊號品質的保障有頗大的助益。基於此一特質，有線電視經營者已有積極將同軸電纜改變成光纖到家的趨勢。因為，有線電視是一種永續經營的傳播事業，給予收視戶更好的訊號品質，就是最正面的服務。1996 年 1 月臺灣通過電信三法的修訂版本中，已許

可其後有線電視系統經營者經由申請可跨足電信事業，此一優勢使有線電視突破線纜事業的本位，在傳播和電信事業兩造之間遊走。但如何擁有更廣泛的市場面，其重點並非僅繫於服務區域大小的因素，而是如何提升通路的數量、品質與速度上能否具有更高的競爭力，光纖的使用與光纖網路系統的建構將是甚為重要的關鍵。由於資訊不斷快速增加，因此有線電視會更仰賴於光纖媒介材料的通路，因為，只有光纖材料才有如此寬廣的容量或空間，供給消費者隨時取捨的權利。

六、混合式光纖同軸網路

傳統的有線電視網路是以同軸電纜為傳輸媒介。雖然同軸電纜仍具有成本低和高達 750MHz 頻寬的優點，然而其頻率愈高，衰減愈嚴重，以及易受雜音干擾的特性等，衍生傳輸距離和頻寬大受限制的問題。以往的有線電視網路不僅未發揮同軸電纜高頻寬的特色，而且還需靠多個放大器層層串接，來延長其傳輸距離，無形中也增加成本。

採取混合式光纖同軸網路 (hybrid fiber coaxial, HFC) 架構不只是引入光纜和同軸電纜的結合而已，更重要的是在整個網路結構的設計理念。尤其是服務區域的重新規劃，使得網路的服務運用更具有彈性。此處所指服務區域是指分配站或節點以下，包括對所有收視戶的服務範圍，一般是由一條主幹線供此一服務區域內的收視戶共同使用。早先的設計是每個服務區域的收視戶高達數千戶，使得訊號傳輸的品質和信賴度不盡理想，而且每個收視戶沒有分配到合理的上行頻寬，難以達到互動式的效果。

根據早期有線電視的頻率配置，5MHz～42MHz 頻段是訊號上行部分（如圖 3-3），亦即是從收視戶傳送至頭端的訊號所占有的頻段。這個部分的問題頗為複雜，處理起來較為困難。畢竟此一頻段屬於較低頻，容易受到諸如微波爐、電磁爐、無線電話、冷氣機等家電器材的干擾。而且就混合式光纖同軸網路架構，在同一個服務區域內的每個收視戶所

受到的干擾，將不斷地累積送達至節點處，稱為合流雜音，一起回溯到頭端。為避免此一低頻衍生的問題，有些有線電視系統積極地將系統架構提升至 1GHz 頻寬，而不同一般常用的 750MHz，希望能一舉達到混合式光纖同軸網路的最佳擴充性，並將上行頻段改設定在較高的 900MHz～972MHz。不過此方式的成本遠高於 750MHz，況且同軸電纜在高頻部分的衰減特別嚴重。

上行　　　　　　下行

| 上傳頻段 | | 類比頻道
FM廣播
類比服務 | 數位電視頻道
數位視訊服務
數據服務 | 擴充用 |

5MHz　　　42MHz 54MHz　　　　　　550MHz　　　　　　860MHz　1GHz

圖 3-3　　有線電視網路頻譜

註：有線電視網路數位化之後，數位訊號壓縮技術可以將頻寬做更有效率的應用，目前全球的數位有線電視網路皆從 550MHz 升級至 750MHz，甚至是 860MHz 的頻寬。
資料來源：王如蘭修改自 MIC, IT IS 計畫，2001

　　整體而言，混合式光纖同軸網路是在傳送傳統的類比廣播電視的架構基礎上，增加數位訊號雙向傳輸和數位互動視訊功能，其最主要的關鍵點乃在於後者的網路提升之部分，不只是技術方面的問題，在服務的擴充性上也是一大焦點。在混合式光纖同軸網路的架構上，服務區域內的所有收視戶將共同使用屬於雙向的數位頻道（如以上所提的 550MHz～750MHz）。

七、光纖到近鄰／節點

　　光纖到近鄰 (fiber to the curb, FTTC) 又可稱為交換式數位影像 (switched-digital video, SDV)，可視為雙絞線迴路更短的非同步傳輸。相對於混合式光纖同軸網路，光纖到近鄰顧名思義就是將光纜拉得更接近收視戶，通常是 300 公尺以內。光網路節點 (optical network unit, ONU) 到

收視戶間是採雙絞線或同軸電纜。每個光纖到近鄰收視戶將可各自分享到 51.84Mbps 的下行頻寬和 1.6Mbps 的上行頻寬，而不是共用平分，因而享有極充裕的雙向傳輸空間。

標準的電話服務和 ISDN 都被收容在 1MHz 以下，和一般的電話迴路並無兩樣。屬於 35MHz 以下的交換式數位影像上下行訊號，包括此一電話訊號皆可一併在光網路節點以下，以雙絞線方式拉到家庭收視戶內。此交換式數位影像基本上並不支援類比電視訊號，類比電視訊號是另外靠同軸電纜拉至收視戶，並和攜帶交換式數位影像訊號的雙絞線結合在同一條同軸纜線上，在收視戶的家庭內再以被動元件分離影像和電話訊號。此一作法的好處是可以讓不同的兩個公司各自提供交換式數位影像和類比視訊服務，若是十家公司同時提供兩種服務時，則可去除雙線，而逕以同軸電纜或雙絞線從光網路節點拉至收視戶。因此在不破壞室內裝潢的情況下，可讓光纖到近鄰與同軸電纜共存，是光纖到近鄰最大的特色。如此不但可使收視戶繼續保有收視傳統類比電視的機會，亦可更進一步挑選新的數位電視節目，畢竟各國數位電視節目及服務，至少要到 2013 年才有普及可能。此一架構將可使有線電視收視戶，更方便地從收視類比節目過渡到數位有線電視服務。

混合式光纖同軸網路架構最大的優勢，為可同時傳送類比影像電視訊號和數位電視訊號。以美國電信服務經營者而言，業者為了提供視訊通訊服務而建構的網路架構，目前仍以混合式光纖同軸網路為主結構，事實上仍受限於光纖網路未完全普及的問題，只要光纖到家的網路結構完成，有線電視的服務便可進一步走向與網際網路結合的 IPTV 形式。

行政院國家資訊通信發展方案提及為配合世界潮流，2013 年臺灣將全面完成有線電視數位化的重大政策。現階段如何加速普及率高逾八成的有線電視儘速完成數位發展，確為關鍵途徑之一；其他類平臺 (IPTV) 特有的多功能、多元和多選擇三多特性，及其等同分組付費精神的加值、單頻單選自主，亦可視為促使數位傳播一步到位的重要推手。當世界各

國皆已陸續邁進高品質影音、多樣化選擇的 IPTV 新電視，臺灣除持續耗損消費者權益等待有線電視全面數位化外，更應考慮藉不同通路、平臺的引進、開放，有效刺激、引導有線電視業者積極投入數位建設，達到電信市場競爭、匯流目的，強化電視數位產業發展。其次，如何引進平臺競爭及推動分組付費為該方案「中長程規劃」，相較世界其他有線電視蓬勃發展的美、加、歐洲等國，消費者要期待一完整、明確的分組付費架構以滿足不同市場族群需求，需等到 2013 至 2015 年數位有線電視普及到一定程度後，方有具體落實的可能。

第二節　數位有線傳播時代

　　就有線電視的發展可分為幾大面向來思考，包括傳輸材料的演進由同軸到光纖；傳輸形式的演進由單向到雙向，由單向之有線結合衛星與具雙向之網際網路；事業型態由節目供應到節目製播，再由廣電到電信事業；服務的形式，由單元到多元，再由區域轉為國際屬性再進入個人通訊的階段，進而完成全傳播的任務。根據以上有線電視產業發展趨勢分析所述，有線電視的整體取向，基於科技的延伸及形式的改變，使得有線電視有更完整的多元特質。

一、有線電視與電信事業

　　有線電視、衛星電視、無線電視及電腦網路，均屬於大眾傳播媒介之主要通路。前三者係以視訊為主要形式；而有線電視的本質，是利用線纜傳送訊號。從電波之稀有觀點而論，有線電視乃將現有頻率分別賦予各播送系統使用。然而，由於有線電視係將頻率封閉於線纜之中，所以，此時單一媒體並不會占用原本已相當有限之頻率資源。另外，有線電視發展至今，所應用之纜線頻寬已可達到 1GHz，容納數百個以上的電視頻道數量，將可容納更多不同類別的節目內容與服務，甚至可指定部

分頻道做更廣泛運用的網路資源，同時傳遞至收視戶家中供其選擇。

　　有線電視與無線電視的最主要差異，乃有線電視藉由其高頻寬特質，可透過未來資訊與通訊技術的進步，具備提供寬頻的互動式雙向傳送服務。可以預見的是，面對各國國家資訊基礎建設的推動，在多方資源的挹注下，發展有線多媒體應用之相關舉措特別占有優勢。而對電話網路經營者而言，由於一般電信之頻寬約僅為 4KHz，雖然具備費用低廉、投資成本便宜及時效性高的既有網路優勢，但是其資訊傳輸速率較低且頻帶狹窄，這些條件皆影響其與有線電視抗衡的優勢。

　　早期的有線電視大多是採用同軸電纜為傳輸材料，按照樹狀結構的布線模式，沿街道之電線桿附掛或埋設於下水道。到 80 年代之後，纜線材料生產技術和雙向互動傳播的發展，為了求得更多的服務內容，有線電視逐漸演變為以光纖布線星狀結構作為傳輸。星狀結構分枝理論之發展，可使有線電視雙向傳輸功能之應用具備更大彈性，諸如各配線站(HUB) 可針對收視戶設備進行偵測，據以瞭解收視戶選擇之頻道內容與數量甚至使用時間，而作為頻道付費參考標準。另外，亦可藉由收視戶送回之上行訊號先後順序，瞭解未來雙向互動電視功能實施後較難以處理的問題。

　　一般系統經營者在星狀結構布線方式看來，大多是採同軸電纜與光纖混合並用方式，並依其經濟效益分別以點對點方式將光纖鋪到配線站，而配線站到各收視戶則仍採用同軸電纜。一般而言，光纖的傳輸品質、傳送距離（約可達 25 公里以上）以及頻寬均較佳。一般有線電視的同軸電纜是以 550MHz 及 750MHz 為主，但光纖已可達 1～2GHz 的頻寬。但由於周邊設備較昂貴，因而，目前有線電視系統大多仍採用同軸纜線的網路結構。

　　在雙向互動電視分配系統中，傳輸的上行訊號可以是類比訊號，也可以是數位訊號的形式。除了有線電視傳輸之外，雙向互動傳輸技術另可應用於電視教學、生產線及一般公共場所之監視。如果再結合電腦終

端機系統，各收視戶在電視機上加一有按鍵和數位處理功能的附加器，則整個系統將更具效率。收視戶只要透過按鍵即可向訊號處理中心取得個人所需資訊，以及達到報警、電視購物等許多功能。因而，有線電視的雙向互動服務之發展，基本上已具備與電信服務相同的功能。這更符合一般所謂有線電視網路系統藉由其寬頻的特質，已不再僅限於電視節目的提供，當然也可變成資訊供應事業，這使未來的有線電視事業必須面臨幾項重大的變化：

㈠有線電視與電信服務的整合趨勢

　　以往有線電視系統與電信事業受限於政府的法規限制，對於提供客戶服務的項目是互不重疊。有線電視公司專注於電視節目與廣告內容服務的提供，是屬於單向的傳播領域；電信公司則提供電話、電報以及網路的服務。亦即，廣播電視傳播事業與資訊提供事業是完全獨立，兩者最大區別就是點對面與點對點的傳輸。

　　在整合發展趨勢架構之下，牽涉的層面甚廣，幾乎影響到資訊與傳播機構的結構性。因而，在媒體組織、法規與科技間之協調空間必須更為慎密。諸如實質的網路建設、資訊科技發展、各種傳播通訊相關法規的配合等等，皆需要重新加以檢討修訂。因此，應該是在國家整體發展的層次來考量，透過市場機制的運作並配合國家整體的行政體制推動產業匯流。而在民間投資方面，通訊網路的軟硬體建設，在有線電視系統經營者及電信事業的相互較勁下，必然成為當前最熱門的話題。事實上，國家資訊基礎建設包括了用以傳輸、儲存、處理和顯示聲音、資料、影像的實體設施之外，還包括其他相當多的周邊設備。有線電視產業在此國家資訊基礎建設的架構之下，必將面臨結構性的改變。

㈡有線電視與電信服務事業的整合問題

　　長久以來，有線電視系統經營者一直提供單向廣播電視節目內容的

服務。近年來，由於傳播科技的演進，藉由寬頻網路建構的理念才使得電信網路有能力介入電視傳播事業，相對的，有線電視亦有跨業經營電信與通訊的潛力。由於通信市場自由化的趨勢及光纖通信在技術上的演進，使得全球通信工業面臨寬頻時代的需求。從科技的角度分析，對於公眾網路上要提供的寬頻資訊服務，首先就必須在收視戶終端迴路上做大規模的投資。亦即，基於大量快速的資訊內容必須採即時性傳輸的大前提下，必須更新原先的電話線路以符合寬頻通訊的需求。也就是，其服務內容包括資訊、通信以及傳播的軟體結構，其中，甚至含括個人安全與需求等，並非僅止於通訊技術的可行性而已。

解決此一相關問題的方案之一，即是與有線電視系統網路合作，利用既有的電視纜線網路及既有資源以快速進入消費市場。對有線電視系統經營者而言，與電信事業的合作亦有好處，因為，以往在網路上僅提供單向的傳播內容，對建構雙向通訊網路，在設施的配置及電信事業之營運管理的經驗上均頗為缺乏，因此，如果能藉由電信相關事業提供電信交換技術、培植內部人員之營運管理能力及建構新網路所需的資金，對往後有線電視事業經營者在經營競爭力的提升必有助益，唯需考量兩大議題：

1.有線電視系統業者提供電信或資訊服務的問題

經多方的測試得知，以有線電視的線纜網路品質而言，要對收視戶提供電信服務，在通訊的品質與可靠度上仍有相當大的問題，特別是電信或資訊服務是全民性公眾服務，對於傳輸訊號的穩定性以及服務品質之要求相當高。如果倉促開放電信服務市場給有線電視系統經營者經營，對電信業者而言必然是站在不公平的基礎上競爭。另一方面，由於有線電視業者是所謂以提供休閒娛樂的傳播節目內容為主的性質，基於習慣高投資高報酬的經營體制，必然對於偏遠地區的電信業務較不感興趣。特別是在這些偏遠地區架設網路上的投資，反而是一般人口高密集地區的好幾倍，因此，從拓展資訊普及的角度而言，偏遠地區的民眾將會面

臨資訊提供落差太大的情況。更何況目前部分無線電通訊已交由民間經營者來執行，有線電視系統經營者將難在此間獲得較大的利益。

2.電信業者經營有線電視系統服務的問題

電信業者經營有線電視系統服務已成為一種趨勢。但因世界各國的第一類電信服務事業，通常是一國之中最具寡占性的事業；大多數的國家為掌握此一豐富的資源，皆將此一事業劃歸國營。在經營規模上，電信事業的規格往往比有線電視事業要大，因此，許多國家便立法加以限制電信事業的經營權。一旦開放電信經營者經營有線電視服務，將有可能導致電信經營者利用其本身的網路優勢從事不公平競爭。因此，許多國家在思考此一問題時都極其慎重，就連一向提倡自由開放市場的美國，過去數十年來對此一問題亦持保留的態度，僅以開放試驗網路的方式，允許有線電視系統經營者與電信業，採取相互事業經營來探測市場開放的可行性。除此之外，電信經營者長久以來在人力結構與營運形式上，與所謂的傳播事業在工作性質上有極大的差異，休閒娛樂事業在軟體的創意，經常不是電信事業經營者可以想像的。因而，從跨業經營的角度上衡量，電信事業試圖經營有線電視系統必然會產生極大的衝擊。

二、推動寬頻發展的背景因素

以科技觀點來看，寬頻網路的發展應有以下四項主要模式：

1.由於非同步傳輸 (asynchronous transfer mode, ATM) 延伸式骨幹網路的建立，突破傳統式網路的寬頻應用，加大並加速資訊傳輸的技術。

2.光纖到近鄰／節點 (fiber to the curb, FTTC) 網路架構的建立，搭配非同步傳輸交換節點功能，採有線數據處理 (cable modem) 與行動 WiMAX 方式使得多媒體、視訊等資訊應用有另一種跨平臺傳輸的路徑。

3.光纖到家 (fiber to the home, FTTH) 為國家推動完全寬頻到府計畫❻的概念，方便於雙向互動與全數位或加值服務的推動，對於高層次

❻　行政院於 2002 年公布挑戰 2008 國家發展計畫，其中有「e臺灣計畫」，其主要

資訊跨平臺匯流服務能提供較完善的傳輸體系。

4.衛星傳輸與家用電腦的結合 (direct PC)，運用衛星高頻寬的優勢，並可免除最後一哩 (last mile) 的困擾，建構行動數位或加值服務的平臺。

如從有線市場與科技的互動特質加以思考，發展寬頻整合服務數位網路的基本條件，必須建構一骨幹網路 (backbone network)，其理由乃由於通訊服務的多樣化，數據、語音、影像及視訊整合的多媒體機構，須能滿足不同型態的服務。此種多媒體服務所必須的條件便是藉由寬頻的特性以快速傳輸大量的訊息，而非同步傳輸寬頻多樣的服務架構，就是為符合此需要而設計。不過，此一寬頻網路的建構，仍難以和有線電視網路的可塑性加以比擬。

在有線電視的網路架構中，已知較成熟的寬頻網路有光纖到家、光纖到節點 (fiber to the node, FTTN)、非對稱式數位用戶迴路、光纖同軸混合的模式。事實上，上述各種技術都各有其優缺點或限制，選擇何種網路架構，均需再考量經營者的能力及目的。如有線電視系統經營者通常較熱衷於光纖同軸混合的形式，而電信公司則以選擇光纖同軸混合為試驗的標的。正由於各種網路架構特性不同，搭配使用亦是相當合適的方式，如偏遠或離島地區可考慮使用無線技術，鄉村地區則以非對稱式數位用戶迴路較為適合。

網路的規劃及選擇除了面對市場的接受度外，首先面臨的問題，整體工業技術的推展與政府法規的制訂應是兩大關鍵的影響因素。因而，各國在網路的規劃設計上有幾個考量重點可加以依循（周柏聰，1996）：

1.提供多功能之資訊服務，必須考量投入成本之效益。

目的是發展臺灣成為科技島。在此一計畫中，分別有「e 生活計畫」、「e 交通計畫」、「e 政府計畫」、「e 商業計畫」和『寬頻到府 600 萬用戶』等計畫。「寬頻到府 600 萬用戶」計畫之內涵，即為建構一個整合有線、無線、行動及固定通信之寬頻網路，並結合各種影音視聽數位內容，以提供國人高速、寬頻與多樣化的多媒體資訊服務。

　　2.有線電視與電信兩種服務可經由整合型光纖與同軸混合網路來同時提供，不必因傳輸內容而建構多類型網路。對於完整的有線網路架構，應由頭端或機房至收視戶提供寬頻傳輸網路。

三、有線電視之數位服務的發展趨勢

　　從上述的分析得知，各種數位傳輸技術都有能力支援高速、寬頻的通路。但在經濟上卻仍很難推展，因為，有意經營網路服務供應者，較猶豫的是消費者的參與意願。亦即，數位廣播視訊服務的使用因素，仍有賴於市場因素的取捨。除此之外，傳播法規與政策是否全力支援產業標準的制定與引用；後者，也是近幾年各國發展數位廣播或電視的不確定因素。事實上，真正要用來做數位化資訊網路應用，除了要修正相關法規，有線電視經營者也必須取得相關營業特許執照外，還有許多技術問題必須克服。

　　以有線電視的發展為例，消費者的需求以及分組付費的周邊問題予以克服之後，有線電視收視戶大多願再接收有線電視頭端所播送的電視節目與相關資訊。雖然過去有線電視以經營視訊廣播電視節目業務為主，而電信經營者則以經營語音和數據通訊業務為主，但共同的目標都是試圖經營互動式多媒體通訊業務。不過，由於影像傳輸的基本條件，使得傳送視訊是寬頻傳輸的利基所在。過去的電信專用數位網路架構對於未來升級為互動服務，如隨選視訊或付費電視，在發展上皆有相當的限制。追究其因，可從成本效益考量，此類網路的架構若能與有線電視結合，不但可以減少架構、維護管線時造成的問題，由於成本較低，品質也因有足夠的頻寬而提升，對經營者及收視戶必然互蒙其利。由上述分析得知，有線電視網路確實可提供多元化且快速的資訊通訊服務，但要讓有線電視網路真的成為收視戶的另一電信資訊傳輸管道，仍有待市場與政策上的積極互動始可推展。

　　在技術之結合方面，有線電視寬頻網路的建構應為當務之急，亦即，

如何結合電信事業之光纖網路以及有線電視事業之寬頻地區網路，皆仰賴政府的主導。以目前臺灣有線電視的網路情況而言，如和電信事業現有網路已延伸到家庭、辦公室中的電話線相比，傳輸容量高達 750MHz 以上頻寬的有線電視同軸電纜幾可形容為「網路高速公路」，其規格如欲提供影像電話、視訊會議、多媒體節目點播、高速資料傳送等多樣化資訊服務並不成問題。

有線電視與電信網路整合服務，將可透過有線電視同軸電纜的大容量高速傳輸能力，提供收視戶視訊會議、高速網際網路、視訊點播等各種多媒體互動服務。主要是試圖讓已經高度普及的有線電視系統，除了提供節目和電視購物之外，也可以用來上網、點選節目、保全或股票買賣，甚至通話等多用途的加值服務；亦即，加值節目與新服務的推出，收視戶除被動收視，另可含括額外資訊、多元同步、互動以及點選模式。

另一個較易引起討論的有線電視通訊頻率使用問題，乃同軸電纜有效傳輸頻寬在 750MHz 左右，經營者可撥出 30MHz 以上的頻寬供通信使用。但從電波為公有的理念，有線電視網路架構是所有收視戶共享之頻寬資源，因而，如何經營的確是值得探討的問題，縱使開放使用，仍有傳輸速率的問題。政府為推動 M 臺灣計畫，自 2004 年起執行「雙網計畫」和「寬頻電信共用管道建置計畫」。就前者而言，係為建立一個健全無線寬頻基礎與應用環境，讓使用者在任何地方、時間都可透過寬頻網路，擷取多元化的數位應用與服務；就後者而言，可打造一個無間隙的網路環境 (seamless)，並健全競爭的機制，以符合品質佳且費率較低的市場條件。

不論未來有線電視與電信事業跨業經營的可行性為何，有線電視除走向雙向的互動視訊服務，其目的在提升未來多媒體通訊環境的空間。但此舉對電信事業的最大衝擊，莫過於這樣的雙向服務將影響到電信機構的通訊服務，甚至數據通訊等加值服務的發展。由於有線電視提供雙向電話服務依採用方式之不同，可分為採用有線電收視戶網路的有線電

話服務的方式，與採用無線電收視戶迴路 (wireless local loop, WLL) 方式的服務模式。可以預期的是，有線電視互動服務將會衍生出有線電話以及個人通訊系統。現在進行雙向實驗服務的有線電視系統，所使用的同軸電纜的頻寬已高達 1GHz，將可利用不同頻段進行不同的廣播、電視、資訊與個人通訊服務。

　　未來有線電視走向互動式電視服務之後，為能提供收視戶傳回訊號，電纜線必須也能發送回溯訊號。因此必須在既有的網路上做大幅的投資，除了原有的放大器必須更新為雙向外，線路的頻寬也必須加大，以應付對頻寬大量的需求。為了促使互動電視服務中，對於有線電視使用頻寬，滿足消費者大量且快速訊息的傳輸需求，有線電視網路須由同軸電纜升級為光纖，以光纖與同軸電纜的混合架構，未來甚至發展光纖到家的網路，以便提供雙向的寬頻服務。光纖化的網路線路發展，不僅可以增加頻寬（頻道數），而且減少放大器，增大每一個頭端的服務距離與戶數，增加線路的穩定性，減少維護費用。有線電視除在主幹線 (trunk line) 採用光纖，在饋線 (feeder line) 和收視戶引線 (drop line) 則是使用同軸電纜；主幹線和饋線間，以光纖節點 (fiber node) 作光訊號和電子訊號的轉換。有線電視系統經營者除在收視戶迴路做光纖化的投資外，尚須投資相關設備，例如加裝數位交換機以提供雙向服務。

四、雙向互動對有線電視的影響

　　從無線電視到以衛星傳送電視節目的服務，再到 1970 年付費電視頻道，一般大眾所接觸的都是被動之電視服務方式，並無所謂收視自主權。一直到 1985 年，計次付費服務推出之後，收視戶才開始有選擇節目的權利。1990 年代，有線電視的發展更進一步利用資訊與通訊技術，提供給收視戶更多選擇性的近似隨選視訊 (near video on demand, NVOD) 服務；這樣具有互動性選擇的發展，為有線電視掀起一股互動式熱潮，互動式隨選視訊服務在各地紛紛展開。而這樣的發展在未來有線電視網路與電

信網路寬頻骨幹結合後，也可以提供娛樂性以外的視訊與資訊服務。言下之意，乃有線電視可提供電信服務、寬頻網路整合性服務的功能，將對整個電信服務業的發展造成很大的衝擊。因此，電話公司也紛紛推出影像撥號電話 (video dial tone, VDT) 的服務加以抵制。

　　長久以來，整個互動式實驗服務發展最積極的國家是美國，美國除了有線電視經營者與電話公司外，其他的資訊與通訊系統終端設備及軟體經營者也紛紛加入，發展各式未來所需的產品，以免屆時為市場所淘汰。除美國之外，在有線電視發展較落後的歐洲，後來也投入極大的心力積極發展其互動式多媒體實驗服務。所謂有線電視互動式電視 (interactive TV) 服務，即系統經營者或節目供應商，將節目儲存在伺服器內，伺服器可隨時因應收視戶的需求，透過傳輸網路將節目訊號傳送至收視戶家中，再藉由數位機上盒將訊號解碼輸出。

　　互動視訊產業幾乎涵蓋了整個 3C 產業。所謂互動視訊，就有線電視收視戶而言，其意義乃指透過網路的方式即可獲取其想要的服務。在此為何特別強調服務的內容係以視訊為主，是因為視訊服務所須傳送或儲存的資料量最大，在數位化的環境下，只要能提供視訊服務，則其他數據和語音的資料型態就較容易解決。實際上廣義的互動視訊產業並不限定只能以視訊資料的方式，也就是其他語音、數據和多媒體資訊都在互動視訊產業的範疇內；狹義的定義則針對互動視訊應用和資訊多媒體應用為主。資訊內容提供者將節目軟體儲存在多媒體機構的伺服器內，以隨時因應收視戶的需求，透過傳輸網路節目訊號傳送至收視戶家中，資料的內容可為數據、語音和影像。

　　從有線電視的消費行為中，收視費用是其主要特徵。然而，收視戶如何透過有線電得以看到更多的頻道，以及如何自由選擇服務項目與時段，卻是未來有線電視較值得探討的消費層面。可以預見的是，未來有線電視的經營可衍生更多的服務方式，雙向互動服務將是其中之一。亦即，互動視訊系統的架構，是一種雙向服務的規格，其服務內容含括有線電視

節目以及網路、資訊、電信等，可以使用家庭電視或個人電腦作為收視者的接收設備。此種整合型的服務可提供的服務涵蓋 data、voice 與 video，若採光纖網路傳輸 (100Mbps)，則上下載資料的時間成本便大幅減少；一般而言，data、voice 與 video 不是單純 1+1+1=3 的服務，而是更多的綜效，且可提供 VoIP、IPTV 與 Video Comm. 等匯流科技服務。

　　有線電視的定址服務系統，可以更明確根據收視戶所需要的服務內容提供多元化的互動通路。於此所謂的互動乃指如何提升收視戶對電視節目的操控權；至於多元化，則是除電視節目之外的服務項目，諸如購物、保全、電玩、醫療、教學以及電信等等服務內容，更進一步甚可達到和其他收視戶交談的功能。不過，必須強調的是，現行所使用透過電話點歌的服務方式，只是一種透過窄頻單向輔助方式的模擬互動功能。雙向互動有線電視的服務層級，從最簡單的計次付費方式 (pay per view) 到真正的雙向互動隨選視訊 (interactive video on demand) 服務，其間的發展必須配合電子科技的進步，以及收視戶付費的意願而定。

　　雖然整體環境不是很有利於定址服務系統的推動，甚多較具規模的經營者認為，有線電視系統的經營如單純以節目播送服務為主，由於經濟結構無法擴張，對於 5 萬戶以下的有線電視系統經營者，將面臨更多的困境。因此，開發加值的網路服務乃成為必然的趨勢，計次付費的收視服務僅能解決分組收費的問題，而只有能延伸有線電視經營範圍的因素，才可對經營者的永續經營能力有所助益。

　　雙向互動系統在有線電視上使用的推動，如以市場觀點而言，目前其發展的可能性僅止於保全業方面，其餘的服務仍有待推展。至於，有線電視未來的發展大致可分為幾種形式：

1. 資訊的存取部分
任何可用資訊達成雙向互動效果的型態。

2. 與頭端的互動
以現場直播電話之形式，透過有線電視在節目中呈現。

3.系統轉接語音交談的形式

經由有線電視系統頭端，把語音訊息傳出取代電信網路之功能。

就目前有線電視市場的經營而言，雙向互動技術雖已克服，但市場之接受度仍然言之過早，不過經營者都已考慮到此種營運模式，期望將來市場來臨時，至少不必將所設計之網路做太大幅度的修改。基於大部分有線電視經營者為顧及成本，以及本身工程技術未臻成熟，因此最後一哩的線路處目前都未能雙向。

綜合上述，探討目前臺灣有線電視採用定址系統雙向互動服務的形式，為何在同軸電纜與光纖混合並用方式寬頻資訊網路架構中，並非由電信總局率先架設，而是以有線電視經營者為主。其緣由除了電信相關法令限制電信局不能做視訊廣播服務之外，整體有線電視的經營架構亦為主要背景因素。此種同軸電纜與光纖混合並用 (hybrid fiber coaxial, HFC) 方式的寬頻資訊網路架構，過去仍須考量以下四個重點（王國雍，1994）：

1.成本因素

一般而言，過去同軸電纜傳輸系統較光纖傳輸系統便宜，但當長距離傳輸時，使用光纖所省下的放大器費用，反而是光纖傳輸較同軸電纜來得經濟。相反的，短距離傳輸時仍以同軸電纜方式較為經濟。

2.雙向服務項目

光纖節點服務的區域愈小，其所能提供的服務項目愈多。

3.高頻傳輸

高頻隨著傳輸距離愈長，較低頻訊號更易衰減，如要利用 750MHz 以上部分的頻寬提供服務，傳輸距離的長度就必須做進一步的考量。

4.品質因素

光纖的傳輸品質必然較同軸電纜為佳，對於後續推動雙向互動服務較為有利。

如前之探討，定址系統雙向互動付費電視的推展，最大的問題並不

在於技術的瓶頸，而是政策與法令、使用者付費以及經營者的遠見未能確立才是最大的困境。基本上，定址系統雙向互動電視的推展，對於有線電視經營者或是收視戶而言皆是一種利多，既然樂觀其成何不積極推動？可以想見的是，互動電視的發展仍屬實驗的階段，雖各界對有線電視網路建構的品質仍有疑慮，但因多方條件已趨成熟，有線電視推動此方面的服務，必有相當的助益。綜觀各國發展互動電視的背景因素，包括：科技的成熟、數位壓縮技術和數位電視技術的發展情況，使得雙向互動電視成為可能。

　　有線電視已是一種生活中不可或缺的媒介通路，因而，在基本的定義上會要求其是用來傳輸電視節目，提供一般人消費的傳播媒介。事實上，任何傳輸訊號的通路只有一種，其差異只是電磁波容量以及流通速度的快慢而已。若此一理念能夠成立，有線電視應可視為是一種容量較大的訊號傳輸管道，當然，也可以用來傳輸非電視以外的訊號，如改用之於一般通信，有線電視將是頗為可觀的通信管道。這也就是近幾年積極討論的廣域數位傳輸服務網路 (integrated services digital broadcasting, ISDB) 之源由，其中包括高品質、多頻道以及高速資訊傳輸的理念。顯然，有線電視可以使用於人類生活資訊傳輸的功能絕不僅限於休閒娛樂的特質，其寬頻的特性，使有線電視具備更高的可塑性。因此，在資訊科技的領域也樂於接納此一理念。值得一提的是，在有線電視雙向互動之前，仍有甚多階段的科技有待突破。有線電視雙向互動未完全成熟之前，要進行雙向互動，當然仍有一段距離。然而，目前世界各國雖無任何有線電視系統推出真正的雙向互動服務，但有線電視雙向互動服務是科技發展的一個 5C 潮流。

表 3-3　5C 涵蓋內容

電腦網路 computer network	工具、軟體、多媒體製造業
傳播通訊 communication	通訊網路、設備、服務業
消費者 electronic consumer（電子商務）	電視機、個人數位處理器、數位機上盒之製造業
有線電視 cable TV	有線電視產業，包括上游（節目產製）、下游系統（平臺提供者）
內容 content/application	線上傳送資訊者（提供者、擁有者）

資料來源：改編自羅澤生 (1996)；劉幼琍 (1996: 70)

由於 5C 概念的建構，使得有線電視工業已被列入資訊科技之領域。然而，從以上的分析，可預見的是，未來傳播科技將會帶來以下趨勢：

(一)媒體之間的界線將更趨模糊

於 1980 年代初期，普爾 (Ithiel de Sola Pool) 就預測印刷、廣播電視、與電信等媒體將會整合，而各類媒體之間的界線將更趨模糊。於此種整合時代，收視大眾在家不但可藉由有線電視上網，亦可在個人電腦上享受資訊與節目服務，當然也可用行動機具欣賞電視節目。

(二)跨媒體經營是擋不住的趨勢

儘管國內外的傳播法規為避免媒體壟斷市場，都對跨媒體經營有所限制。然而，隨著國際法規鬆綁 (deregulation) 的潮流，一些限制也逐漸被打破。以臺灣有線電視而言，頻道經營者兼為系統經營者的情形比比皆是；因此，市場上不但有有線電視的水平整合、垂直整合，更有大小不等的多系統經營者 (multiple system operator, MSO) 存在。同理，有線電視的經營空間也將不會僅限於電視，諸如電信與保全、教學等應用服務，漸將成長。

從 3C 到 5C 又歸納為 2C(computer & communication) 的演變中，有線電視因位居其間故扮演的角色也隨之調整。而其中較為顯著的應屬單

向變成雙向的傳播模式，以及閱聽眾由被動轉為主動甚至互動閱聽的模式。未來的有線電視收視戶與有線電視系統間，再也不僅限於電視節目的供應，而是介入生活中更多的守望、提供資訊與交換言論意見的廣場。

五、數位傳輸與有線線纜網路的演進

由於電信與資訊通訊技術大量運用在各種電視媒介的服務上，造成原有電子媒體服務的界線愈來愈模糊。此種衝擊對電信或通訊服務業之衝擊最為顯著。可以確定的是，有線電視系統經營者在面對未來資訊與通訊技術結合的新興市場，若能掌握契機，必可在未來資訊與通訊技術的交互運作下獲利。

此一發展趨勢，使得原本只是提供休閒娛樂為主的有線電視，可以提供寬頻的傳輸服務。如再加上資訊與通訊技術的突破，將使有線電視網路具有雙向的通訊功能。有線電視系統經營者，藉由原本建構的市場優勢，得以創造新興市場。所以，如何利用通訊與資訊技術和有線電視之傳輸服務結合，應是有線電視開拓另一種市場空間的重要依據。亦即，除了節目內容之外，有關資訊與電信的訊息不必透過傳統的電信服務，也可直接透過有線電視與網路結合，將訊息傳送至每一個收視戶家中，同時不斷的在有線電視與電話服務領域擴展其版圖，並運用先進的資訊與通訊技術提供給收視戶最佳的服務。

可以預見的是，未來有線電視的發展，除了可提供傳統娛樂的視訊與音訊服務之外，同時可透過其雙向的互動式網路，提供類似隨選視訊、上網以及電話的服務，更可利用其網路提供物流與金流的購物平臺、遠距教學、遠距醫療等國家資訊基礎建設的應用型服務。近年來，有線電視結合數位科技的加速演變，使得有線電視數據機與寬頻❼整合服務數

---

❼　通常以每秒能傳輸多少資料量的多寡來表示資料的傳輸速率，其計算單位是用每秒多少位元來計算，也就是一般看到的 bps (bit per second)。又因為一個 bit 太小，所以才有 K 的單位 (1K=1000bits)。當 K 不夠用時，又有 M 的單位

位網路 (broadband-integrated service digital network, B-ISDN) 皆已非最新的技術，但有線電視數據機仍然為大眾所使用。收視戶經由機上盒將透過傳輸網路傳送來的節目內容解壓縮呈現在電視上，收視戶可依照需求自行瀏覽、搜尋伺服器中所儲存的節目。

六、有線電視數據機 (cable modem)

cable modem 和一般所謂的數據機 (modem) 應用方式頗為類似，都是來自電腦的數位訊號調變 (modulation)，以及解調變 (demodulation) 的一種傳輸方式。此種調變與解調變對應則通稱為訊號調變，是適合在有線電視線纜傳輸媒介上傳送的類比訊號，或是將來自有線電視傳輸媒介的類比訊號解調變為數位訊號後輸入電腦，其間最大的差異是使用的傳輸媒介不同。由於數據機僅透過傳統的電話雙絞線來傳送資料，因此傳輸速率受到限制，只適合傳送數據，較不適於傳送多媒體資料，特別是音訊或視訊資訊。因此，如能利用更寬頻的網路來傳送，將可解決此問題。

從上述的探討得知，由於早期採用較窄頻之電信傳輸無法達到大量且迅速的目的，因此目前有線電視系統經營者，乃採用以傳送節目訊號的同軸電纜加以改良後，作為傳送網際網路數位資訊的線路，解決另一頻寬問題。其作法是，收視戶要先向有線電視系統經營者租用一部有線電視數據機，與線纜相連後，線路連接有線電視數據機與個人電腦，即可經由有線電視頭端下行傳輸資訊，其傳輸速度理論上可以提高到30Mbps。在傳輸速度上，有線電視數據機並不是雙向等速，由於上下行傳輸的調變技術不同，下行傳輸速度基本上可達 10Mbps 以上，而上行傳輸則僅在 200Kbps 到 2Mbps 之間。不過，此現象符合一般使用有線電

_____

(1M=1000K)。一般所使用的電話線路資料傳輸速率是 288.8Kbps，ISDN 是 128Kbps，一些 ISP 公司都會宣稱擁有多少條 T1: 1544Kbps、T2: 6312Kbps、T3: 44736Kbps，其傳輸速率越高（也就是頻寬越高），使用者在上網時就不會有塞車之感（速度很慢）的情形發生，尤其在與國外網站連線時（林振輝，1998）。

視節目或是上網路找資料的概念，當然也頗適用隨選視訊節目內容的傳輸。而且，由於是與有線電視相連，因此，只要將個人電腦打開，採 IP 服務方式 (data over cable system interface, DOCSIS) 傳輸❽，不必進行額外的系統銜接動作。然而，有線電視數據機的速度雖快，但是目前仍有相當多的問題，包括：

1.上行傳輸訊號所使用的頻段易受干擾，影響傳輸品質。

2.有線電視多為單向傳輸，要建立雙向傳輸時，必須要進行更換光纖與同軸混合的線纜，加設頭端的放大器工程需時間與資本。

3.以線纜進行傳輸時，會受距離影響，也會受到收視戶收視的影響。

4.線纜所建立的網路為共享形式，在進行線上交易時，安全性會出現問題。

5.有線電視經營者必須再增加電腦設備與網際網路相連。

七、非對稱式數位用戶迴路

由於傳輸科技的演變以及需要周邊條件的配合，有線電視對於有線電視數據機的技術要能夠實現，時間會比對稱式數位用戶迴路 (digital subscriber line, DSL)❾慢，即使實現，也多用於商業用途中，例如購物或是隨選視訊等，目前在資訊的傳輸，則仍依賴非對稱式數位用戶迴路技術。以美國為例，1996 年美國電信業者在經營互動電視時，已開始採用非對稱式數位用戶迴路的技術，由此可見，此項技術使用於有線電視所

---

❽　DOCSIS (data over cable system interface)：有線電視業者可利用 DOCSIS 3.0 網路提供具備更強大的功能與效能的 IP 服務，以因應消費者要求並提高其技術競爭力。

❾　對稱式數位用戶迴路 (DSL) 指的是透過一般銅質雙絞電話線，使用數據機連接電腦與數位迴路，將高頻寬（傳統撥接數據機一百倍的速度）帶給用戶的持續性數位迴路。分有非對稱式數位用戶迴路 (ADSL)、對稱式數位用戶迴路 (SDSL)、高速數位用戶迴路 (HDSL)、超高速數位用戶迴路 (VDSL)、語音搭載數位用戶迴路 (VoDSL) 等。

具有的潛力。由於非對稱式數位用戶迴路下行傳輸速度十分可觀，因而非常適用於解決網際網路的頻寬問題，也可用於多媒體檔案傳送、即時影片播放、線上購物、線上教學、線上遊戲等。因此，非對稱式數位用戶迴路成為整個數位用戶傳輸網路族群中最受注目的焦點，其另一個特色是可以同時傳輸數據資料與使用電話之方便性。較重要的是，非對稱式數位用戶迴路傳輸時所用的頻率，不會阻礙到語音 (0～4KHz) 的傳輸，也可以一面傳真、一面傳檔。由於不對稱的上下行傳輸速度，並不適合用於溝通雙方上下行傳輸需求相同的場合，例如區域網路間的連結、視訊會議等。於這些場合，則可以運用高資訊量數位用戶迴路 (high data rate digital subscriber line, HDSL) 技術補足。

1990 年後，美國的電話公司開始熱衷於推動將光纖鋪設到家 (FTTH)，藉此可解決長期以來電話線路窄頻瓶頸。但是此一作法將使每一收視戶的平均花費成本甚高，並不是符合經濟的作法。其折衷的方式是將大部分的雙絞銅線改換成光纖，從節點到收視戶這一段則改用同軸電纜，即光纖到節點。

非對稱式數位用戶迴路是美國 Telcordia Technologies（前貝爾傳播研究公司, Bell Communications Research, Inc.）在寬頻整合服務數位網路 (B-ISDN) 的基礎下，衍生出來的新技術，目標是能傳遞影像訊號。從頭端到收視戶間需要傳送大量的資料，反之，上行部分只需要少量的請求資訊；因而，此系統架構屬於非對稱式。非對稱式數位用戶迴路最常引起的關注話題，是其雙絞線的傳輸能力，包括其所能傳送的最大距離和頻寬。這兩者需透過相互的交換 (trade-off) 來取得適合的平衡點。換言之，若欲享有高頻寬的傳輸，則必縮短雙絞線布設的距離，但雙絞線長度無法做進一步縮減。所以，並非所有的電話公司的網路都適合架設非對稱式數位用戶迴路。

再者，在非對稱式數位用戶迴路上仍可進行電話的使用，每一個收視戶均可獨自享用特定的頻寬，不需要如同軸電纜與光纖混合並用方式

之收視戶一般，只能共享同一段頻帶。不過，非對稱式數位用戶迴路的影像品質，與一收視戶在只接一電話線的情況下只能搭接一部電視機的缺點，以及頻寬無法擴充的不利因素下，都使得電話公司在非對稱式數位網路上的投資受到限制。然而，非對稱式數位用戶迴路卻不只是能提供影像服務（如數位廣播節目、隨選視訊等），它亦能支援網際網路的接取 (internet access)、影像會議 (video conferencing) 和遠距教學 (distance learning) 等，在服務範圍的發展潛力，可達到全服務網路的境界。

　　雖然數位收視戶傳輸網路系列的技術可以運用既有的電話線路，大幅提高網際網路資料下行傳輸的速度。然而，在此一技術普及之前，仍有下列的問題尚待解決：

　　1. 傳輸速度受線路長度影響，因此要提供此項服務的網路服務供應者必須儘力廣建機房的數量。

　　2. CAP (carrierless amplitude/phase modulation) 與 DMT (discrete multitone technique) 間的接收與發射技術標準仍有爭議。前者為 AT&T 公司所發展，出現較早，對非對稱式數位用戶迴路整合性較佳；後者則是發展出的網路偵測性能較佳，傳輸速度也較高。

　　數位用戶傳輸網路技術，其主要特色在利用目前的雙絞線電話線路，將頻寬提高到 6 或 8Mbps 的資訊下行傳輸 (down stream or down load) 速度。而且，使用方式及軟硬體需求與整合服務數位網路相似，但速度卻可達整合服務數位網路數十倍以上。數位用戶傳輸網路依據不同的技術可將雙絞線的頻寬提升到不同程度，主要分為四種：

㈠ ADSL (asymmetric digital subscriber line)

　　可直譯為「非對稱式數位用戶迴路」。用戶可在使用電話時同時以 512Kbps 以上的速率上網，且兩者互不干擾，上網時不必像傳統數據機或單向 cable modem 另需支付電話費用。特色在於上行與下行的頻寬是不對稱的，下載速率在 1.5Mbps～9Mbps，上傳速率則在 64Kbps～

640Kbps，因而稱為非對稱。不需再增加基礎設備，只要用戶端加裝 ADSL 數據機，就可使用電話線上網。優點包括現行電話仍可使用、提高電話頻寬的使用率、現有用戶迴路再利用、減輕電話線路的負擔等；亦即，其間的差異牽涉到所採用的數據機、傳輸方式與傳輸距離而定，其中，傳輸距離影響最大。此種上下行傳輸不對稱的速度，即是被稱為非對稱傳輸的原因。

(二) HDSL (high data rate digital subscriber line)

係利用兩條絞線進行數位資料的傳輸，其特色是上下行傳輸速度對稱 (symmetrical)，也就是來回皆為等速傳輸。這是此一高資訊量數位用戶傳輸網路與非對稱式數位用戶迴路最大的不同點。通常，此一方式在單一條雙絞線的狀況下，速度可達 784Kbps 至 1040Kbps。如果以兩條雙絞線，則可使速度提高到 T1 (1.544Mbps) 或是 E1 (2.048Mbps) 的傳輸水準。當然，在高資訊量數位用戶傳輸網路逐漸被使用之後，將會影響到 T1 與 E1 線路日後的租用市場。

(三) SDSL (single line or symmetric digital subscriber line)

此一方式可視為另一種高資訊量數位用戶傳輸網路，不過，單線纜數位用戶傳輸網路僅用單條絞線傳輸，只是其特性也是雙向對稱傳輸的形式。

(四) VDSL (very high data rate digital subscriber line)

此為數位超高資訊量用戶傳輸網路的傳輸方式。超高資訊量用戶傳輸網路僅利用一條雙絞線，速度即可達 12.9 到 52.8Mbps 間，甚至 60Mbps。此種設計之速度變化，主要是依據線路長短不同而定，而且是雙向等速的對稱傳輸。

互動式電視服務的提供必須投入龐大的資金、人力和物力，因此各

相關產業必須群策群力，方能共築互動式電視的發展。就如此龐大的產業來說，非傳統單一產業所能獨立構築而成，目前已有通訊、資訊、消費性電子、軟體經營者和有線電視經營者相繼投入，或是策略聯盟，或是企業相互併購，企圖搶占先機，共同為建立這個整合性產業而努力。

八、有線電視寬頻特性的延伸性

　　從有線電視的科技與營運規格的角度加以探討，有線電視原本就不僅是提供電視節目的媒介，隨著科技的發展，有線電視的寬頻特性必然會使其媒介功能充分運用與延伸，諸如電訊、電腦以及電信的結合，應視為必然的趨向。所謂的寬頻帶傳輸系統 (wide-band transmission system)，意指提供整個頻譜的某一段供個別利用。由於其頻譜寬度較一般的無線電視所使用單一頻道的頻帶來得寬，故可分成數段利用，每段分別以濾波器隔開，而且各段可供作各種不同的用途，其中當然還包括將某些頻段作雙向傳輸之用途。亦即，寬頻並不意指某種特殊的用途，或是利用某種特別的調變 (modulation) 技術或多工選擇 (multiplexing) 技術。在此定義下，同軸線纜、光纖及許多微波傳送系統都可當成寬頻傳輸機構。有線電視或線纜電視系統就是於同一線纜，使用寬頻傳輸系統，將許多電視頻道分配給收視戶，而其頻道多少亦會隨著頻寬壓縮技術以及傳輸線材品質而有所改變。

　　有線電視系統在工程科技上的推動有兩大方向，其一為如何使用有線電視的寬頻線纜網路替代窄頻電信網路的功能；另則，極力推動有線電視線纜網路高頻的特質，以減少傳輸訊號的損失。根據兩大目標，如何將有線電視的寬頻與高頻特性，與其他訊號傳輸工業結合，是為未來推動資訊高速公路的重點，這些領域包括電腦連線作業、電子郵件、民意測驗以及一般民生工業之運用。由於資訊流通的內容日益加多，早期的通信網路已無法合乎目前電腦連線作業的要求，此種高速率的資訊傳輸都得藉助有線電視線纜網路系統。對電腦通訊網路而言，有線電視系

統的發展，使其在通訊硬體方面更加速發展。因此，除了在遠距離傳輸的過程，電腦系統必須利用有線電視線纜網路當成通信硬體之外，電腦與周邊設備之間也開始採用有線電視線纜作為傳輸線，以提高整部電腦的運作效率，使有線電視與一般民生事業得以日漸結合。

　　未來有線電視將有多元化發展的空間，為使有線電視得以實施所謂的「資訊高速公路」，同意將電視與電信逐步跨業結合。此一新興電信科技產業的構想，如能在政府法令開放、技術轉移以及民間集資等問題上獲得改善的話，未來有線電視的收視戶，皆可擁有這種全自動化的電視服務，使得有線電視系統不只是收看電視節目，更可從事購物、通信等生活資訊的取得，這些措施將為有線電視產業產生正面的助益。

　　有線電視系統對於雙向傳輸的通訊傳輸技術，雖大致上已相當成熟，但如可再利用電傳文件提供收視戶豐富的資料，配合分組付費及定址的功能，則可從資料庫中進行大量且即時的檢索選擇。結合家用個人電腦的普及率，有線電視系統經營者初期僅以提供單向性的視訊服務，對於雙向互動服務的開拓，需在收視戶的數位機上盒以及個人電腦逐漸普及後才可實施。由於有線電視系統必須負擔平時所播送節目的軟體費用，加上相當可觀的傳輸工程設備費用，以及往後的龐大工程網路系統建構與多種經費，包括維護費用等。因此，有線電視的收視戶如電話用戶一樣，在安裝時必須付一筆裝機費，爾後再繳月租或年租費，甚至採取計次付費方式。至於一般所謂的鎖碼頻道，就是將送出的畫面訊號先行加上密碼再送至收視戶端，而收視戶端必須擁有一合法的解碼設備才可收看，此種設備可將訊號重新組合為原來的訊號，可避免非特定收視戶接收訊號。隨著科技的推動，有線電視系統為掌握收視戶的繳費及加值服務，特別運用高傳輸網路，成為整個有線電視系統的控制中心，針對各收視戶的需求，進行一般及加值的服務。

第三節　有線電視平臺的營運架構

有線電視在臺灣得以發展的主要原因，應歸功於為民眾為解決收視不良的問題，以及增加節目收視來源兩大條件。其間，民主政治的確立和整體經濟結構的改善，亦為較大助益之處，從客觀與主觀的環境而言，的確有其存在空間。如今，經過長期營運的經驗，有線電視所帶給民眾的生活需求已無法切割，特別是在各地區有線電視系統整合之後，兩者之間的依賴更為密切。然而，仍須強調的是，有線電視是以收視戶的月費為主要收入來源，站在媒體服務受眾的觀點，絕不可因為取得執照而忽視尊重收視戶的立場，基於永續經營的理念，所謂的權利與義務仍須維繫。

有線電視的發展歷程，從非法與合法之間的灰色地帶，一直到電視市場由寡占到開放競爭，使得電視頻道從稀有到過量；電視產業的影響力因而逐漸式微而由經濟力所取代，使單一頻道難以存活，反使系統業者的議價力相對提高。其次，分組收費制度成為另一議題，未來業者將更重視市場與消費者導向，市場競爭未必帶來多元節目內容。至此，傳播科技影響市場運作與法規修訂，整體市場結構趨向整合，並使經濟規模與綜效更為擴大。跨媒體經營已成主要趨勢，在有線電視與電信業結合方面，更需與國外媒體策略聯盟進而開拓國際市場。最終，有線電視的國際性、全國性、區域性與地方頻道並存，在經營的動態範疇自然形成。

有線電視之異於無線電視，乃在其具有個人化、多頻道化、主動化以及多元化等特質。更重要的是，由於此一傳播通路必須具有與社區資源共享，以及生活同質的理念，其經營架構也必然須將整個節目行銷方針建構於此之上。有線電視的經營必須從科技條件，以及消費者特質所規劃的營運模式加以運作。從節目經營管理的角度加以探討，有線電視在收視戶的日漸主動之下，其節目行銷策略也必須有所調整。總而言之，

有線電視平臺化之後，必須仿效企業經營思維始可提高整體效益。

一、有線電視之資源與管理

從目前有線電視各項專用頻道及社區功能的分析可以得知，有線電視系統經營者，對於在地化節目的經營，自規劃到執行皆已有其具體的運作。但是，其成效往往因各系統投入之誠意度高低而有差異，其中包括人力的投入、資金的投入以及對外關係的聯繫，是否曾積極參與或是有步驟的推動。顯然，大多數的有線電視經營者仍因前面所提到的不確定因素，而影響其投資意願。其中還是以人力不足、能力不足、甚至心力不足的原因為主。這些無法自發投入經營的業者，只有期望以嚴格審議制度加以篩選：

(一)內部資源評估運用

為達到上述市場人口特性分析之特定經營模式，有線電視系統應一直本著「服務民眾與結合地方資源」之方針，對內部工作人員亦應不時提出自我要求，包括以下幾項是為重點目標，諸如：全力推動社教與提供娛樂為節目經營目標，以服務鄉民「多做不錯，少做多錯，不做全錯」為共同理念；有線電視系統為全體員工與地方經濟共存共榮的系統；有效率有原則的內部管理制度，強化全體員工自我要求的目標管理模式；公開化的財務運作，成立合理節目購租或製播預算，使成本合理降低，創造更多利潤回饋地方；鼓勵員工自我投入，多管道瞭解收視戶需求，以作調整節目內容規劃之參考；精緻節目訊號品質，並強化各類頻道經營內容之長期規劃目標；提供各類方言專有頻道，報導本地物產並提升生產技術；不斷發掘專業人才並加強員工在職訓練，防止公司的老化現象，活潑人事與組織，經常提供較新之節目製播觀念；加速拓展系統之服務區域，早日達成全區域的經營目標。

亦即，經營者應確知有線電視並非媒體寡占性質，而是地方服務之

屬性，它必須符合傳播學所稱「地利之便、地緣關係、社會同質、人力集中、資源支應」等屬性，且基於此種屬性，有線電視系統應以「在地化、專業化、多元化」為宗旨。在在地化方面的努力：除了節目內容的規劃之外，資源共享以及利潤回饋地方的目標，將列為有線電視系統融合地方活動的目標；在專業化方面的努力：規劃部分頻道為推廣當地農漁牧生產技術以及生活資訊交流之節目，且在這些節目製播方面力求精緻使之整體性的權威得以建立，並於內部人員結構健全之後，逐步將此類節目列入自製的範圍，而非全以購片或轉播節目為本業；在多元化方面的努力：節目內容的多元化應配合傳播科技的進步，使更多樣的技術逐步加入有線電視系統的製播系統之中。初期目標先開拓電話語音專線服務，以便收視戶之查詢及維修，遠程目標則以電腦互動式的播映系統做更具效率的生活化服務。

(二)經營理念與具體作法

　　由上述宗旨，可以顯見有線電視系統在經營理念上仍無法脫離地方性的特色。經營者必須體認有線電視媒介是為保障公眾閱聽之權益，並結合地方資源才得以發揮的電視媒介。至於，有線電視提供之服務是否符合當地民眾利益及需求，須視整合之後的有線電視經營者，在執行業務中是否已瞭解此一觀眾的重要性，而實施多項措施，如義務性贊助地方性廟會、球賽活動以回饋鄉里，以及決定在偏遠地區推展營運的決心等。其所期望者乃在創造利潤的同時，全力投入在地資源支應，更重要的是達到將有線電視系統的營運與當地社會同質化的目標，最終目標仍在使有線電視系統的任何建設被視為另一種社會性的投資而不僅是一種商業性投資，透過精心規劃的多元化、在地化、專業化節目內容帶動當地居民的生活情趣，進而拓展物產資源及觀光資源以促進社會繁榮。

　　除此之外，應深知節目的規劃、廣告的促銷以及收視戶的提升，將是有線電視系統是否能長期生存的命脈，也只有在這三個要素皆能完善

經營之後，一些回饋社會的目標才得以實現。至於，廣告的促銷方面，也在人事部門成立業務部的編制，其任務乃在全力推動廣告促銷之外，並期望建立與收視戶的關係。基本上，節目的規劃是收視戶數能否提升的決定性要素，特別是有線電視並無法像無線電視臺一樣必須靠收視率調查間接確認，它是直接的、快速的反映。

二、有線電視節目內容規劃

由於衛星與有線電視並行的發展模式，使得有線電視常講究全球在地化服務的功能，儘管此一全方位服務網的內容已包羅萬象，但仍須適度的加入一些具有地方特色的節目。不但如此，隨著網路科技的進展，在世界各國許多不同都會之中，擁有整合寬頻的大型有線電視系統，大多會針對當地收視戶的需求，購買、製作及安排節目內容，其中包括新聞、運動、購物、商業及戲劇等內容，同時必須小幅的安插全國性或國際性的節目網，適時的加入地方資訊。部分更為積極的有線電視系統經營者，為了獲得地方的資訊與節目，每個都會的有線電視系統都常尋求當地節目供應商以及頻道經營者的合作，共同製作一些在地的節目。

此類型自製頻道的目的，在於使區域頻道與當地收視戶成為共同體，且避免具有爭議性話題的資訊太過於一致化；除此之外，有線電視製播自製節目可引發收視戶對其周遭事物更加的關切。基於這些因素，有線電視在製播此類節目要能發揮其地區性的特質，以能報導該地區各類型的訊息為主，這類型的節目甚至包括實況轉播、縣市議會開會的實際情形等等。為了能夠達到預定的效果，製作的內容除可包括地方新聞報導之外，對於公共事務的評論，亦可邀請地方政府新聞單位人員上節目，以期能使節目收視戶產生共鳴。

由此可見，自製節目所使用的公用頻道，如能費心加以經營，其內在所醞發的各種意涵，甚至可因而導引出多種社會功能，而且對節目行銷的助益亦頗大。以下三項皆為有線電視製播在地節目不可忽略的意義：

(一)成為地區內之資訊系統

此一意義可分為三種層面，即製作之節目以地區為焦點、與地方公共團體有互動關係，以及與地方行政組織相互合作。這些日積月累的事物，使有線電視與社區的關係更為密切。

(二)製播節目成為公共論壇

製作促進收視戶對公共議題認知之節目使社區居民便於使用；另則，加強製作為大眾共同參與之節目內容。在此一層次之後，才可藉由頻道之影響力，成為社區交流的工具。

(三)爭取收視戶之重要依據

使收視戶增加參與機會而提高訂戶數量，並配合當地商業活動增加地方廣告。系統經營者亦可藉此積極促銷活動，爭取更大的市場空間。

有線電視節目內容規劃，必須從在地的角度加以思考，在共同天線及第四臺業者改稱為有線電視播送系統之後，為了配合法令的規定以及取得收視戶的認同，早已成為有線電視經營者必須面對的議題。然而，在地化節目屬性的定義又是為何，卻常常受到混淆。其實有線電視節目內容的問題如此複雜，就有線電視的區域屬性而言，在地化的節目不外乎是指收視戶想看、願意看以及看得懂的節目內容而言。

生產在地化的節目應該是有線電視經營者的最愛，但是大量人力與經費的投注，卻成為大多數系統業者的心中之痛。所以，系統業者必須要早日未雨綢繆預作規劃，否則，如何得以「立足有線，胸懷本土，坐收盈餘而能放眼永續的經營成果」。因此，自行生產在地化節目不但是唯一管道，而且是治本的生存之道，此乃有線電視節目行銷管理的最終精神。基於多數的系統業者，已在近幾年自然整合為多系統經營者，其精神更難追求。

在地特質雖然不是漫長而龐大的社會工程，但也不是膚淺名詞，它只是另一種互動的需求。不過，此乃雙方面的權益關係，亦即，在自我權益逐漸伸張的同時，有線電視收視戶的回報往往是立即可以兌現。此處必須強調的是，對有線電視收視戶數而言，它可能是正面的擁有也會是負面的流失，因而，系統經營者對於在地化節目的經營理念，就應該在此一線之間展現其高度的智慧。收視戶的需求又有誰能比系統經營者更清楚；或許，那些仍不願意花心思去構想在地化節目經營特色的經營者，仍在為其不確定的未來操心或者是還留戀於過去我行我素的年代。

有線電視畢竟是一種地方性的分眾或小眾型媒介，必須運用地利之便與地緣關係創造利潤的功能，使其無法脫離社區的生活環節而獨立存在。因而，才有人形容有線電視的經營是一種無距離化的媒體。基於此一因素，想要發揮其在地化節目的特色，必須仰賴經營者所提供的電視節目內容是否具有創造需求的本質。值得一提的是，在地化的節目特色並不須要給予過度的使命化目標，相對的是，其所能提供的訊息愈是簡單易得，則其經營者的成就或直接收益就愈為豐碩。

基本上，要獲取有線電視收視戶的關懷之大前提，必須要使節目內容保持絕對的接近性；要獲得收視戶的信賴，理想的節目品質是必備條件；要獲得收視戶的依賴與期待，節目訊息的時效性是不可或缺的因素；要獲得收視戶的主動接受，節目內容的專業性規劃頗為重要；要獲得收視戶的樂於參與，節目形式可看性的包裝是為誘因；要獲得收視戶的注意，節目公關性的宣傳作業尤其須要加強。

整體而言，在地化的有線電視節目經營，只要系統經營者具有長期投資的共識，其潛在的利益將會隨著時間的流逝而化之於有形。綜觀有線電視系統經營者的頻道節目不難看出，大多數的系統經營者皆已在此一環節上付出頗大的心力。目前，其較為欠缺的仍在於規劃節目內容時，能否掌握引發需求，以及執行節目呈現時，能否提升節目可看性和在地化節目特色之追求。配合節目行銷策略的主導，經營者應從上述節目的

類型開闢自製頻道，如屬城鄉的有線電視系統則應加強農漁業海外投資及農漁業技術指導，針對地區產業做最新的天氣預報；對於都會及工業較發達的市區而言，有線電視系統則可提供各類投資管道與技術升級的資訊，促使該區收視戶更能掌握消費市場的需求與資金運用的方法。除此之外，有線電視系統亦可經營富有地方民俗文藝色彩的單元節目，為扮演地區經濟、社會的傳播橋梁外，更藉著製作此類頻道，對區域鄉土文化的保留與傳承盡一分心力，使地區的文化活動活絡起來，將流失的文化記錄下來，鼓勵年輕一代來關心、學習傳統智慧流傳下來的各種習俗、戲曲、行業、故事以及技藝等。以下，再就各國發展有線電視的概況予以簡述。

三、美國地區的有線電視發展概述

美國的有線電視發展是世界各國之中較早的。1939 年美國開始發展無線電視，到了 1948 年左右，電視席捲美國各地區。一些居住在偏遠的山腰或窪地受到山脈的阻隔，或在大城市受到高樓大廈的影響，而妨礙電波的傳播導致產生收視品質不良地區的民眾，紛紛要求電視公司謀求改善之道。基於此項需求，美國開始著手研究開發最早期的社區共同天線電視系統，其主要的處理方式是在社區附近的高地接收訊號，再利用同軸電纜輸送分配到社區收視戶，解決這些區域之收視不良或收視不到的困擾。

1950 年代後，社區共同天線電視及同一大廈收視戶專設的主天線電視 (master antenna TV, MATV) 在美國各地蓬勃發展。由此可見，和臺灣一樣，美國初期的有線電視也是源之於社區共同天線電視，再經由共同天線的服務模式，開始演變成可以接收不同來源的電視媒介通路。其次，才逐漸發展為製播兼具的電視經營體系，其意義與精神是可以理解的。此種漸進式的發展，其實也配合許多因素，諸如科技的基礎、人力組織的結構、市場的需求以及整體媒體政策的走向。

　　根據美國聯邦通訊委員會 (Federal Communications Commission, FCC) 對於該國有線電視發展中的規範模式認為，這些早期的小型社區共同天線電視系統服務的範疇，除了基於改善收視品質而轉播鄰近無線電視臺之節目外，為避免影響無線電視經營結構的正常運作，以及帶給電波媒體管理之不便，這些共同天線經營者應不得自製節目或以其他形式插播節目。然而，經過傳輸科技的帶動，以及電視周邊設備的逐漸完整兩大因素，在 1960 年之後，半導體積體電路、光纖纜線、光電通訊等尖端精密產品的開發創新，加上太空科技的成就，各國衛星電視與有線產業逐漸結合，使得有線電視的軟體來源逐倍成長，其跨國屬性的文化特質自然促進有線電視系統一再地更新與擴增服務的領域。

　　1960 年代美國微波中繼的開放以及 1970 年代衛星時代的來臨，在無形中使得有線電視普及率大幅提高，有線電視也成為美國民眾日常生活中不可或缺的媒介。2000 年之後，美國有線電視的經營方式已成為結合電腦、網路、電視的多媒體，2010 年進入跨平臺營運的產業狀態。

表 3-4　美國有線電視發展過程

	1950	1960	1970	1980	1990	2000	2010
產業技術	開始有線傳輸	利用微波中繼傳送	使用人造衛星傳送節目	利用光纖技術傳輸	·高頻傳輸 ·影像壓縮 ·HDTV 發展 ·互動電視	·全數位傳輸 ·媒體平臺 ·多元傳輸	·匯流平臺 ·雙向互動 ·數位高畫質
政策法規	未管制	·FCC 管制 ·有線電視系統業者經營	市場漸次開放	一度凍結市場	·開放跨業經營 ·內容流通規範	·扶植數位內容 ·匯流法規制訂	·跨業平臺營運 ·全數位化服務

資料來源：修改自周柏聰 (1996: 19)

四、日本地區的有線電視發展概述

　　在先進國家中，日本有線電視的低度發展應屬一種特殊情況。因為，日本從表面上看是一人口密集且多山的地區，按理，此種國家甚為適合

推動有線電視，但日本的有線電視卻不如外界所想像的發達。探究其因，乃有三大背景條件所致：

(一)媒體結構的特殊性

此一因素，可從日本的媒體營運結構談起，即日本是世界少有的政策主導跨媒體經營的國家。由於日本的無線電視大多是報業經營者的關係企業，政府為了讓此一經營者的營運不受干擾，經常配合無線電視業者一同壓抑有線電視的成長。

(二)衛星取代有線解決收視不良問題

日本政府對於民眾收視不良的問題，並不願完全採取有線電視之共同天線接收方式加以解決，反而積極發展直播衛星工業。於此必須強調的是，在日本，直播衛星係屬公營的 NHK（日本放送協會，Nippon Hoso Kyokai）為主，因此，日本的全國網無線電視臺中，也只有 NHK 一家電視臺可以做到。其他無線電視臺則依該國人口及行政區域的劃分，形成地方或地區分網的狀態。

(三)節目軟體來源匱乏的問題

世界各國的衛星與有線電視兩種媒介，皆屬相輔相成、互通有無的結構，唯獨日本則較為特別，理由是日本在 1992 年開放天空政策 (open sky policy)❿未實施之前，日本郵政省禁止有線電視系統轉繼外來衛星電視節目。可以想見，在缺乏外來節目資源的情況下，使得有線電視節目軟體必然難以成長。此一措施讓有線電視經營者無法滿足收視戶的認同，

---

❿　開放天空政策：美國聯邦通訊委員會 (Federal Communications Commission, FCC) 於 1972 年 6 月所通過的通信衛星自由化政策。在 1992 年日本也通過此一政策，准許國外衛星訊號進入日本國土，並同意日本民營電視藉由衛星輸出節目（陳清河，1997；Hudson, 1988）。

造成其經營困境甚難突破。

　　日本最早出現有線電視的地區是在群馬縣伊香保溫泉地區，當時稱為共同天線電視，是在日本放送協會 (NHK) 協助下完成，其設置目的主要是使原來電視訊號接收不良的情況得以獲得改善。從 1954 年到目前的發展狀況，日本全國在有線電視的普及率並不是很高的情況下，卻是亞洲電視工業發展最迅速與最科技化運用的先進國家，原因在於其島國的特性需用通信衛星或直播衛星來聯繫各行政體系。為了溝通及傳遞訊息的方便，日本很早就發射衛星來輔助訊號傳送，這樣不但可以解決島國聯繫上的不方便，而且，衛星不斷發射成功，經由衛星所轉繼的電視節目服務可以不斷的增加與改進，這也使得日本政府因為對衛星電視的推動而忽視有線電視的發展。

　　日本最大的有線電視系統是成立於 1969 年山梨縣甲府市的日本網路系統 (Nihon Network Service, Inc., NNS)。1972 年 7 月，日本國會通過「有線電視放送法」，並於當時選定兩個地區由官方經營，進行播送的實驗。首先是日本東京都多摩市，到 1980 年為止，參加的有管理機構的郵政省、日本電話電報公社 (Nippon Telegraph and Telephone Corporation, NTT)、讀賣新聞、朝日新聞等五十一個團體機關；其節目內容大多屬於家庭資料的傳輸、自製節目、雙向傳播、生活資訊提供等。另外一個實驗區是奈良縣生駒市東生駒，參加實驗的為通產省、松下電器、富士通、住友電工等單位，主要實驗是以光纖為幹線，進行雙向互動電視的評估。由此二項實驗不難看出，早期日本在有線電視的發展著重於硬體與軟體並重，對於媒介通路卻是到 1992 年開放天空政策 (open sky policy) 之後才有所突破。日本有線電視的發展係依區域劃分為三大區，但皆是以高密度人口區為發展重點：

㈠地方都會區

　　僅限於將區域外轉繼訊號列為該系統臺之服務項目，此類型之有線

電視系統經營者，必須為收視戶轉繼衛星訊號節目或專門性無線電視節目。基於各地區商業活動的特質，屬於此地區經營之有線電視系統業者，在節目製作上尚須備有地區資訊頻道。

㈡都市住宅區

此類型之有線電視經營者乃由日本都市開發公司派任，包括東京都涉谷區、橫濱綠區、名古屋千種區等皆屬之。此類型之有線電視系統主要在使當地能在兼顧都會功能與住戶使用的情況下，發揮有線電視提供資訊的特質。

㈢商業區

係屬位於大都會的有線電視類型，如東京、大阪、名古屋等市中心地區。此類型有線電視系統所供應的電視節目內容必須考量收視戶之多元需求，並配合科技實驗導向的政策，以滿足都會媒體的機能。因此，其服務內容有下列四項：

1. 必須轉播無線電視臺節目的服務

基本上是解決都會地區，因大樓林立收視不良的困擾，包括衛星節目的傳送服務及空中大學教學節目內容的播送。

2. 自製節目頻道

這是屬於都會之社區服務性質的節目，以自製的節目內容為主，包括新聞、資訊、公共議題探討、政策宣示等為主要。

3. 專屬有線節目頻道服務

此類服務屬於非無線電視的節目服務，目的是在滿足特殊節目喜好者的需求，並可安排無廣告的付費鎖碼頻道。此類節目的提供並不限制為自製、購片，甚或衛星轉繼的節目內容。

4. 雙向互動資訊服務

此類型節目內容乃提供當天各大報紙頭條新聞、天氣、旅遊、金融、

股市動態,或查詢各類交通時間表,這就是有線電視加值資訊的服務內容。

至於,日本亦有所謂的多系統經營者 (multi system operator, MSO) 的經營結構,但在政府強勢主導之下,並沒有明顯相互併購現象。歸究其因,乃有意經營有線電視業者向郵政省申請登記,辦理營業執照時必須經過嚴格審核,所有取得執照皆不得任意變更其經營結構。另則,在 1992 年之前,日本郵政省對於有線電視系統轉繼外來衛星電視節目,一直具有嚴格的限制,也就是日本郵政省規定該國之有線電視系統,對於國外衛星節目訊號一概不能轉繼;一般收視戶只有自行裝設小型衛星天線接收 NHK 的直播衛星節目。因此,使得日本雖然有線電視開發較早,但普及率卻不及香港及臺灣。此種現象一直到 1996 年 10 月起,日本郵政省依據開放天空政策,准許「民間放送聯盟」使用通訊衛星電視之後,才有大幅改善。

針對境外衛星節目的入侵問題,1993 年 12 月日本國會修正廣電法,將境外衛星電視訊號傳送合法化,促使日本早日開放天空,使日本民眾開始樂於公開接收更多、更好的電視節目。此一政策改變的另一個主因是,若日本郵政省再不開放天空,則一些民營電視臺將會因國外衛星電視大量吸收本地廣告資源,而使在地無線電視臺失去競爭力。同時,日本電視臺雖然已經藉由衛星向國外傳送節目,但礙於法令無法開放國外市場,也就是無法從國外得到實質節目代理的利益,而失去應有的節目版權掌握空間。

長久以來,日本政府以 NHK 所擁有的直播衛星,為日本民眾解決電視收視不良問題,同時傳輸高畫質的有線電視節目內容。因此,日本政府極力鼓勵民眾直接收視衛星節目,但因社會結構逐漸改變,資訊需求開始多元化之後,其效果已難以彰顯,因此,日本郵政省才改變政策導向,以提高民眾接收有線電視服務的意願。與往常大不相同之處,就是日本郵政省已一改過去的傳播政策,反而對於有線電視業者可經由日本開發銀行取得低利或無息貸款的措施,採開放態度。而對於充實播放節

目的軟體，還提出兩項政策加以支持。其中，對於地區性節目之產製，諸如資訊內容的節目以及配合政府政策者乃可適用此一優惠辦法；另則，節目內容可作交流者亦可列入貸款之列。因為日本的有線電視事業，雖經過長期的壓抑，但在工程訊號之品質上，並無太大的問題，只是節目內容無多元化的來源，因此較缺乏趣味性；加上與外來衛星電視節目相比較，便更凸顯此一問題。此項措施應是日本郵政省主導有線電視的政策以來，所提出的具體改善途徑。其後，日本的有線電視事業之發展，因美國直播衛星電視公司 (DirecTV) 進入市場已產生甚多變數，最重要的原因是，節目軟體又被直播衛星所掠奪。

五、歐洲的有線電視發展

　　由於地處國土相互連結的大前提，歐洲國家在電波媒體事業的發展看法與美國當然有所不同。從電波有效運用以及電波為公有的觀點，美國對平面或電子媒介的經營一向是採取開放政策。長期以來，美國皆以商業化的經營結構來求取市場競爭的自由與平等，並由自由市場意識去規範事業經營者；而歐洲國家卻視電波媒體為公共服務事業，應該將所有電波相關事物，歸由政府管理，以期保持媒體的服務品質。因此，歐洲國家大多設有國營電臺，以及權力極大的視聽管理機構。歐洲許多國家甚至一直到了 80 年代才陸續開放商業電視臺，而且，縱使已經開放的市場，媒體管制的色彩在歐洲各個國家而言，仍相當濃厚。

　　歐洲國家電子媒介的另一特色是廣告時段的管理較為嚴格，以及時段規劃也頗為專制，也正因為如此，使得廣告商試圖從一些新的媒介通路中尋找廣告的通路。因此，有線電視這個新媒介通路的出現，便立即獲得廣告主的歡迎，而在歐洲地區迅速的發展起來。歐洲有幾個面積較小的國家，如比利時、荷蘭、盧森堡、瑞士及奧地利，這些國家在環境上有個共同的特點，那就是這些國家都緊鄰著一個或一個以上的西歐大國，並且與這些大國有共通的語言，這也就是歐洲會考量形成歐洲聯盟

(European Union, EU) 的主因。除此之外，也因為鄰近大國的電視節目內容較為多元且資訊較新的關係，反而，更凸顯本國電視頻道太少或不佳，促成這些較小且節目產量較少的國家，為接收鄰近大國的電視節目，而引發裝設有線電視的動機；因此，這些國家的有線電視占有率普遍很高。綜合上述歐洲國家發展有線電視的原因，應可歸結於：社會因素，包括語言互通所產生的資訊交流；政策因素如政府的電視管理政策；以及科技因素。另外，有線電視的封閉特質可排除文化干擾議題，這些情況也是其他國家較少的現象。

六、有線電視系統營收相關問題

有線電視系統經營者為了鞏固其市場占有率，可謂不惜成本提供大量頻道與節目內容，以滿足收視戶的需求。部分系統經營者卻為了擁有更多的節目籌碼，採取極端的手段，諸如併頻、不付授權費以及斷訊等等，以抵制上游節目供應商不斷上漲及聯賣的節目版權費，其市場上、下游之關係如圖 3-4。造成此種市場反應，是因衛星頻道數量膨脹太快而阻礙媒介通路的正常發展所導致，業者也常把部分的責任推到收視戶貪小便宜的心態上。然而，就在有線電視經營者經過一段時間的整合後，在經營結構上，為求「更高的品質，更好的服務」之同時，將成本加諸收視戶也引來甚大爭議。

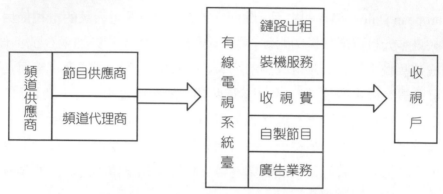

圖 3-4　有線電視市場上、下游之關係

　　此種使用者付費的合理義務，成為消費者對有線電視系統經營者爭取不合理權益之爭，更印證企業界常言「市場競爭最後的籌碼是價格」的警惕。平心而論，合理的市場價格訴求，並非大多數收視戶所無法接受的，因為市場上並無所謂永遠的價格，而應是建構於永遠的服務品質之上。從良性的角度來看，如可在經營者的生存權益亦不受損害的大前提之下相互依存，應是有線電視永續性服務的根基。要達到此一目標，或許可回到互信基礎，共同推動簡易型的契約行為以及分組付費的立足點，而非經常費力於無謂的惡意斷訊之上。

　　市場供需的秩序往往只是一種經驗法則，主管當局出面主動訂定其收費標準，原本就是一種下下之策。但誠如前述，為顧及市場合理機制，此一措施應屬用心良苦。然而，基於有線電視的節目軟體可否為消費者所接受，似乎很難僅以價格量化的行銷，而不去思考節目內容與品質的管理。更何況，在往後推動分組付費的前提之下，固定的收視費標準，消費者所能觀賞到的基本頻道節目內容會是如何已可預期。有關有線電視收視費的問題，為理出較妥善的作法，應就以下幾個方向加以導引，諸如：建構非一家獨占的合理競爭市場；公布頻道商與系統經營者間的購片交易公式；教育消費者合理使用付費的觀念；開闢多元化收視費申訴管道；委請有線電視相關產業公會執行自律協定等。深信，這些著力

點皆更有助於有線電視走向較和諧的市場經營環境，有線電視收視費的數字爭議亦會相對的減低。

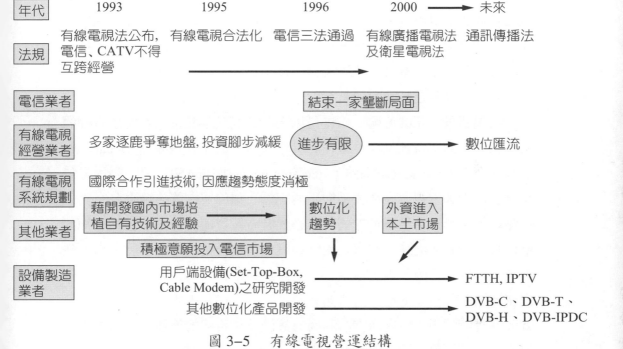

圖 3-5　有線電視營運結構
資料來源：修改自工研院電通所 IT IS (1996)

七、科技形式的改變與多元服務

　　有關有線電視結合電信傳輸設備，在現有固定的電信光纖網路上，只要透過一座交換機中電腦記憶體的數位壓縮設備，收視戶即可以手上的選臺器選擇電視臺上給予的功能。例如，播放院線片的家庭電影院、收看電視影集、體育轉播、新聞、購物、閱報、電子遊樂器、打電話，甚至詢問氣象局的天氣等，功能多寡可隨收視戶的需求而增減。引進此一產業技術進入臺灣與有線電視系統結合，不但是具遠見的作法，對整

個產業的提升也必有助益。但有些困難仍須克服，其中，較重要的是政府在法令與政策上的主導；另則，由於此項產業投資龐大，因此如何集資或吸收國外資金，並配合技術轉移等工作將成為當務之急。當然，唯有更積極去面對市場，從科技的角度提升自我競爭能力，永保「價廉、物美、安全以及方便」的基本信念，才可收到收視戶正面的回饋。經過市場與科技的相互牽動，經濟規格的逐漸加大，一直缺乏的乃政策與法規的規劃以及營運技術面的執行。

　　人類對於資訊的傳遞，一直是以兩種方式並存並行，首先是有線網路，例如有線電視或地區性電信，其中又可分為小區域網路 (local area network, LAN) 以及廣域網路 (wide area network, WAN)；另一種則是無線網路，例如電視、廣播或是衛星傳訊等。無線與有線傳輸雖各有其優缺點，但在選擇何種傳輸方式時，必然會考量資訊的特質，包括資訊的量以及傳達資訊之速度需求。從較務實的角度衡酌，選擇發展有線或無線電視，應顧及的因素還包括是否受限於地形；另則，亦需考量寬頻的規格、國家的基本狀況而定，諸如科技、資金以及人才的條件等等。而就發展有線電視的角度而言，利用有線網路做資訊的傳輸應有三種考量因素：

　　1.以窄頻電話雙絞線之頻寬比起光纖材料的頻寬當然不同。

　　2.利用較新的技術提高現有網路的輸送效率，例如 B-ISDN 與 ADSL。

　　3.加強周邊硬體的處理，例如提高訊號傳輸的速度以及硬碟的容量。

　　從前段的敘述，可以想像的是，有線電視的線纜也是一種頻寬。更大的頻寬對訊號傳輸的數量、速度、品質甚至傳遞的訊號內容，皆更具可塑性與穩定性。談及未來有線電視產業的發展，應該從傳輸訊號的形式結構面以及科技演進面加以思考。亦即，有線電視可視為視聽傳播，也可視作電信網路的一種，而非僅為電視服務的通路。

　　在傳輸訊號的形式結構方面，有線電視從早期的類比到數位、單向

到雙向，以及被動到主動的掌握皆是頗為重要的發展。其中，由單向到雙向的改變是未來有線電視轉型的契機，此一科技形式之先決條件是具有頭端設備電腦化、資訊數位化以及定址技術提升。有線電視系統在具備這些條件後，始可以提供多項服務，諸如分組付費、加值服務甚至個人通訊服務以及雙向互動電視之服務等。

在法令逐日開放以及科技逐漸成熟的情況下，加值服務的推展成為可以實現的理想。此項服務推廣之主要目的，乃使有線電視不再僅限於提供電視節目的服務，更可藉其寬頻特性進行多項加值服務，諸如：雙向教學服務、在家購物服務、生活資訊之交流等服務。但是，上述之服務內容是否得以實現，應是繫之於以下三種技術的推動進度：首先是寬頻技術，用同軸電纜經光纖結合 (hybrid fiber coaxial, HFC)，使有線電視頻道擴大，同時，資訊內容亦有所改變。未來如可發展到光纖到家 (fiber to the home, FTTH) 時，不但可以切割出更多頻道的傳輸之外，更可達到雙向互動的基本架構條件。除此之外，也可使有線電視系統經營者和網路結合，成為網路服務供應者 (internet service provider, ISP)❶。

由以上的分析得知，有線電視的發展，從單純的電視事業逐步轉型為網路資訊的經營者，乃因科技與政策的結合而來。不過，對整體傳播環境而論，卻產生結構性的影響與多媒體、多元化的形成。有線電視的發展對於整體電視生態的影響甚多，從良性互動的角度來看，最直接的是由於有線電視的多元化發展，迫使無線電視的經營策略必須做一番調整，而有線、無線電視的良性競爭也使消費大眾能看到更多、更好的節目。再從電視收視習慣的角度來看，有線電視播出的方式，是全天候又

---

❶ ISP (internet service provider) 照字面上的意思，可以清楚的知道所謂的 ISP 就是提供網際網路服務的公司。其實 Internet 不只是一個帳號而已，也不是專屬於哪一家公司的，更不是一個具有實體的產品；Internet 是一種環境，是全球無數的大小網路取得彼此共通的通訊協定 (TCP/IP) 後，相互連接進行資料的交換所形成的一種世界性的網路環境（林振輝，1998）。

多樣化的頻道，多次重播使得平面媒體事業也受到不小的衝擊，所謂的重複性與保留性已不再是文字媒介的專利，因此消費者迎接媒介的習慣、時間也都逐予調整。

再從廣告市場環境的改變加以分析，有線電視因消費者的收視日益增加，使電波媒介多了新的廣告管道；可以顯見的是，有線電視吸收不少無線電視與報紙的廣告量，特別是地區的廣告。雖然其內容與無線電視仍有頗大的區隔，但因市場資金規格的排擠作用，多少會受到波及。在更廣義的影響層面上，有線電視可能逐漸取代教育傳播媒介，現在利用多媒體進行教學節目的人增加不少，有線電視當然也不例外。此類型的服務項目中有資訊服務、空中教學以及一般生活所需的資訊交流功能等頻道。特別是在有線電視科技功能提升之後，將可帶動資訊事業以及促進傳播事業的發達，更可運用於觀光、交通、保全、專業醫療等方面。亦即，有線電視的整合技術發展，使得此一媒介結合軟體、硬體以及媒體多元通路，掌握整合型服務的先機，建構一更完整的全傳播與大量通訊環境。

八、產業結構的變革與有線電視技術的發展

有線電視網路架構原本即是屬於寬頻訊號傳輸網路的一種，因此，試圖以有線電視網路提供電信服務或是寬頻多媒體服務時，就必須藉助於骨幹網路 (backbone network) 的傳送。從資源共享的觀點來看，電視與電信乃屬同質產業的角度，主管單位交通部有必要提供一開放的骨幹網路供電信收視戶及有線電視網路之用，使得有線電視業者亦有平等使用國家資訊通信網路的機會。此點，在《電信法》1996 年 9 月的修訂版本以及新的《有線廣播電視法》中皆已有明載。

然而，從科技的觀點來看，若允許電信與有線電視互跨經營時，有線電視經營者在重新設計光纖與同軸混合網路及使用電信骨幹網路的訊號交換與傳輸功能下，將可提供數據或語音等服務；相對的，電信相關

經營者亦可鋪設網路，提供隨選視訊 (video on demand, VOD) 及多媒體點選 (multimedia on demand, MOD) 等傳播服務。由此可見，電信與有線電視跨業經營的確有頗高的需求度。

　　目前有線電視與電信合作互跨經營最大障礙仍在於法令的限制。但此一障礙，在臺灣推動亞太媒體中心以及整體國家資訊基礎建設的大前提下，必然會有所調整。因而，在政策面的主導下，兩種產業的界線將漸趨模糊。再經由科技條件日趨成熟的情況，將更有利於有線電視網路運用於傳播、資訊與電信三種整合性的功能。從電信與有線電視網路發展趨勢，有以下幾大面向值得再加以探討：

㈠市場面的發展趨勢

　　不論有線電視與電信事業是否互跨經營，多樣化的互動式多媒體服務將是未來發展趨勢，而此類服務最須仰賴寬頻通訊條件的配合。從科技主導市場的角度，將可預期兩種事業互跨經營之遠景。

㈡法規面的發展趨勢

　　自由化、國際化是未來傳播事業的潮流。然而，在法規一直無法鬆綁的國度，往往會限制傳播科技功能的發展而難以發揮。因此，如何適度導引法規面與市場機制同步即成為有線電視的重要課題。

㈢技術面的發展趨勢

　　網路連網技術的建立與通信技術以及網路技術的標準化，應屬往後推動有線電視科技的主要方向。無論採取光纖同軸混合傳輸或光纖骨幹傳輸，其目的皆在於達到大量與快速傳達資訊的目的，這也是有線電視在配合科技條件下，能否更完整發展的重要指標。

㈣經濟面的發展趨勢

　　從整體經濟體制思考，配合推動國家基礎建設，使國家通訊資源做最有效運用，帶動臺灣資訊流通體系，達到產業資訊化之目標，是資訊建設的主要考量。而整體產業在配合經濟結構的運作中，可藉由資訊的快速流通，協助臺灣相關的領域，在經營基礎結構上益形紮實。

　　隨著光纖引進網路及數位視訊傳送技術的進步，在電信網路上傳送視訊與在有線電視網路上傳送電信，所面臨的技術問題已漸被克服。限制兩者互跨經營的法令與實務運作的障礙將得以完全解除；可以預期的是，雙方互跨的技術將更受重視。未來的網路將朝提供寬頻多媒體服務方向發展，如何在國家資訊基礎建設理念下，整合兩個網路資源，建立寬頻多媒體網路，亦是現階段重要的指標。為達此目標，有線電視網路與電信骨幹網路的領域應儘速標準化，以期達成網網相連的國家資訊基礎建設的目標，使通訊資源能做最有效的運用。

　　綜合上述之分析，有線電視在科技的推衍之下，為求永續性與延伸性的經營，必須費盡心思，考量收視戶的需求。有線電視產業的發展雖已步入軌道，但在軟體的經營上仍有再加強的空間。以下擬就有線電視經營思考面向加以探討：

1.傳輸網絡建設的經營

　　大多數的有線電視系統已淘汰品質欠佳的同軸纜線，逐漸由750MHz 甚至 1GHz 寬頻的光纖傳輸線路鋪設，技術設備上更追求長久的品質保證。有關網路鋪設問題，自《有線廣播電視法》於 1993 年 8 月通過後，即積極協調各路政與管線管理單位，修正其執掌法令，使有線電視業者得以依法進行纜線工程，無論附掛、自立桿、挖埋道路或架設於雨水下水道，均可依法辦理。

2.超脫於政黨之外的思維

　　有線電視經營與服務的基本理念純為服務地區民眾，應拒絕政黨的

掌控性投資，以避免媒體過度流於宣揚政黨理念而失公允，也應採客觀性角度報導地方民眾的務實思考。早期，有線電視的經營者的確常有為政黨所主導的體系，基於經濟的結構需求，經營者已逐漸採取較超然的立場。

3.具所有權的股東與經營者的理念

有線電視的發展整合之風仍盛，部分個體經營者仍全心全意想好好的經營，故向心力夠，資金籌措穩定；相對的，財團購併的系統，雖有壟斷之嫌，但因體制與經濟規模較為完整，未來發展可期。

4.收視戶持續穩定成長

收視戶的持續支持可以見證經營務實的態度。由於初期的建設大多投資於器材申購、網路的規劃，在行銷方面並未投入大量的資金。不過，隨著大多數的有線電視經營者本著服務之心，對收視戶的要求做到最好、最快的回應，參與公益活動，鼓勵地方發展，形成社區意識，有線收視戶量也有穩定成長。

綜而言之，推動有線電視系統經營者加強在地化節目的努力，原本就是一種理性與感性的訴求，也是一種權利與義務的平衡。在被動與自發之間只有一線之隔，願意去嘗試總比不願去做值得鼓勵，因為技術與經驗是可以累積的。以下幾項重點歸納可視為往後有線電視經營的要務，包括：如何以分眾化之節目區隔多頻道功能照顧小眾；以社區化之節目特性，深入地方生活層級；以迅速報導、深度分析處理在地新聞；以休閒娛樂帶出當地人文資源與休閒機能；以專業資訊輔助農、工、商發展及科技認知；以寓教於樂帶動地方學習風氣與教育水準。終究，在地化是有線電視之本，捨本逐末有失其根，至於如何可成，應是修行在企業之主體性。當然，追求在地化對有線電視系統的行銷管理最大的助益，乃收視戶將會因接受關懷而轉成接受經營者行銷的動機，此一理念的確有需經營者早日加以確立。

第四章

衛星電視媒介

　　通常裝設衛星電視的情況有幾種：一種是偏遠山區沒有有線電視布線的區域，其次是在臺的外國人用來觀賞家鄉的電視節目；有些是雇主體恤外籍勞工，加裝衛星電視接收印尼或泰國等地的節目，讓外勞一解鄉愁；有的則是為了觀賞國外運動比賽或教學性節目而裝設，特別是現今大陸衛星幾乎都沒有鎖碼，只要連接都能免費觀賞。2008 年北京奧運則促使中國大陸掀起一股發展數位衛星電視的熱潮。

　　自從臺灣在 1995 年前後，將上游衛星與下游有線多頻道電視結合之後，整體多頻道電視的發展應可分之為八個時期。按其年代分，首先是為滿足收視內容與解決收視不良的 A/B 頻道切換期，其開始的時間是在 1971 年；到了上游衛星更為多元之後，因為衛星自然溢波，使得政府必須直接面對直播衛星而開放小耳朵衛星收視的年代，此時期約略在 1988 年前後；但因衛星收視與有線結合並不普及，加上尚無有線與衛星法規，使得整體多頻道電視的產業仍存留於跑帶期的階段，至 1992 年有線電視立法之前皆屬之；其後，基於有線系統頻寬加大到 450MHz，頻道內容需求增加的大前提下，代理外來衛星頻道成為另一產業期，1993 年屬之；1993 年 9 月起，有線電視進入合法化，為求資金以及上下游之競爭經營模式，自然使臺灣的多頻道電視產業進入與境外媒體合資經營期；1994 年 1 月起，當年的電信總局通過《廣播電視業者設置地球電臺管理辦法》（原《廣播電視業者使用衛星轉頻器中繼節目信號管理辦法》）後，進入本國衛星頻道期；到了 1994 年，由於多頻道電視產業市場競爭日漸白熱化，有線電視頻道區塊化形成，再進入家族頻道期；直到 1996 年，衛星頻道競爭使得節目頻道更為多元。但外界較難理解的是，所謂衛星多頻道電視應指直接藉由衛星直播到家 (direct broadcast satellite, DBS) 才屬之，如此一觀念成立，臺灣直播衛星電視的歷史則需延至 1999 年《衛星廣播電視法》通過算起。

　　就基礎建設的角度而言，各國爭取直播衛星電視的資源優勢包括：不需實際的網路建設使建置效率高、區域大形構全球化景象、可免受傳

輸最後一哩的限制、沒有網路頻寬限制而有高品質的動態頻寬、可依消費者個人喜好自由選擇付費收視、由國家發展衛星電視通路整合電訊資源、可免受地面頻率不足的限制進而解決收視問題並增加收視通路、可爭取非本國電波資源並營造對外發聲管道、平衡電視產業生態並提升電視產業科技。再由各國發展直播衛星政策動機反觀臺灣的衛星政策，其焦點含括如何藉衛星媒介對外宣示國家實力、帶動電子業等高科技的繁榮、發展太空科技以拓展零件市場、協助有線電視產業的普及使節目得以輸往國際市場、激勵數位政策的制訂、實施分組與計次付費頻道、營造兩岸相對制衡與交流的平臺以及吸引外人投資發展多元電訊產業，諸如上述種種皆屬發展直播衛星電視或通訊的需求。

第一節　衛星傳播體系的構成

　　衛星對人類而言，早已不是一個陌生的名詞。但衛星對於現代人的影響，大多會將衛星和電視結合，這是近年來商業媒體衍化的必然結果。事實上，衛星可視為是一外太空通信轉播站的功能，人類一直是藉其通信快速且大量的特性傳達各種即時性的消息。更由於衛星具有廣大波束的特質，進行資訊交流時，其影響層面必然是較其他電視媒體為大且深。然而，各國對衛星媒體的接受度，大多是基於政治、宗教、文化以及法令的屬性而有不同的定位；另則，衛星對各個國家的發展有諸多好處，藉由衛星傳輸系統的建構，各項服務可快速地提供給任何地點，即使是鄉村或偏遠地區亦可獲得同等的發展。特別是衛星系統具有高度的可靠性，因此，被廣泛應用於土地較廣大、文化較獨特、種族較多元、政治較孤立或者是島嶼較多以及地形較為複雜的國家。

一、衛星通信特性及媒介使用

　　衛星對人類的影響，原本僅限於以一般通信為主的功能。然而，基

於政治、經濟及社會的因素，各國競相發展衛星通信，使得衛星成為目前世界各國電子媒介的重要通路。正因如此，衛星不但成為現代人接受資訊的主要來源，更是大多數人類接近電子媒介的主要管道。

衛星通訊的特性是其電波涵蓋寬廣且具高時效性。由於衛星訊號是來自約 36000 公里外的外太空，所以不受任何地形障礙影響且可同時傳送訊號到世界各地。除此之外，衛星涵蓋範圍大以及高傳輸容量的特徵，對尚未建立有線傳播系統的偏遠地區而言，衛星通信的應用是既方便且經濟的傳輸工具。就一國而言，藉由衛星訊號的傳輸特性，不像地面無線電視需要花費龐大成本架設中繼站與地方臺，衛星只要一套上鏈 (up link) 設備工程及操作維護人員，透過外太空的衛星轉頻器 (satellite transponder) 下鏈 (down link) 就可利用衛星頻道進行直播或藉由有線方式轉繼；對幅員廣大或地形多山的國家而言，衛星的使用應是最為經濟的方法。

衛星通信不受時空的影響，屬於跨國以及經由數位壓縮技術 (digital compression) 所產生多頻道的播送方式，具有提升衛星在人類日常生活中的媒體功能。直播衛星傳輸有頗多的優點，諸如：對收視不良地區，如離島或多山之偏遠地區等也可以處理；頻寬大可做高品質的電視；發生天災致地面網路被破壞時，皆可利用衛星傳送訊息等。除了上述這些特性，衛星在整體傳訊的過程具有以下幾項優點 (彭芸，1992: 28)：

1. 服務範圍廣

幅員較遼闊的國家，如中國大陸、俄羅斯、美國、加拿大等國，若使用衛星作為通信的工具，必然有助於該國各區域的傳播效率，並發展新的電子媒介系統。

2. 突破地理障礙

島嶼羅列與地形較為複雜的國家，如印尼、日本、臺灣等，其地面無線電視轉播站架設耗資費時，且不容易解決收視不良的問題。對衛星而言，這些問題皆可輕易處理。

3. 通信品質一致

由於衛星通信之訊號轉繼皆來自於外太空的某一點，加上衛星電視訊號具有比一般 VHF 或 UHF 電子媒介將近五倍的頻寬，因此其通信品質必然高於地面無線電子媒介通路。

4. 耐災害性

衛星傳輸在地面僅設上下鏈站即可，不需轉播站便可將訊號傳送給使用者。因此，即便地面發生天然災害也不影響其傳輸之持續性。

5. 具同步性

衛星訊號的轉播，皆來自於同一衛星轉頻器，因而不會有訊號延遲的現象，並可將相同的內容在同一時間完成傳達電子媒介訊息的功能。

6. 多元頻道

在較廣的區域傳輸過程，衛星經由數位壓縮技術，可將單一頻道切割成多頻道播送。除此之外，衛星傳輸亦可藉由極性 (polarization) 的規劃，以及衛星極化分離方式 (polarization isolation)，將同一頻道在同一時段採水平以及垂直方式，分別以不同系統或不同語言發射至各個不同之服務區域。

7. 傳輸的通路設定較具彈性

衛星通信可藉由不同的地面接收站，同時接收訊號再傳輸，因而，在傳輸通路中，資訊量及時間差的變動較具彈性。

8. 通信網路的建構較具效率

衛星可在很短的時間之內達成整體網路的架設，不像地面無線電視臺，必須花費較多的時間，處理各地轉播站的問題。

9. 符合經濟效益

由於衛星傳輸訊息可以不需地面轉播站，因此，可節省地面設施之架設及維修經費，而通信的距離與訊號傳輸設備所需的花費並無太大關係。

10. 擁有較高的頻率及較寬的頻帶範圍

較高的頻率及較寬的頻帶範圍，使得衛星可以傳送較大量的訊號，

如高畫質電視的傳輸就須仰賴衛星的傳送。

11. 接收不良的範圍縮小

對於地形較複雜或建築物較高的地點所造成之收視不良現象，藉由衛星的傳輸訊息，收視不良地區可大幅縮小。

上述的優點已說明衛星傳輸訊息的經營，可擁有較大的服務範圍，使其服務的對象不單只限於地方性或區域性，而且可進行跨國性的服務。另則，配合其多頻道的特質，衛星電視的節目來源亦有較多元性的規劃，甚至和有線電視一樣得以經營專業性頻道，如新聞、體育、影片以及音樂頻道等等。對於幅員較廣或是島嶼羅列的國家，更可凸顯其功能；此外，對於不易建構有線電視線路，或是地面電波較易產生收視不良的國家，使用衛星通信不但可以改善當地電視訊號的品質，亦可解決地面轉播站不足所產生無法收視或收視不良的問題。其次，衛星在傳輸設備維修方面，因為不需太多的轉播站，其傳輸系統的經營與人力投資，必然比地面無線電視臺更為經濟。就以有線電視的網路架構而言，不論是採同軸或光纖電纜，其平日維修工作負擔都極為繁重，而且易受到人為或天然災害的損壞。

衛星媒介已被視為遠距傳播最為有利的工具。它的直線傳輸特性，不像有線電視必須經由電纜或電線，或像無線電視必須經由多處轉播站傳輸，衛星可以直接採點對面的傳送方式，將電視節目傳送到每位收視戶家中；比起地面許多高功率及多重傳播的電視臺還要經濟且直接。再加上，其直線傳輸的特性，衛星只須要較低的功率，就可將訊號由衛星傳至地面。除此之外，衛星使用極高的微波頻率，其頻道寬廣，可傳送大量的資訊，每個頻道皆可傳送電視、數據、無線電廣播或其他的資訊處理。

然而，衛星通信並非無任何缺點，在衛星傳訊過程中，由於必須透過距離地面約 36000 公里的衛星將訊號折回，故傳輸時間延遲的影響以及受到地面上其他訊號的干擾，成為難以避免的問題。就技術層面而言，

因衛星使用太陽能發電，受地球日蝕的影響，會造成所謂衛星蝕 (satellite eclipse) 現象。若衛星蝕的時間太久，衛星就會因缺乏電力而斷訊；其次，由於陽光直射通過衛星，因而會產生太陽雜音干擾現象 (sun transit outage)。如太陽雜音干擾不幸又發生於衛星蝕期間內，衛星地面站與衛星以及太陽將排列成一直線，太陽因子會產生較強磁場，對衛星傳輸造成的噪音現象（又稱載波雜訊 carrier to noise, C/N），不但會影響播出品質，甚至會造成通信完全停頓的狀態。除此之外，衛星傳訊還會有兩衰現象、無法維修與壽命短、要安裝直播衛星電視需要再購買接收設備及支付安裝費用，以及新科技產品導入期需要投注較高的廣告宣傳費用告知及教育消費者等缺點。因此，當有線電視的普及率相當高時，便會影響直播衛星電視的發展。

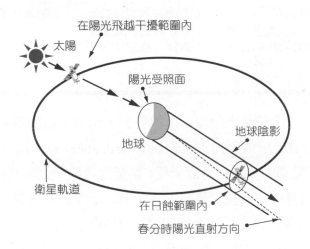

圖 4-1　春分與秋分衛星蝕與陽光飛越干擾示意圖

資料來源：本圖參考下世古幸雄等 (1984)；G. Maral & M. Bousquet (1986: 179)；潘大和 (1986: 18～20)

　　綜合採用無線、有線與衛星傳輸之優缺點（如表 4-1）可見，未來電子媒介要能扮演更積極的角色，事實上是應考量多管齊下。衛星的發

展最先是購（租）用國際電信衛星組織轉頻器，作為臺灣衛星通信，提供高可靠度長途電話，及一對多點數據通路；前者可供偏遠及離島地區的通信，後者可供各有關機關如氣象蒐集傳輸資訊之用。再者，為參與地區性衛星系統投資，除可作為衛接購（租）國際電信衛星組織衛星轉頻器，另可作為與鄰近國之間不經公眾電信網路的國際通信。然而，終極目標乃在期望能建立充分使用衛星的資訊社會環境。

表 4-1　　無線、有線與衛星三種訊號傳輸特性比較

	直播衛星電視	有線電視	無線電視
優　點	1.屬多頻道經營 2.幾無收視死角 3.無系統建置成本 4.建構系統較快	1.可收視頻道多 2.訊號傳輸較為穩定 3.較不受天候影響，可免電波資源浪費	1.天線安裝及維護容易 2.無收視費 3.可提供廣域收視
缺　點	1.須負擔收視費 2.常受雨衰現象影響 3.接收設備較為複雜 4.操作及維護較為不易 5.衛星有固定壽命期程	1.須負擔收視費較高 2.系統建置成本過高 3.線路後續維護困難	1.鄰頻干擾多 2.多重路徑接收易受干擾 3.建置成本高且費時 4.占用電波資源

另則，由於衛星是直射波，故若受到下雨或下雪的影響會造成亂反射的情形，也就是一般所指降雨衰現象 (rain attenuation)。尤其在衛星仰角不足時，訊號傳輸會受到地面干擾，甚至有接收不到衛星訊號的情況。亦即，衛星訊號在通過雲層時遇下雨情形，也會造成反射、折射而產生訊號衰減的現象。按工程專家的建議，其解決方式為經高功率放大器 (high power amplifier, HPA) 在地面之上鏈站加壓處理。至於，衛星在傳訊過程的干擾，還包括旁波瓣 (side lobe) 的干擾、上下鏈訊號時地面中心的互相干擾，以及地面微波站的干擾；此種在衛星接收訊號所產生的干擾現象，可考慮使用降頻器或濾波器加以改善。一般而言，C 頻衛星受雨衰影響的機率較小，所以在大雷雨時，屬 C 頻衛星頻道訊號的品質較不易受干擾；而 Ku 頻衛星因其頻率高且斜角幅度大，遭受雷雨的影響較

大，因此其衛星電視訊號播出的品質易遭受干擾。另則，雨衰的現象也
會因地區而有所改變。如歐、美、日各國因下雨密集度不高，較適合衛
星電視的發展；至於熱帶或副熱帶區域，則因下雨現象密集度高，較不
適合發展衛星工業。除此之外，因為衛星是屬於定向波，所以衛星電波
涵蓋區仍多少會受大樓、高山的阻礙，甚至飛機或樹葉以及電線之影響，
而造成收視不良的現象。

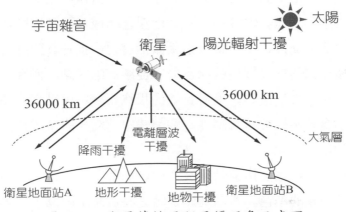

圖 4-2　衛星傳輸過程干擾現象示意圖
資料來源：下世古幸雄等 (1984)

　　由此可見，衛星通訊基於科技特質與大自然因素的影響，在其建構
與傳輸過程多少會受到一些技術上的限制，包括：衛星系統建構皆須有
尖端技術的配合；其地面站負責監視及控制衛星的人員應具有高度技術
理念；衛星系統計畫初期比起地面微波中繼網路系統投資費用大；衛星
有其固定使用年限，且故障時無法自地面修護，常會有訊號中斷的危機
等。不過，綜合上述優缺點的探討，衛星通信仍利多於弊，因此，衛星
必然是當前最具科技性的主流電子媒介。從其傳輸技術加以評估，雖然
衛星仍有些缺點尚待克服，但是，隨著硬體技術不斷創新，這些缺點並
未阻礙人類對衛星的電子媒體需求與衛星日漸普及的趨勢。

二、衛星媒介產業的形成

　　分析各國競相發展此一高成本又兼負高風險的衛星電子媒體工業，其原因大多為了彌補地面電波媒介通路不足之現象，以及解決當地收視不良的問題為主。除此之外，對有心經營衛星電子媒介的國家或業者而言，不但可以早日占有衛星頻道之稀有資源，更重要的是，可促使該國擁有在天空發言的權力及延伸節目軟體之經濟價值，進而提升該國電子媒介內容的製作水準。從政治觀點，衛星逐漸成為強勢媒體，經營者得以配合媒介資訊交流，平日藉以累積政治實力，提升其政經地位，以便日後藉由電子媒體充分展現政治實力；從經濟的觀點，可藉經營衛星發展科技與節目的周邊產業，獲得有效的投資報酬；再從文化的觀點，各先進國家常會藉衛星的跨國屬性，強勢輸出其文化訊息或快速達成資訊交流的目的。

　　有線電視之所以能夠蓬勃發展，應歸功於衛星的電視節目或內容來源一直扮演積極的角色。雖然此二媒體之特質原本即為不同屬性，但因衛星電子媒體相關法規之立法難於嚴謹，因而使得衛星電視必須依賴有線電視系統；正因如此，造成衛星節目供應商與有線電視系統之間，經常發生抵制或斷訊事件。縱然如此，卻因近幾年來兩者之間的結合，也使電子媒體產生生態結構上的改變。此種媒體結合的經營模式，帶給電子媒體產業有以下幾種影響，包括：由於衛星頻道的加入，使臺灣電視媒體事業突破獨占而展開激烈的競爭；基於競爭使得廣告市場的主導權改變，已逐漸由賣方市場轉向買方市場；媒體的消費型態因多頻道的影響，不但節目多元化、專業化且小眾化；節目內容的量產與質產之間的失衡現象，導致消費者收視習慣的不穩定性，呈現難以掌握的市場反應；電子媒體的區域屬性，引發區域節目型態以及跨國性的節目經營模式漸受重視；由直銷轉為分銷的經營體制，造成著作權使用以及規範漸趨複雜；市場經營體制改變，促使電子媒體工業更密切的與映演業相互結合；

配合消費需求，電子媒體在內容規劃與播映形式有更大的空間；媒介的多元化帶動整體電子媒體之參與面不斷的延伸；媒介多元化發展，使得電子媒體對創意人才的需求更為殷切；各類新聞性的節目大量出現，使得長期競爭的市場模式成為定局；雙向互動式的溝通與服務成為電子媒體經營者追求的目標。

上述所分析之幾種現象，或許僅可說明衛星在未能發展直播衛星的情況下，所衍生的經營屬性。基本上，衛星與有線電子媒介仍屬獨立的媒介個體，二者的結合應視為市場的偶然而非科技的必然，其間並無替代的意涵，且亦無絕對結合才可進行其市場運作的條件。

由於衛星電子媒介發展所牽涉到的問題，含括整個國家對內及對外的傳播政策。因此，各國在考量此一問題時，皆會多方衡量再擬定政策。而政策擬定時之主要考量因素包括：經濟面的考量，諸如相關衛星工業與科技的發展，以及在地節目製作與廣告事業的提升，甚至資金與產業的互動關係；政治面的考量，包括各國對國際事務的談判空間、國人參與政治及社會的態度，甚至媒體規約的制定問題；社會面的考量，諸如文化道德標準的認定、社會結構與貧富的差距、甚至宗教與思想能否認同的問題等。一般而言，亞太地區各國的文化與種族的協調，一直是該地區發展衛星電視過程較受爭議之處，但隨著當地民眾對衛星科技所帶來媒介需求的演進，使得該地區各國對衛星媒介的態度也大有轉變。分析其原因，應有以下幾項重點：

㈠衛星集中於亞洲上空，軌道漸不敷需求

亞太地區人口的密集度，使得此地區發展商業的潛在因素益為凸顯。基於衛星設備投資頗大，對於開發中國家而言負擔頗重，亞太地區各國為早日使用衛星乃考慮與鄰國分攤使用費。對於未能使用衛星軌道又具有雄厚經濟實力的國家而言，對此一觀點必然頗為認同，如此亦可解決亞太地區上空日益擁擠的同步衛星軌道問題。

(二)數位科技的發展，使得高功率直播衛星漸受重視

過去亞太地區發展高功率直播衛星服務方式的國家只有日本，其他國家則以中低功率的通信衛星為主，探究其因乃直播衛星服務區域較小、頻道數量不多且易受天候因素的影響等缺點。基於投資報酬率的角度，直播衛星的方式一直不受重視，但隨著數位科技的發展，直播衛星可壓縮的頻道數量比中功率衛星的通信衛星為多，且天候影響因素已漸能以科技的方式解決，因而各國對直播衛星電子媒體的投資也更為熱衷。

(三)商業機能的活絡，改變各國傳播的政策

基於對文化侵略以及道德規範的要求，亞太地區多數國家皆曾對民眾接收衛星有所排斥。以日本為例，日本在實施開放天空政策之前，該國之傳播政策一直採較保守的態度，甚至嚴格禁止外來衛星電子媒體內容侵入該國。但在 1990 年後，基於整體媒體經營的競爭力、衛星電波的溢波難以防杜以及民眾對資訊的需求，迫使日本政府同意開放市場。再以新加坡為例，新加坡政府認為民眾裝設碟型天線會破壞市容，更重要的是，為避免外來影視文化造成社會問題，因此也禁止民眾接收衛星節目。然而，新加坡政府為推動媒體中心計畫，以爭取外資及電子媒體從業人員的參與，亦決定開放民眾接收衛星。

(四)亞太衛星組織的成立，有助於各國積極發展衛星電視

1994 年之前，亞太地區並無所謂的衛星電子媒體相關組織的設立，各國皆以本位的角度思考衛星的資訊流通問題，特別是對文化價值多元化的特質，一直持以較敏感的態度（姜孝慈譯，1996: 131）。但因地區業者自營和自製的節目逐漸增多，亞太各國對於文化交流漸有共識，造成各國願意主動修改規約，發展區域性的衛星體制。

(五)逐漸開放外人投資，使衛星的定位漸趨國際化

對開發中國家為主的亞太地區而言，外人投資已成為推動傳播媒體經濟規格的重要依據，以單一國家為經營結構之觀點逐漸降低。此一經濟觀對於開發中國家而言，是步入國際舞臺的階段性手段。對於一些規模較小的國家而言，藉此一手段不但可以加強與各國達成傳播環境的交流，並掌握主動國際發言的空間，另則對在地電視工業的提升亦頗有助益。以香港為例，香港為吸引更多衛星電子媒體相關機構的加入，並推動香港成為亞太地區性廣播中心的地位，積極重新調整衛星電子媒體管理架構，且同時著手擬訂電子媒體條例草案，把商營電視、衛星電視、付費電視和電臺廣播服務的規範架構納入單一法條內，此一措施乃因跨國界的衛星電子媒體給予國際傳播媒體經營者極大的商機。雖按現行廣播法律規定，在香港經營衛星電視的外資公司控制權，不能超過 49% 的上限，但為了促成香港成為地區性廣播中心的地位，乃決定外資控股權可予以放寬，同時也容許衛星電視廣播機構直接設立衛星地面發射站，以便在 1997 年，香港可發射廣播電視節目傳送到整個亞太地區。至 2000 年之後，香港開始結合大陸資金發展華人衛視體系。

從以上所探討的衛星通信特質和亞太地區各國發展衛星的媒體經驗中，不難理解電子媒介的通路在透過衛星傳輸之後，隨著衛星科技的提升，衛星在整體傳播市場中所扮演的角色益形重要。這些演進過程之象徵只是一種市場需求的導向，使得衛星從一般通信轉成為商業電子媒介內容傳輸的重要工具。

除此之外，衛星使用的頻率也已有所調整。就以日漸受到重視的高功率直播衛星為例，過去由於直播衛星所攜帶的衛星轉頻器較少，因此只有少數的國家如日本、美國以及英國，因其基於科技、經濟、文化發展之特殊需求而較早開始使用。如今，數位壓縮技術使原本屬於高功率的直播衛星，得以加多其頻道數量，這對於各國政府或衛星電子媒體經

營者而言，必然是一個利基，因為，除了市場因素之外，高功率衛星對各國推動各類科技的實驗，如高畫質電視、數位電視以及個人通訊系統等皆大有助益。

有關各國在衛星的發展過程與未來展望，隨著國際化的形成，各國在衛星科技的發展已逐漸縮小距離，如歐洲、日本、中國及印度等國家，雖然衛星媒介的推動起步較晚，但因電子科技使得這些國家已逐步趕上美國與前蘇聯 (Hudson, 1988: 278)。再從衛星媒介的發展趨勢來看，由於目前各國的直播衛星，基於經營規格、軟體來源以及法令受限等因素，或許在商業上不能立即對有線電視造成影響，但隨著電子媒介多元化的發展，部分國家如美國與歐洲，已逐漸於鄉村地區使用中高功率的直播衛星服務特殊族群，以及提供各類型商業資訊服務。

三、國外衛星產業發展情況

直播衛星的產業，早自 1980 年代初期便已開始，由於各方面發展條件未能配合，所以直到 1995～1996 年才真正有長足發展。過去頻譜的使用是奠基於「先來先用」之原則，使得西方國家獲益，特別是美國。美國是世界最大、最先進、最開放、競爭也最激烈之直播衛星市場，目前主要有四家直播衛星經營者。歐洲則是最早使用高功率直播衛星服務的地區，雖然當時因為各種商業因素而未能成功，但歐洲至今仍是直播衛星市場最活躍的地區。而日本則是亞洲地區較早發展直播衛星的市場。

㈠直播衛星在美國的發展

就目前而言，直播衛星的發展以美國最為迅速，收視戶數目也最多。北美的直播衛星普遍使用為 45 公分左右的碟型天線，收視的節目則以鎖／解碼的方式計費。最主要的節目提供分為三種方式：基本頻道 (basic channel)、付費頻道 (pay channel)、計次付費 (pay-per-view)。節目內容除電視廣播之外，尚有許多純音樂的頻道。1980 年美國發射第一枚直播衛

星，這是繼日本之後世界上第二個有直播衛星的國家，只是美國的衛星電視大部分使用較低的功率傳輸訊號。主要原因是，其服務的對象僅有數千個用戶，且並非直接將訊號傳輸給收視戶，而是必須經由有線電視轉繼。衛星電視所需高額的建構費用和發射費用並未帶給美國較多的好處，其後，因數位影像壓縮技術引進多頻道的營運利基，才使得美國更有意願繼續推動直播衛星（林麗雪，1995: 137～149）。

早期由美國所帶領的國際通信衛星組織 (International Telecommunications Satellite Organization, Intelsat)，因成立較早且衛星數量亦領先各國，所以能在市場上站穩地位；但因世界各國在區域衛星上的快速發展，使各國對於衛星通信不再完全仰賴美國的支援，2000 年之後，國際通信衛星組織將與大西洋及太平洋上的區域衛星競爭。以歐洲為例，歐洲各國於 1980 年代才開始推動衛星電視工業，但歐洲各國充分理解，衛星政策將影響未來歐洲電視的發展，其積極的態度已可印證。

衛星電視使用其頻寬特性，不但可以傳輸數位化衛星廣播系統，又可對頻寬較寬的高畫質電視內容進行播送功能，對於電子傳播將有突破性的改變。特別是可藉由有線電視中繼以及直播衛星將訊號送到家裡，這些條件的累積更可使電視成為未來最強勢的電子媒介，這也是美國直播衛星得以發展的主因。1994 年 3 月，美國直播衛星電視公司 (DirecTV) 藉由衛星頻道壓縮技術，將上百個頻道的節目傳送上功率強大的衛星，開始為北美地區的居民服務，並藉直播衛星通信方式開啟個人化通信及雙向互動服務的契機。DirecTV 即是一個全面數位化的公司，可以同時處理高達數百個聲音和影像訊號，擁有多頻道 MPEG-2 壓縮系統，此一數字的意義充分顯露出直播衛星在廣電市場的競爭力。

由於衛星是在美國利益的主導下使用，使得直播衛星成為加速美國的文化及商業觸角的重要工具。從市場的觀點，美國數位直播衛星在 1994 年中開播，其數位應用促使電信自由化的腳步更為快速，使得一些電信公司為能早日進入視訊服務市場。DirecTV 不但是最早，也是目前

世界訂戶最多的數位衛星直播電視系統。由於美國並沒有規定數位衛星直播電視的傳輸標準，所以早期的衛星直播數位電視系統，既不是標準，也不相容。

　　然而，從前面所介紹直播衛星的特質不難得知，幾家公司在科技的發展方面，也積極推動其他資訊與電信的傳輸服務。如 DirecTV 和美國微軟公司合作服務電腦用戶，提供數位節目和互動數據，其中包括電視資訊、網際網路、電子郵件的傳送甚至即時性服務 (real time service) 等。1997年開始，DirecTV 已進行電視與電腦的線上服務 (direct PC)，其用戶可透過電話，由衛星傳送給收視戶，此點已在前面有所探討。由於直播衛星是使用同步衛星軌道運作，所以更有利於此項個人化通訊系統的建構。

㈡直播衛星在歐洲的發展

　　歐洲是發展直播衛星產業的先鋒地區。至 1996 年為止，歐洲已擁有27 顆衛星進入軌道定位，15 顆將待發射，歐洲直播衛星之使用者享有最先進之衛星服務，但也是全世界平均付費最高的地區。1990 年英國梅鐸新聞集團 (Rupert Murdoch News Corp.) 所成立之 BskyB 首先開播，由於News Corp. 在美國成立電視公司之成功經驗，再加上英國低落的有線電視普及率，使得直播衛星在第一年就有 45 萬的收視戶，其後的發展更為迅速。

　　就第三世界國家的立場而言，由於在殖民時代飽受歐洲國家剝削而陷入貧困境遇，對於媒體產業的發展經常是採取抗拒的態度。然而，對於過往殖民他國的歐洲國家而言，自己在直播衛星的發展卻常以文化自主的觀點為主；因此，歐洲極為努力發展自己的衛星實力，尤其是「直播方式的衛星廣播」不啻是創造一個可能性，也讓歐洲人能夠對抗美國的滲透。故，歐洲大陸的多元文化使得利用直播衛星擔任電訊傳輸的工具備受矚目。事實上，歐盟仍相當擔心歐陸國家的文化在地性，將被直播衛星在文化上的均質效應所侵蝕，以致歐洲議會甚至強迫推行一個標

準，來決定歐陸的電視節目產出量。

其考量的重點首先是經濟因素，歐洲國家國民的所得、消費能力、人口數量構成衛星電視的經濟規模，因此歐洲的衛星電視計畫多集中在英國、德國以及法國等富有的西歐國家；其次是語言因素，在民族、語言複雜的歐洲大陸上，一方面，單一語言形成一個國家的疆界；另一方面，使用相通語言的國家群，又形成以語言腹地為主的衛星電視市場，作為世界性使用語言的英語，也成為泛歐及全球衛星電視的重要基礎。其所提供的頻道類型亦能影響衛星電視之涵蓋範圍，如新聞、運動、流行音樂等，因為是屬於觀眾不需具備太多背景知識類型的頻道，因此更能超越國家與語言文化的藩籬，而形成大範圍的傳播空間。

歐洲國家對衛星媒介與其他地區不同之處乃在國族文化的論述，國家主義者 (nationalist) 深信，如果國家與國家人民所共同建構的文化一致性瓦解，政府組織就會失去它的效力與合理性。此種警訊係來自於美國影視產品（電影與電視節目）挾帶美國文化大舉入侵歐洲家庭。雖然也有人視此為「機會」，而非威脅，然而歐洲聯邦主義者 (unionist) 仍堅信在衛星電視的影響下，國家與文化將因此而回歸新的一致性。由衛星電視建立屬於泛歐的媒介，凝聚歐洲社區市民；衛星電視所傳遞、分享的歐洲文化正可支撐歐洲初萌芽的政治組織。

以歐洲衛星 Eurikon 為例，歐洲各國曾有一段時期，實驗性衛星試播的閱聽眾對其反應並不如想像中的熱烈，但 Eurikon 可被視為成功的實驗，它所獲得的經驗可給予施行實驗性服務一健全的評估基礎。Eurikon 顯示泛歐洲電視的播送在技術上是沒有太大障礙的，但也顯示建立泛歐衛星電視服務的成本高於預期許多，為節目重新配音不光是成本高，一方面也極度困難。而當歐洲閱聽眾首度接觸到這種混合式節目編排的泛歐洲公共服務電視，事實上他們並不喜歡。例如在荷蘭試播的研究結果，閱聽眾喜歡 Eurikon 的原因，是認為其具有全球化與資訊性的特質、較有深度及變化、傳送之頻寬較高；而不喜歡 Eurikon 則是因為覺得節目了無

新意、旁白的翻譯不佳、是一個無趣又無聊的綜合頻道、全球化與資訊性的特質濃厚以及不穩定的播送品質。

　　Eurikon 是在歐洲廣播聯盟 (European Broadcasting Union, EBU) 的節目策劃專家規劃下成形，並將 Eurikon 定義為一項實驗計畫，其目標在於：將其研究設計付諸實際運作，評估這種新服務型態可能的閱聽眾反應，以及瞭解它對於現今國家服務的衝擊。Eurikon 不論在內容上或形式上皆與一般國家頻道不同，觀眾認為它比較國際化、資訊性、文化性，但相對而言也較嚴肅。

表 4-2　Eurikon 泛歐電視試播結果

喜歡 Eurikon 的原因	不喜歡 Eurikon 的原因
1.具有全球化與資訊性的特質 2.較有深度及變化 3.傳送之頻寬較高 4.一些特殊的項目如「歐洲路上」(on the road in Europe)	1.了無新意 2.旁白的翻譯不佳 3.無趣又無聊的綜合頻道 4.全球化與資訊性的特質濃厚 5.不穩定的播送品質

(三)直播衛星在日本的初始發展

　　日本在 1978 年發射全球第一枚直播衛星，帶動該國在高畫質電視 (HDTV) 與衛星電視的發展。1990 年，日本所發射的 BS-3 衛星取代了 BS-2B 衛星，因為此一衛星可作為數位音訊廣播之用 (digital audio broadcast, DAB)。1991 年，BS-3 衛星發射高畫質衛星頻道節目，而使日本的衛星電視工業邁入新紀元。2000 年起，BS 衛星開始數位播出，並於 2007 年結束類比高畫質頻道。日本推動衛星的方式，從直播衛星進而延展至國外區域型 C 頻衛星，因而，該國在電視政策上，已從僅同意衛星直播方式到同意藉有線電視系統轉繼衛星訊號的市場導向；但在商業化方面，則是委由民間推動進行，如 PerfecTV 直播衛星的發展。

　　日本最早推出的數位直播衛星為 PerfecTV，自 1996 年 10 月起試

播，期間內訂戶約有 10.2 萬。日本由於地形多丘陵，有線電視發展不易，直播衛星能克服地形限制的特性，必能讓其在日本快速的擴展。1998 年以前，日本直播衛星經營者有 PerfecTV、JskyB 與 DirecTV 三家，直播衛星市場競爭激烈，且 PerfecTV 與 JskyB 的策略聯盟使市場競爭由三家變成兩大陣營對抗。由此發展經驗可知，在直播衛星發展初期，並不值得同業間惡性競爭，因為擴大市場基礎以達經濟規模才是直播衛星業者的生存之道。因此，日本在 1998 年之後，便開始進行衛星直播事業的同業整併，由梅鐸旗下新聞集團的 JskyB，合併 PerfecTV 為 Sky PerfecTV，並藉由吸收股份，整合 DirecTV 的業務，並使其退出日本市場。

(四)直播衛星在中國大陸的發展

中國大陸從 70 年代開始研究衛星電視的相關技術與設備，並在 1982 年租用衛星做電視傳輸的試驗。1984 年起，中國大陸開始利用自己發射的通信衛星或租用其他衛星，正式傳輸中央電視臺、中央人民廣播電臺和國際廣播電臺的廣播電視節目。1990 年以後，部分省、區開始利用衛星傳輸省的節目。1996 年，大陸之中央電視臺採用數位壓縮技術在一個轉頻器中傳輸四套鎖碼頻道，為中國大陸衛星電視的發展開創了一個新紀元。在衛星傳輸技術上，國家廣播電影電視總局制定了從模擬向數位傳輸和從 C 頻向 Ku 頻傳輸的方針（呂郁女，1999）。

大陸發展衛星的主要目的乃為了那些位於偏遠山區或內地的收視戶，使該地的用戶可通過安裝衛星天線，接收衛星電視節目。在提高廣播電視覆蓋率方面，廣播電視行政部門提出「衛星優先，光纜為主，微波備份」的發展方針，採共星傳送、共碟接收與共纜入戶的方式處理。中國大陸是世界上少數有能力自行製造並發射衛星的國家之一（其他還包含美國、俄羅斯、法國、日本等）。目前在大陸的境外衛星不下數十個，分別來自臺灣、香港、美國及歐洲各個國家，特別是歐美國家透過衛星所挾帶的軟體優勢，對中國文化的獨立性產生威脅，因此大陸對於境外

衛星節目的接收，採取嚴格的管理，節目也有比例限制。中國大陸對衛星電視的態度相當保守，一方面希望以地區有線電視來取代衛星電視在都會區的發展；另一方面，明文禁止裝設衛星碟型天線，主要是要防止國外節目的滲透。

從各國的經驗得知，直播衛星系統可滿足許多民眾對電子媒介多元化的需求，尤其是直播衛星可改善有線電視或地面無線電視，在偏遠地區收視不到以及不良的情況，美國就因此一理由，成為直播衛星商業化用途最成功的國家。必須強調的是，使用直播衛星可在極短的時間內對廣大的地區服務，而且直播衛星並不侷限於偏遠地區收視戶，其服務區大多具有全國性甚至跨國性。特別是，亦可因衛星具有和有線電視相同之多頻道經營的屬性，將節目內容納入許多特殊的頻道，提供分眾型族群使用，因此，嚴格說來並不一定會與區域型有線電視之收視戶完全重疊（湯允一等譯，2002）。種種因素，使直播衛星成為一種新電子媒介通路，而刺激節目製作業者，加大且加多節目製作量與製作成本。因此，直播衛星的發展必然會帶動電子媒體市場的競爭，並且破除全國無線電視獨攬行動網的局面，轉而對於在有線電視已發展成熟的國家或地區而言，更可成為除 MOD、互動電視或網路電視之外，相關制衡電子媒體市場之重要通路。

由以上綜合分析美國、歐洲、日本以及中國大陸地區各國在衛星發展的過程得知，未來發展衛星電視科技，在整個媒體政策上應注意以下幾項重點，包括：如何採階段性的方式，由被動轉為主動擁有衛星科技的技術；衛星電視的科技發展，已明確告知直播衛星是必然的趨勢；衛星科技的推動，需仰賴市場的回饋才可使科技的成果商品化；數位壓縮技術所產生的多頻道經營，將影響未來整個電視的生態；以往的傳播管理政策應事先預估衛星科技的演變；傳播政策之低管制特質，已是各國發展衛星工業的共識；衛星科技帶動媒體的商業潛力，也引發個人通信的普及。這種種議題，皆值得納入思考。

第二節 衛星媒介的相關傳播議題

衛星傳播議題中，較常為各國提出討論的是國族主義 (nationalism) 與國家主權 (national sovereignty) 之爭議，其核心理念是具有重要性的概念。由於直播衛星的獨特能力，超越民族國家 (nation-state) 的物理與意識型態所形成的界限，在 20 世紀才形成的國家主權體以及由其衍生的各種社會關係與文化、氏族認同，是否會因衛星傳播的空間解構而被滲透或破壞，以及如何被滲透或破壞。

普爾 (Ithiel de Sola Pool, 1964) 提及，開發中國家的統治集團，對於大眾媒介的觀點，常見衝突：非共產國家的領導階層，對於衛星媒介發展的態度，不冷不熱僅存微溫；而在共產國家，他們則利用媒體來從事紀律訓練使人順服，看中「傳播的社會功能，勝於其真實的價值」。普爾對於美國以「津貼開發中國家，使其得擁有傳播流通在其他各國之間的權利」，建議使用「美國國際開發總署」(U.S. Agency for International Development) 的基金，「在較窮國家設立地面接收站」，並「合作進行電視節目的交換」，另外，亦建議美國應該支持聯合國成立一個「世界性的電視網」，並延伸衛星的通訊能量，使其包括資料傳輸。如此一來，西方大量的資訊資源，也就能夠源源不絕地提供給世界上任何一個地方的人使用。綜合多項論述，衛星傳播所產生之相關議題頗為複雜，僅以歐洲為例，如下再作討論。

一、文化與認同的議題

泛歐衛星電視要成功創造「新歐洲公民」(new European) 有以下兩個前提：首先，現在所爭論的文化，也就是所謂的歐洲文化，應該由歐洲人所共同分享，而且電視必須擁有強大的效果；其次，是否確實有或潛在一個普遍的泛歐文化，其精神不外乎是泛歐文化已經存在，否則就必須去創

造它。不管哪一種，都有很多問題待協調，尤其不同歐洲團體間之歷史、語言、文化品味上的差異，歐洲文化不太可能有足夠的力量與歐洲各國具體的國家文化相抗衡。泛歐節目計畫如果付諸實現，這意謂公共服務電視的成形，在各個國家公共服務頻道中平衡節目的發展政策，加入歐洲的觀點。

二、歐洲廣播聯盟議題

歐洲廣播聯盟 (The European Broadcasting Union) 由瑞士廣播電視業者發起，於 1950 年在日內瓦成立，是現今國際廣播聯盟中規模最大者，除了歐洲本身領域與相關之北非與中東國家外，還有區域外關係會員 (associate members)。這也代表，它同時也與全球數個區域性廣播電視聯盟密切合作（包括 APBU、NABA、URTNA、ASBU、OTI）。歐洲廣播聯盟是一個獨立、非官方、非商業的組織，專門推廣國際廣播和電視的合作。組織成立初始之宗旨，就在進行節目之交換，包括影片、重大事件實況、即時新聞報導之交換及國際版權之釐清等事務，扮演著經紀人的角色。廣播與電視分別透過「泛歐廣播」(Euroradio) 和「泛歐電視網」(Eurovision) 這兩個機構，讓世界各地的電臺得以彼此交換廣播與電視的服務。

「泛歐電視網」(Eurovision) 於 1953 年成功建立，使歐洲各國的節目有系統地在彼此之間流通播出，促進國際交流，特別是在體育與藝術節目部分。同時，也透過各種競賽交流節目製作之風格。另外，歐盟諸國也發起 "Night Trade" 聯盟，讓晚間黃金時段播放非商業性節目（從紀錄片、劇情片到錄像藝術）之創意，可以分享給不同文化領域的收視群眾，而這項計畫甚至可以開放給非會員國參加。此外，歐洲區域性的公共廣播業者也常進行合作。

三、公共服務廣播議題

在 1982～1992 年間，歐洲公共廣播經歷空前未有、廣泛且深遠的雙重層次領域變化：第一點是傳播衛星形式的科技轉變，第二點是管制上的轉變，即在歐洲委員會之競爭理事會 (competition directorate) 管轄下，歐洲共同體（後來的歐盟）電視市場的整合。這些交互影響力改變了歐洲廣播的典範，將建立已久、由單一國家力量掌控的公共服務廣播推向一全新、多元的跨國系統。這些轉變顯示歐洲公共廣播服務的機構及意識型態定義間的漏洞，也顯示歐洲公共廣播服務並不苟同所謂由國家力量所支撐的公共廣播定義。皮考克委員會 (the Peacock Committee, 1987) 提出公共服務廣播的八點特質，包括地理上的普遍性：每個人都能近用相同的服務、照顧所有類型的興趣和品味、照顧少數族群、照顧國家認同和社群、獨立於商業利益和政府組織、廣播系統的資金直接來自於使用者全體、在節目品質上競爭而非收視率，以及設立規約給予節目製作者充分的自由而非限制。

由此可見，歐洲衛星電視是在美國利益的主導下使用，長久以來直播衛星加速美國的文化及商業觸角。假使歐洲能夠發展自己的衛星實力，則直接衛星廣播不啻是創造一個可能性，讓歐洲能對抗美國的滲透，以免歐洲國家步入第三世界國家在殖民時代飽受剝削而陷入的貧困境遇。因此探討衛星在歐洲各國廣電政策與文化層面思考上的相關議題，以下幾項皆是值得思考的面向：

㈠衛星頻譜爭議起因

過去頻譜的使用是奠基於「先來先用」之原則，使得西方國家獲益甚多，特別是美國。到了 60 與 70 年代，第三世界的興起為挑戰這套制度提供了一個機會，因而開始有廣播衛星（或直播衛星）的規劃，隨後亦有固定衛星的需求。

(二)廣播衛星服務規劃

1977 年一區／三區之規劃（涵蓋歐洲、非洲及亞洲），每個國家擁有四到五個頻道，以及一個固定位置的軌道槽。1983 年二區之規劃（美洲），平均每國十六個頻道，與最少一個彈性位置的軌道槽。美國有八個軌道槽，各有三十二個頻道。

(三)為何要規劃廣播衛星服務

首先是對衛星廣播之憂慮，其次則針對文化帝國主義之普遍看法。此一觀點，在前述衛星傳播議題中已有討論。

(四)廣播衛星服務規劃之挫敗

90 年代初期，只有六個國家發射直播衛星系統，且沒有一個獲致商業上的成功，導致沒有開發中國家曾發射直播衛星。最重要的因素乃衛星頻道太少、專用衛星昂貴，以及國家涵蓋等限制。

(五)直播衛星的興起

美國 HBO 在 1975 年開啟了使用非專用衛星傳布線纜節目的潮流，此後，直播衛星挑戰以國家為服務區域的地面電視。除此之外，衛星使得電視廣播具有跨國性，直播衛星蓬勃發展的原因，乃用戶最初不需支付節目費用僅需承租衛星轉頻器即可、衛星使用時間由電視網支付，而且收視區域涵蓋多國，加上數位影像壓縮之影響，使直播衛星更具競爭元素。

(六)重新規劃再啟頻譜爭議

一直以來，各國爭取太空中之平等，其實就是富國與窮國的對決。但因事前同意權是低度開發國家與西方世界間長年來不對稱狀況，使得

重新規劃頻譜的爭議甚難解決。近幾年，因為自由貿易理念日漸抬頭，此一議題不可避免地將再被討論。

回歸境外衛星的討論，香港衛星電視臺（STAR TV，簡稱「衛視」）於 1991 年 10 月開播中文臺，並全天候播出華語節目，在臺灣成為從天上而來的「第四家無線電視臺」。衛星電視特有的跨國屬性，以及「高畫質、高音質」的優勢條件，使得直播衛星系統成為民眾新的收視選擇。事實上，在 1981 年代後期，臺灣已有發射電視直播衛星的經費與技術，且交通部早已擬出「衛星系統發展策略」，但因臺灣並非國際電信聯合會 (International Telecommunication Union, ITU) 的會員，因此無法擁有高軌道同步衛星軌道，而影響此一策略的進行。臺灣第一個直播衛星系統 Space TV，其名有如美國休斯公司 (Hughes Communications) 所發射的銀河系列衛星之名稱「太空有線電視」(Sky Cable)❶，於 1997 年 7 月開播。然而，當時臺灣的直播衛星在推廣過程中，面臨到以下幾個難題：

㈠市場規模太小

在有線電視極為普及的情況下，縱使有 10% 的有線電視訂戶轉移或增訂直播衛星，其數目也只能維持最低的經營規模，如果沒有以中國大陸及亞洲其他地區的華人擴大市場規模，單憑臺灣市場似乎很難維持直播衛星的營運。

㈡頻道整合不易

這是發展上最大弱點。美國和日本直播衛星的頻道數目至少都在一

---

❶ 「太空有線電視」當然是無線的，不過顧名思義，顯然其企圖與真正的有線電視系統一較長短。長久以來，衛星電視和有線電視便不斷角逐電視市場，衛星電視以其無遠弗屆、裝設容易和跨國節目內容，一度甚受歡迎，但有線電視在網路建成後，也立刻以價廉和大量頻道節目的特色鯨吞市場，因此現在衛星電視和有線電視各自占據城郊和城市的地盤（盧非易，1995）。

百個以上，而臺灣僅有二十幾個，如何將頻道整合是一大挑戰。

(三)必載頻道 (must-carry) 問題

無線電視頻道在有線電視是「必載頻道」，直播衛星如何取得相同的權利以利市場競爭，是另一個待解決的問題。

(四)轉頻器使用費仍高

電視利用衛星傳輸，係以時間計費，此點必然造成使用者的負擔，亦即直播衛星是否能快速成長還需依賴政府政策的支持。

(五)節目軟體與版權的使用

目前臺灣衛星電視業者所遭逢的最大難題之一是節目來源的缺乏，很多頻道供應商不敢加入直播衛星平臺，在於擔慮有線電視業者的反彈與抵制。

因此，如果政策得以規定頻道供應商不得拒絕提供節目給直播衛星業者，對雙方都有好處，對消費者亦然。除此之外，衛星之電波涵蓋範圍為跨國性，因而節目裡面的素材常受版權使用之規範。在新傳播科技的發展過程中，資訊的流通是最難以管制的，特別是衛星傳播的發展，因為其傳播途徑不受地形、地物的阻礙，更能發揮其資訊交流的功能，以及能夠彌補無線電視收視不良之偏遠地區民眾的需求。基本上，動態空間模式的改變以及傳播速率的增加，皆出乎於科技的發達。從樂觀的一面加以思考，衛星科技的進步將兩地的距離縮短，甚至可用無距離的資訊空間來形容（陳清河，1999）。就此分析可見，衛星的科技特質確可展現其優勢，目前臺灣礙於非 ITU 之會員國而無使用同步衛星軌道的權利，但為求電子媒介傳輸的多元化與完整性，取得衛星使用權必然是應全力以赴。

第三節　直播衛星傳播產業

1999 年 11 月，應是臺灣推動衛星寬頻網路服務的起點。藉由衛星直播帶動臺灣電子媒體環境具有更寬廣的發展與運用，在電子媒體政策開放下，隨著衛星電視的使用，使行動網、固網及衛星等三網傳輸完全到位。有基於此，如何有效運用衛星科技的發展，並積極作出具前瞻性之科技機制規劃，以充分發揮衛星寬頻之效能，成為當前亟需探討之議題。衛星是一種寬頻傳輸的通路，過去，衛星電視經營者因礙於法令而無法跨業經營。但近年來，因科技的發展以及受到各國逐步開放媒體政策的影響，各國已逐漸容許電信業者投資直播衛星電視的產業。

對於訊號傳輸的特性而言，頻寬愈大的傳輸通路如衛星電視，在處理數位化的過程，則愈具有其他附屬要求的可能性。早期臺灣的衛星電視皆以使用中低功率的通信衛星為主，比起現今高功率直播衛星在數位化科技的運用，當然難以比擬。為了加強國家的競爭力，於此時推動衛星傳輸，其寬頻服務的功能，必然大於以休閒娛樂為主之電視傳播的意義。從科技面的角度加以分析，直播衛星於電視媒體產業之影響，雖然對有線電視工業有必然性的衝擊；但從另一角度加以思考，由於臺灣基於政治因素而無法擁有高軌道衛星的權利，而此一非在地傳媒資源，必然有助於面對寬頻傳輸市場並建立新的電訊傳播媒體機制。

基於上述背景之探討，衛星傳播科技發展與電子媒介整合的展望，仍應有政策性、規劃性的先後考量，以免盲目追求，造成經濟投資之浪費。更重要的是，對整體臺灣電視媒體產業之發展而言，一再強調寬頻傳輸市場新機制的口號，對長遠性媒體運作並無積極助益。以下幾項重點可加分述：

1. 思考直播衛星的發展在電子媒介上的運用及其發展可能。
2. 探討直播衛星對整體電子媒介市場整合及對立發展之趨勢。

　　3.分析政策與法規可能之因應對策與可行措施。

一、從傳播產業平臺剖析直播衛星的應用特質

　　過去的衛星皆屬間接播出之衛星電視，大多是以大型的碟型天線接收中低功率 C 頻衛星電視訊號，把節目訊號經由有線電視再傳輸到收視戶家中。而所指直播衛星電視乃是由收視戶自行裝設小型天線，直接接收高功率 Ku 頻衛星電視訊號。由於大部分國家（日本等少數國家除外）之直播衛星電視系統的經營方式，和有線電視所播出之節目軟體重疊性甚高，因而直播衛星電視的發展對有線電視系統帶來頗大的威脅。尤其是在數位壓縮技術成功地應用在直播衛星時，不只可使頻道數加多，亦可提升資料傳送的容量與品質，其傳訊特質更與有線電視頗具同質性。然而，透過衛星可以傳送電視訊號，當然也可以藉由其數位及寬頻的科技特質，作為傳遞資訊與電信之媒介。由於直播衛星是將節目經過適當的分套包裝，以數位壓縮技術將節目訊號數位化並壓縮，傳至高功率衛星上，再將訊號傳送至範圍可及地區，因此較容易建立傳輸網絡。

　　訊號涵蓋面極廣亦是直播衛星之主要特性之一。直播衛星之涵蓋範圍極大，只要電波可及之處都可以是其經營的市場，因此可以作跨國傳播發展國際市場。且就華人分布全球各地的狀況來說，直播衛星的市場必將擴展至大陸、東南亞、整個亞太地區，甚至是全球各華人聚集之地區。在美國與日本，直播衛星公司投入鉅額的廣告金額來進行全國性市場行銷，並運用經銷網與大量的裝設維修站，加入整體行銷策略進行低價促銷，以形成規模經濟。由於高品質、多元化、分眾市場及使用者付費的消費型態，是未來傳播事業的趨勢，而直播衛星正符合此一趨勢。就歐美日等國家在直播衛星電視推展經驗可知，消費者對直播衛星接受度高，如何運用策略聯盟方式與有線電視之間的競爭擴大收視戶基礎，才是業者應努力的方向。

　　在多頻道電視市場中，直播衛星的數位化使其所能提供服務的頻道

數，除了經過數位壓縮之後，加多數倍以上的頻道之外，而且訊號的傳輸品質也會更為加強，因此可藉以提升其產業競爭力。再加上衛星屬大區域的無線傳輸，不像有線電視必須耗費龐大的成本於光纖或同軸電纜的傳輸管線上。更重要的是，收視戶用小型碟型天線便可接收各類型電視節目與行動加值服務，也可減少因最後一哩 (last mile) 所造成接收品質上的干擾，又可減少因地形阻礙或位置偏遠而造成數位落差的議題，因此仍具市場潛在利基。

為瞭解直播衛星的市場潛力、目標市場及掌握市場需求，應可探討消費者的媒體使用行為，以作為未來頻道及節目規劃之參考依據：

1.以美國直播衛星發展的情形來看，有線電視的高普及率，並未對直播衛星造成太大阻礙。由於直播衛星與有線電視二者之特性不同，因此其關係並不是完全競爭取代，而應該是互補其不足之處。

2.根據調查顯示，直播衛星有 50% 的收視戶是來自有線電視臺的訂戶，另外 30% 的人，則是放棄大耳朵 (C-Band) 的客戶，而剩餘 20% 的人則是直播衛星的新訂戶。在所有購買直播衛星設備的人當中，仍有三分之二保留有線電視。

3.直播衛星與有線電視應各朝其具比較利益的服務項目發展，如直播衛星在提供高品質的視／音訊及國際化節目方面較優於有線電視，而有線電視在互動服務及提供地方性訊息方面就優於直播衛星。

4.直播衛星電視的優勢及弱勢：

表 4-3　直播衛星電視的優弱勢

直播衛星電視的優勢	直播衛星電視的弱勢
1.可提供高品質的視聽效果。 2.不需實際的網路建設，短期內即可提供多元化的服務。 3.大量傳輸能力，為其他媒介所無法匹敵。 4.沒有網路頻寬限制，只要轉頻器數量夠多，便可以一次提供上百個高品質且穩定性高的視／音訊頻道。 5.消費者可依個人喜好，自由選擇頻道收視、付費。 6.頻道容量夠，符合小眾需要的頻道亦可出現在系統中。 7.可國際化、市場規模大。	1.要安裝直播衛星電視需要再購買接收設備及支付安裝費用。 2.新科技產品導入期需要投注較高的廣告宣傳費用，以告知及教育消費者。 3.臺灣地區有線電視的普及率相當的高，有線電視的任何一項行銷企劃方案，皆能重重打擊直播衛星電視的發展。

5.市場訴求：需與現有有線電視區隔，訴求的重點應強調直播衛星電視乃高科技產品，具高品質的視訊效果，並可提供多元化的服務，且消費者可自由選擇頻道組合，掌控權在消費者手上。

6.頻道規劃：應與目前有線電視的頻道有所不同，頻道類型應包羅萬象，讓小眾也可選擇自己喜歡的頻道。有線電視雖提供上百個頻道，但頻道品質受到質疑，所以初期直播衛星電視應以提供高品質、國際化的頻道為主。

7.定價標準：有意願安裝直播衛星電視者，消費者皆希望價格不要比目前的有線電視月費高，所以直播衛星電視初期規劃，應將規劃固定經費可看到哪些頻道組合納入思考。

8.硬體設備裝設費用：若設備費用由消費者自行負擔，則消費者安裝意願明顯下降，所以初期應以租用或免費方式提供用戶。

9.計次付費頻道定價策略：由於直播衛星服務是屬於分眾的節目，必須根據目標群多寡，再依據價量方法以推估哪種價位所得之利潤最高。

10.行銷策略規劃：由於直播衛星電視的發展與有線電視的行銷策略

有相當大的關係，直播衛星電視必需隨時注意有線電視業者的舉措，且要有隨機應變的能力。

11.多功能加值服務：直播衛星電視可結合網路、電話等，提供消費者更多的服務。

二、推動直播衛星的問題與展望

衛星的發展並非最近幾年才開始。但對於電視市場而言，自從有線電視蓬勃發展之後，幾乎所有的衛星電視節目皆經由有線電視系統轉繼；無庸置疑的是，有線電視產業也是仰靠衛星電視的節目軟體才得以成長。但因數位壓縮科技帶給直播衛星更大的空間，以及歐美日推動直播衛星的成功經驗，使電視經營者又掀起一片寄望於採用直播衛星介入市場的企圖心，這些業者大多屬於衛星頻道經營者以及節目供應商。因為，在1994年之前，臺灣並未開放業者可逕行租用衛星轉頻器的規定，造成上述兩種衛星電視軟體經營者，礙於節目播映因而全由有線電視系統處理。其後，是基於對插播廣告的收益以及內容的時效性缺乏主控權，乃決定尋求自行上衛星的管道。不到幾年的時間，來自於境內境外衛星電視的節目突然爆增，有線電視網路頻寬已無法完全容納衛星頻道。正因此一因素，市場惡性競爭所帶來的抵制與斷訊風波不斷，但在雙方各執一詞的情形下，由於其原由頗為錯綜複雜，常非法令或規約可以解決。2000年之後，臺灣環境與歐美及日本相同，相關衛星技術成熟、法規逐漸開放、頻道節目充足且多樣化、消費者之需求提高，直播衛星服務原本有機會進入電視市場，但因有線電視市場過於蓬勃發展，使得節目內容難於流通，直播衛星電視產業也因而停滯。

臺灣與日本同屬多山的島國，從媒體自給自足的觀點，推動直播衛星應是無可避免。惟臺灣因無法申請同步衛星軌道，未來的直播衛星計畫，必然須循1998年臺灣與新加坡合作的ST-1衛星的模式與他國結合。然而，衛星只是一種電視廣播或一般通信之轉播站功能，如何充分發揮

這些努力建構之衛星傳輸網，應是更重要的考量。以目前的臺灣電視媒體市場生態，衛星仍是一種高額投資與高風險的媒體產業，但從國外的經驗得知，在有線電視市場成熟度已獲肯定的時期，衛星使用於電視傳輸的功能仍屬有限之經濟投資，其較大的用途乃如何使之運用於資訊傳輸。再就衛星電視的範疇加以探討，以臺灣的人口數及占地面積，使用衛星原本就是高成本的投資。可以預見的是，衛星所能服務的消費市場必然不是現有的臺灣本土型規格，否則其經濟效益將會受限。只不過，推動海外市場，其意義又頗為抽象，較務實的作法乃應將目標放在海峽兩岸或是海外華人市場，這也是所有有心投入衛星產業經營者的共識。

從各國衛星與有線電視工業的發展體制中，不難推演的是，目前的直播衛星似乎是有線電視較大的勁敵。然而，不可忽視過去此兩種原屬於特質互異的媒介，卻因傳輸與市場的互補特性，造成兩種通路相互依存又相互抵制的矛盾。雖然隨著科技的進步，這些科技的問題可逐步改善，但可以確定的，乃上述的威脅因素必然永遠存在，只是成分的多寡而已。

三、直播衛星與有線電視的競合模式

從美國發展直播衛星的經驗得知，直播衛星的發展，影響最大的除全國無線聯播網之外，必然是有線電視系統業者。因此，世界各國皆可體認直播衛星介入電視市場，必將成為有線電視在市場上最大的競爭對手。特別是有線電視無法到達的地方，或對有線電視不滿的收視戶，皆將轉而使用直播衛星。整體而言，衛星所提供的直播節目內容多元化，甚至可經由數位衛星科技推展更多的加值服務，而有線電視在直播衛星的壓力下，未來只好積極從事改良，有如推動有線寬頻模式，使其市場規格能具較大之可塑性。

從寬頻網路所延伸之超媒體經營模式，在進入 2006 年後成為網路市場的主力，衛星與有線電視結合之寬頻網路不但影響傳播生態結構，隨

著世界各國的法規認同，資訊與電信將成為全傳播的領域。可以預見的是，寬頻所帶來的大量與快速，將替代傳統的傳播市場模式。

就各國的經驗得知，直播衛星要能健全的發展，法令的依據甚為重要。1999 年之前，有心經營直播衛星的業者雖然試圖強行打開臺灣直播衛星市場，但《衛星廣播電視法》尚未通過，由於政策未明，未來市場的變動性難以掌握。1999 年之後，臺灣的直播衛星雖已有法可循，但仍有以下幾項較困擾的問題，必須擬出妥善解決之道：

㈠節目軟體來源的問題

因為有線電視在臺灣的經營已各自擁有可觀的勢力，特別是在1995～1997 年期間，不斷整合的結果造成財團多系統經營的成立。這些多頻道經營者為求生存，必然會藉機壟斷直播衛星的節目來源。此一問題較理想的解決方式，應是比照 1992 年美國有線電視法中公平使用節目軟體的規約，較能使整體電子媒體產業生態合理發展。

㈡收視戶之接收器材的問題

2000 年之後，以接收數位化直播衛星訊號的專用數位機上盒才會大量生產。因此，臺灣推動直播衛星必然會面臨收視戶不願額外負擔接收器費用的問題。目前直播衛星的接收端部分，由於內含接收數位訊號之電視機並未完全普及，以致必須先裝設數位機上盒。雖數位機上盒在臺灣已發展一段時間，但在未成為商品之前，其定價將是影響普及率的主要因素，而此點也是臺灣直播衛星的推動所必須克服的問題。由於直播衛星服務唯一新興之服務，在收費標準之制定原則上，因此經營者必須根據市場現有資訊並加以分析整合，以便提供一般民眾可接受之價位。

㈢傳輸科技的問題

從科技的觀點而言，衛星是屬於一種高風險的事業，因為衛星到目

前為止仍無法克服諸多問題，包括：因雨衰常產生的訊號衰減現象；因衛星蝕所造成的無法傳輸訊號；因有限的壽命而提高投資成本的風險 (Maral & Bousquet, 1986)。除上述因素外，對於衛星機件故障的排除以及同步軌道日漸不足的現象，在在都影響到經營者的投資保障。

㈣市場機制與政策未完全鬆綁的問題

電視市場的機制之複雜度，並無法套用國外經營媒體的經驗。其主因在於，傳播政策是政治利益的籌碼，市場法則是建構於媒體霸權的基礎之上。從表面上看來，電子媒體市場的蓬勃發展只是一種假象，有心永續的經營者常有欲振乏力之感。套用過往媒體市場現象的描述，臺灣電視媒體的特色乃政府有法難管、觀眾眼花撩亂以及業者叫苦連天。特別可形容為有法有天的衛星媒體市場，依靠經營理念而缺乏資金支撐，仍是難以生存。除此之外，未來有心經營直播衛星者，雖有數位科技的支撐，表面上甚有潛力，卻仍面臨既有市場之潛在排斥。所謂的直播衛星廣播電視服務經營者必須認知，目前受限於《衛星廣播電視法》與《電信法》對於產業的規範仍有所落差，直播衛星的數位化並無法享受有線電視跨業經營主要業務之優勢。

以通訊、傳播技術而言，衛星傳播應用在人類經濟、社會活動上產生相當便捷的功能，如金融與資本流通、華爾街股市和全球股市的共振現象、傳播全球網絡的建立（如 CNN、NBC）、網際網路的興起等，皆是科技帶動人類活動全球網絡化的例子。但金融與資本流通不可控制的變數和複雜度因此陡增，或造成全球性振盪。以 CNN 或 NBC 為代表的傳播帝國主義現象，充斥美國主流價值的主導和支配，侵蝕全球各地傳統文化和價值內涵，進而醞生社會認同和次文化的問題。此種風險絕非傳播、通訊技術所可釐清，但事實上全球化文化霸權的事實已成為風險文明時代的結構。對於電子媒介的空間與文化的對話而言，也是一個值得討論的議題。

全球化現象所帶出的論述，除了市場自由主義者結合帝國霸權支配的思想，更重要的是點出在地化 (localization) 的主體精神與自主反省意義。全球化既然源自於在地的內涵，因此在地者的行動不啻是全球化的實質材料。問題是，在當代全球化的主流價值中，不可能完全涵蓋各種在地的異質內涵，因此從政治經濟學的角度就引出：當代全球化主流價值論述和霸權支配機制由國際強權所掌控的事實。進一步的說，全球化和在地化的辯證弔詭，被操縱為霸權支配之全球化假象，無論是在政治、經濟或文化上到處可以看到操縱的影像。

終究，衛星基於可塑性的寬頻以及網路建構的快速兩大條件，雖短期之內仍須面對市場推展及法規的限制，但因有線電視亦面臨推動寬頻跨業經營電信業務之牽絆，節目軟體並非無變動空間。深信，在其高品質與高效率的服務特質中，仍具有衛星的市場競爭能力。以下幾點對於能夠主導未來臺灣衛星電視發展的幾個構面，可作參考：

㈠衛星之跨國性政策考量

衛星電視的經營可擁有較大的服務範圍，使其服務的對象不單只限於地方性或區域性，而且可進行跨國性的服務。但仍須考量外資與落地公司的相關規範、節目軟體輸入輸出的總量管制之相關議題、在地頻道節目自製比率與數位電子媒介內容推廣的思考，當然也需考量兩岸衛星互通時是否權利對等的問題。

㈡衛星之科技性政策考量

衛星電視的科技屬性衍生更多須要反思的問題，諸如數位性所衍生之數位匯流的問題、附加價值與多元服務的可控制議題、多元通路半臺所建構之法規彙整考量，以及因跨業經營所帶來之產業整合問題。科技常扮演重要角色，但電子媒介科技所存在的必然性也需納入社會偶然性與市場未然性的思考。

㈢衛星之扣連性政策考量

就臺灣過往採媒體分立式立法而言，廣電三法在法的扣連性實不得不加以衡量，其中包括法令之間仍存在：統一性，如媒體的社會使命；對等性如節目廣告管理方式；差異性如對數位落差的理念等問題，皆應分別以個案加以思考。2007 年廣電三法後的通訊傳播管理法草案之規範，由其水平管理的概念，或可解決過廣之法律與政策扣連性的問題。

第五章

新電子媒介時代

1993 年美國最大有線電視業者 TCI (Tele-Communications, Inc.) 與第二大區域電話公司大西洋貝爾 (Bell Atlantic) 擬進行合併。一個擁有頻寬大且同軸電纜遍布美國的有線公司，另一擁有線路密布且資金充裕的電話公司，後者能彌補滲透家戶不足的功能，前者更有豐富的娛樂實務經驗（蘇采禾等譯，1996）。兩家公司的組合的確帶來更多數位影音電子媒體整合傳播的可能，諸如五百個頻道以上的互動電視，或是雙向通訊視訊系統皆可實現。TCI 與貝爾的合併案，最後雖然宣告破裂，但原本平行發展的電信與電視兩大產業卻有了更多的激盪。在商業上，有線系統與電信公司的合併加速兩者擴展到各自產業的腳步，並且塑造出不同於以往單面向的營運邏輯；在科技上，則是讓電信的成本得以降低，電視的差異優勢則可以藉由電話網絡傳輸得更遠；再加上電信轉換成資訊網路的關鍵技術：封包 (packet) 技術成熟，得以將不同型態的媒介資料切割為一個個小的資料封包，然後將之以混合形式在錯綜複雜的網路通道中傳送。路由器 (Router) 會判讀每個封包的標頭，然後引導這些封包前往正確的方向，最後到達接收端時，每包獨立的資料再被合而為一（劉世平譯，2002）。因此，電信不再侷限於語音傳輸，而可以擴大至資訊應用的範圍。

此種現象於 2006 年臺灣的有線平臺亦展開醞釀，並由外資介入形成安博凱中嘉、卡萊爾東森、麥格理台灣寬頻、台基網及富洋等五大有線電視多系統業者，聲稱擬將涵蓋全臺 500 萬收視戶覆蓋率超過八成，積極洽談建構全臺網內互打免費的寬頻電話網，以便使傳統的視訊業者角色，跨入整合性的電信服務，打造同時傳輸有線／數位電視、寬頻上網及網路電話的「三網合一」數位家庭平臺。由於數位家庭是最具潛力的市場，受惠於網路科技的成熟，三網合一的風潮更是全球大勢所趨。有線電視市場的發展十分成熟，最有能力扮演數位家庭最後一哩的主導權，因此，如果可順利推出全臺寬頻電話網內免費互打服務，未來消費者可以選擇有線電視的寬頻固網電話❶，取代家中的市話號碼。

　　全球電信自由化於 1997 年定案，更在 1998 年起逐步執行，其涵蓋
範圍包括基本有線電話、傳真、商務交換電報、衛星通訊、行動電話、
個人通訊等多數基本電信業務。電信市場的開放原則包括：(1)管理單位
應超然獨立；(2)公眾交換電話網路 (public switched telephone network,
PSTN) 的費用訂定必須合理化；(3)不能有違反公平競爭的措施；(4)相關
程序透明化等（蔡念中，2003）。電信自由化首當其衝的是，原本獨占的
電信業務市場逐漸開放。美國 1996 年電信法修法，准許開放長途電話業
者與區域電話業者可以結盟也可以互跨經營；區域電話業者及有線電視
業者可以結盟或互跨經營；各區域電話業者之間也可以合併或結盟。其
中的主要精神就是為解除電信基本架構的管制，由市場來決定產業的發
展，不過仍然保留 FCC 的管理機制，以防制不公平競爭的產生。

　　臺灣《有線廣播電視法》於 1999 年修正通過時，遂刪除「經營電信
總局業務者申請經營有線電視，審議委員會不予許可」之決議條文，使
電信業者得跨業經營有線電視。其中對有線電視影響最大的，是同樣具
有基礎網路建置的固定通信綜合網路業務經營者，其跨業經營有線廣播
電視業務，並無地區經營之限制，申請者得依營運計畫提出擬實際經營
之區域，此舉無疑造成固網業者和有線電視業者在經營環境、區域條件、
費率審議、外資比例上之差異，也引發有線電視業者對其不公平競爭的
疑慮。

　　由美國之經驗可以得知，電信事業從事不公平競爭，可能的行為態
樣主要有差別待遇 (discrimination) 與交叉補貼 (cross subsidy) 兩種（吳梓
生，1997）。前者主要是因為各國電信業者在早期都肩負普及服務與國家
電信發展的責任，因而擁有廣泛的基礎建置，電信業者的網絡、線桿或
地下通道要如何公平，且沒有差別待遇的提供，以利後進入者（有線電

---

❶　開放固網之五大配套管理措施：普及服務 (universal service)、號碼可攜性
　　(number portability)、平等接續 (equal access)、網路互連 (interconnection)、會計
　　制度分離 (accounting separation)（禁止交叉補貼）。

視）發展電訊業務，成為很重要的議題；後者是電信業者藉由電信事業的獨占收益來資助其他開放競爭的業務服務，電信業者為強占市場，即使價格不敷成本，也可以用獨占所獲得利益來補貼。因此若電信業者跨進有線電視，又占有其他業務市場的獨占利益，有線電視業者當然難以在價格上與之競爭。這也是中華電信推出 MOD 大電視以免月租費、送機上盒來做促銷，讓有線電視業者疑慮之處。然而，電信自由化之後，中華電信雖然仍是電信業者，且掌握用戶迴路，但已經不是獨占地位，是否仍可以「交叉補貼」來規範其跨業行為，並沒有相關單位出面釐清。

　　這也是為何在數位匯流趨勢和公平競爭的原則下，《電信法》修正的同時似仍應考量《有線廣播電視法》、《廣播電視法》、《衛星廣播電視法》等相關法律間，在類似產業能夠適用之公平性與一致性精神，才不致造成一個產業兩套規章制度的情形。因為法律修正畢竟應配合科技與技術的變化、數位匯流的整合趨勢，以及社會經濟的主客觀情勢之演變趨勢與發展需要（劉其昌，2003）。而種種現象皆顯露出，新電子媒介時代已經來臨。

第一節　網際網路與新興電子媒介

　　由於新傳播科技的發展迅速，尤其是網際網路的應用，「地球村」(global village) 之概念已然成形，造成媒體科技不斷在科技進步與社會轉變中加速調整。從 1450 年的古騰堡 (Gutenberg) 革命、1639 年美國第一份印刷品出現，隨著工業革命，電影、收音機、電視、電腦等媒體科技不斷創新，也逐漸改變人們的生活習慣。麥克魯漢 (Herbert Marshall McLuhan) 提出媒介即訊息之概念，表示媒介是人的延伸，人類從早期部落時代的口語傳播文化，進展至印刷、廣播以及之後的電影、電視、網際網路、數位通訊與電子資訊產業之新部落化社會，皆已成為目前之趨勢。

　　數位匯流與三網合一已是電信、廣播及資訊產業發展之方向，從客

廳文化的電視機，到桌上文化的個人電腦終端設備，乃至拇指文化的手機、個人數位助理 (personal digital assistant, PDA)。透過寬頻網路所提供的雙向影音訊號，使影像由早期的大眾化走向分眾再至個人化，雙向的影音服務將是未來電信和傳播產業各種加值服務的競爭主力。在電話語音方面，由於網路電話（skype 等 voice over IP）之流行，已使傳統電信在有線電話語音之營收逐年降低（尤其是室內電話與長途電話特別明顯）。電腦對電腦方面以網路電話為主流，將成為二類電信經營者從數據進入語音市場的管道（蔡志宏，2004）。對於電信和有線電視業者而言，也將不再適合有過多的資源投資一對多的電子媒體市場。整個電信和傳播產業的發展重點，除了法令規範、系統平臺、數位內容、壓縮技術、加值應用、傳輸平臺等數位產業，更應加以完整有系統的策略規劃，讓消費者能在高科技下享有更多的服務，並使整個電信和產業能有健全的發展空間。

由於現今科技已成為商業體系下重要的一環，各大型企業皆有所謂研究暨發展部門，以提高生產或銷售，使得社會與文化也都受其影響。因為新傳播科技使訊息產生改變，全球化已成無法抵擋的趨勢。在資訊高速公路圍繞的環境中，雖然得以便利、快速的連結所需資訊，但是對於個人隱私權以及公眾利益，是否能在資本主義商業浪潮的侵襲下保有其空間，都需要給予極大的關注。

一、網路的緣起與概述

(一)網路的起源與發展

網際網路的英文名稱為 Internet，實際上並不是真正的網路，而是由許多不同的區域性網路相連而成。在這種架構之下，使用者可以跨越網路到不同的主機系統下作業，利用 TCP/IP (transmission control protocol/internet protocol) 的 IP 與實際網路的介面，使用者雖然使用不同

網路，但卻能提供一致性的服務，讓使用者感覺就像只有一個網路。網際網路的發展起源於 1960 年代的美國國防部，由於該機構內不同的單位，需要將不同廠牌、型號的資料在電腦設備中傳送無誤，為此美國國防部即成立一個高級專案研究機構 ARPA (Advanced Research Project Agency) 以解決此一問題。ARPA 初期從事分封交換式網路的實驗計畫，連結一些研究單位，並通過 ARPANET 計畫，該計畫主要研究關於如何提供穩定、值得信賴、而且不受限於各種機型及廠牌的數據通訊技術。1979 年，美國國防部正式成立 ARPANET 網路。此時，TCP/IP 的整個架構與大部分的協定皆已完成，TCP/IP 至 1981 年，成為 ARPANET 的標準通信協定。

　　由於 ARPANET 主要用於國防軍事用途，整個網路上連接相當多的軍事單位，為顧及國防安全起見，在 1983 年時，即將 ARPANET 分割為兩個網路，一個仍然稱為 ARPANET，提供給民間研究機構使用，另外一個則稱為 MILNET，專門供軍事、國防單位使用。當 TCP/IP 漸漸被採用為通訊標準時，"Internet" 這個名詞亦逐漸開始被使用。網際網路目前已經成為全世界共同溝通傳播的媒介工具，或可稱為「全球資訊高速公路」。網際網路使得資訊的獲得、儲存與呈現都得以在同一個管道上處理，也使得商業、文化之概念有了動態的轉變，並成為數位世代中普遍的現象。

㈡網路衍生的議題

　　由於前述網路得以集資訊蒐集、處理與發表功能於一身，因此對人們使用媒體行為帶來的影響不可小覷。如網路的便利性改變新聞人員蒐集消息的方式與時間，同時得以增加使用者的涉入感與互動性。然而，卻也因此使得「網路流言」成為嚴重的網路社會問題，甚至引起駭客入侵個人電腦。因此，網路上的行為在目前法律無確切架構情況下，實需使用者的高度自律與相互約束。此外，網路上的資訊雖然隨意可得，卻因為較具價值的資訊必須付費取得，因此也有許多資料並無法在網路上

大量供給；加上目前因為頻寬問題，仍有流量的障礙，也添加了網路使用的不便，數位落差的議題自然形成。

在網路發展的過程中，全球資訊網 WWW (world wide web) 已成為最多人使用的網路超文本連接服務，包含的組件如創見網頁基本的超文字標記語言 HTML (hypertext markup language)、可單獨設計訊息並跨平臺呈現的應用程式開發語言 (Java)，以及可被網站或網路廣告主用來分析個人上網紀錄的 HTTP (hypertext transfer protocol) cookies 等等。

另外，也因使用者的需求而獲得喜愛的網路入口網站 (portal site) 則為搜尋引擎，如 yam 天空或雅虎等。對網路使用者而言，入口網站也是進入網路世界的第一道大門；對商業行銷而言，入口網站則牽涉到消費者是否能有效率地搜尋或連結至商品或服務的資訊。入口網站最主要的價值在於其具有強大集客力，如何有效利用該利基以建立市場經營模式，是入口網站經營者的重要議題。藉由入口網站內容整合者 (content aggregator)、資訊仲介商 (informediary) 與資訊代理者 (information agent) 等角色，其所能提供的服務除了搜尋之外，還包括：新聞與生活等資訊服務、遊戲與音樂等娛樂服務、信箱與行事曆等個人化服務、拍賣交易商務服務、試算表與文件編輯等網路工具等。入口網站的在地化 (localize)、多樣性 (diverse)、虛擬社群 (virtual community)、策略聯盟 (strategic alliance)，以及實體與虛體 (physical space & cyber space) 的結合趨勢，更能左右其後種種相關之服務的應用與走向。

㈢數位內容多元發展

由於網路迅速發展，逐漸成為許多人尋求資訊的來源，而網路內容也包羅萬象，從娛樂八卦到國際新聞應有盡有。網路世界已經是多媒體呈現訊息的空間，包括各類可以快速傳遞訊息量大的影音資訊，在電子媒介的領域或稱之為數位內容。根據經濟部數位內容產業推動辦公室的定義：數位內容 (digital content) 係指將圖像、文字、影像、語音等運用

資訊科技加以數位化並整合運用之產品或服務，而主要可區分以下八大類型（黃國俊，2005）：

1. 數位遊戲

以資訊平臺提供聲光娛樂給一般消費大眾，包括家用遊戲機軟體（console game，如 PS3、XBOX 360、Wii 等）、個人電腦遊戲軟體 (PC game)、掌上型遊戲軟體（PSP、NDS、PDA、手機遊戲等），以及大型遊戲機臺遊戲 (arcade game)。

2. 電腦動畫

運用電腦影像廣泛應用於娛樂與工商用途，包括影視、遊戲、網路傳播、建築、工業設計等。

3. 數位學習

以電腦等終端設備為輔助工具之學習活動，包含數位學習內容製作、工具軟體、建置服務、課程服務等。

4. 數位影音應用

數位化拍攝、傳送、播放之數位影音內容，包括數位音樂與互動隨選影音節目，以及傳統影音數位化的內容，例如傳統音樂、電影與電視節目進行數位化的影音創新應用。

5. 行動內容

運用行動通訊網路提供數據內容及服務，包含手機簡訊、行動數據服務如導航或地理資訊等。

6. 網路服務

提供網路內容、連線、儲存、傳送、播放之服務，包含各類網路服務，如網路連線服務業者 ISP (internet service provider)、網路內容服務業者 ICP (internet content provider)、網路應用服務業者 ASP (application service provider)、網路儲存服務業者 IDC (internet data center) 等。

7. 內容軟體

指可提供數位內容應用服務所需之軟體工具及平臺，包含內容工具

或平臺軟體、內容應用軟體、內容專業服務等。

8.數位出版典藏

將各類型出版內容建置成大型數位資料庫，包括數位出版、數位典藏、電子資料庫等。

圖 5-1　數位內容的八大類別
資料來源：參考自黃國俊 (2005)

二、網路科技與新系統平臺

㈠中央廚房之系統平臺

　　從早期公眾電話交換網路 (PSTN)，逐漸進步到數據的分封交換 (packet switched data network, PSDN)，到現在的影像交換 (video switching)，整個影音交換的系統匯流平臺又稱做中央廚房 (central kitchen)。整個系統平臺之主要核心其實就是一個影音交換機，例如每一個頻道為 4Mbps，中央廚房即可擁有八千個頻道。這樣的平臺經由不同的傳輸平臺與光纖網路，使得中央廚房產製的數位內容，不但可以供有線電視使用，同時也可以提供給固網的經營者、第二類電信業者、手機業者、Wi-Fi 業者、數位廣播業者、電視商務業者、銀行業者、大企業及中小企業、SOHO 族等。這些業務將提供未來數位影音發展無限的可能性。

㈡傳輸系統網路平臺

　　從三網合一之發展特性來看，影音訊號服務仍然是未來網路必須考量到的主要因素。因為從三網合一應用服務之角度來看，電信從語音 (voice) 服務、數據 (data) 服務及影像 (video) 服務已經轉成為電信、網路與有線電視產業的平臺構成。除此之外，因為需求的關係，訊號也從早期的單向轉變成雙向、互動的交流。以有線電視 eMTA 為例，最少需要增加 100Kbps 才能夠保證 cable phone 之通話品質。未來若要提供 video phone、視訊會議、家庭監控等多樣化需求，皆需要高反向寬頻，以便建置真正之寬頻網路（100Mbps 到家，1Gbps 到企業用戶），此必然成為未來在電信產業的重點。也為了符合影音、互動之需求，在網路硬體上建置部分新一代網路系統，除了基本的光纖到社區、大樓與企業用戶外 (fiber to the building, FTTB)，一般用戶最後一哩的網路型態乃是以光纖乙太網 (fiber-of-ethernet, FoE) 為最佳的模式。主要的原因是，這種網路

建置方式不但最具經濟效益，而且更能解決網路、電信和有線電視反向頻寬不足之問題。

(三)用戶終端設備的多元性

中央廚房提供各類資料庫給使用者，經過系統網路平臺到達用戶終端，使得具有資訊之個人或機構，不必花費多大的投資。而可依據使用者之不同需求與接收，提供資訊服務給不同的用戶終端設備。在用戶的終端設備上分為大眾化、小眾化、個人化三種類型，例如大眾化的公播、企業使用之小眾化情境，個人化則是包括電視、個人電腦、機上盒、個人數位助理 (PDA)、手機 (2G/3G/Wi-Fi)、車上電視 (car TV)、PMP (portable media player) 等多元之接收工具，各發揮不同之功用。

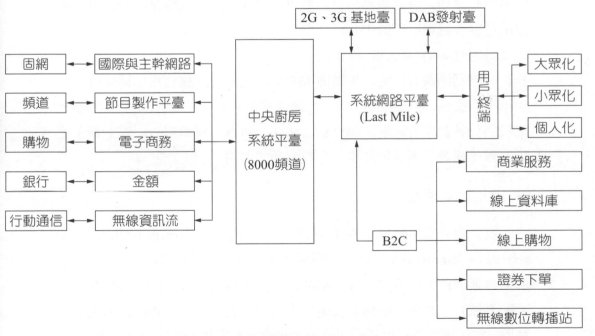

圖 5-2　傳播通信發展體系

三、整合服務數位網路

整合服務數位網路 (integrated service digital network)，簡稱 ISDN，而 ISDN 又可稱為窄頻整合服務數位網路 (N-ISDN)，其發展之目的是將各種資訊、通訊管道，納入一個共通的網路中，同時也是一種開放式系統連結 (open system interconnection, OSI) 型態的網路。

(一) ISDN 網路

使用者利用一對電話線即可同時享有語音、數據、影像等多樣化之數位通訊服務。使用現有的電話網路就可提供新的服務，對於網路資源的使用可有較佳的彈性及效率，並可達到成本的有效控制，建立較佳的網路管理環境，提升服務品質，另可提供新的功能及服務，刺激通信產業的發展。延續早期的 ISDN 網路擁有標準化、數位化、高頻化、電腦化及共通性等諸多特性，提供用戶經濟且富彈性的通訊服務，因此能提升原有電話網路的功能，後期的 ISDN 所提供之服務包括：緊急電話、顯示來電號碼、轉接服務、預定號碼轉接服務、多方通話、ISDN 電話機取代部分答錄機的功能、建立私人網路、傳真、電傳視訊、線上電子查詢、電子購物及保全等多樣化之數位通訊服務。

(二) B-ISDN 網路

寬頻整合服務數位網路 B-ISDN 英文全名為 "broadband integrated service digital network"。寬頻是相對窄頻而言，指一個服務或系統所需要的傳輸通道能力高於 T1（1.544Mbps，北美系統）或 E1（2.048Mbps，歐洲系統）之速率，而網路若能提供寬頻傳送能力，則此網路稱為寬頻網路。寬頻應用是利用寬頻網路能力來達到端點間 (end-to-end) 傳送，而寬頻服務是指經由網路提供者所提供的單一用戶擷取介面來提供寬頻應用方式。寬頻整合服務數位網路於單一網路上同時提供多種資料型態之

高速傳送，如數據、語音、影像、視訊等，其可利用連線導向 (connection-oriented) 與非連線導向 (connectionless-oriented) 方式，提供用戶各種服務與應用，並能保證連線服務品質。

㈢ B-ISDN 網路和 ISDN 網路之差異

B-ISDN 網路和 ISDN 網路均是用來提供用戶高速率與高品質之資料傳送，網路具交換功能，用戶可利用單一線路來傳送多種不同應用。ISDN 網路可提供基本速率 (144Kbps) 與原級速率 (1.544Mbps) 兩種傳送速率介面供用戶選擇，且提供連線導向服務，用戶利用撥號功能而連接到目的地。B-ISDN 網路可提供多種傳送速率，如 1.544Mbps、25Mbps、45Mbps、100Mbps、155Mbps 等，在用戶使用各種應用時，提供連線導向與非連線導向兩種選擇方式，且在連線方式可提供恆常性電路連線 (permanent virtual circuit, PVC) 與交換電路連線 (switched virtual circuit, SVC)。所以 B-ISDN 網路比 ISDN 網路在應用上，可提供較多種之傳送速率，且有較彈性之連線方式。

四、網路電話

網路電話 (voice over internet protocol, VoIP) 是一種透過網際網路或其他使用 IP 技術的網路，來實現新型的電話通訊。從全球網路電話用戶數大幅成長的趨勢來看，未來的電信市場中，網路電話勢必將挑戰傳統電話成為語音傳輸的主流。隨著網路日漸普及，以及跨境通訊數量急增，IP 電話亦被應用在長途電話業務上。其低通話成本、低建設成本、易擴充性、可行動化及日漸優良化的通話質量等主要特點，被目前國際電信企業看成是傳統電信業務的有力競爭者。

針對產業研究機構 In-Stat 的調查結果顯示，截至 2005 年底，全球網路電話用戶數已超越 1600 萬戶，較 2004 年成長 66%，潛力可期。網路電話的風行，使其受到主管機關的重視，於 2005 年 11 月公告核發 070 開

頭網路電話號碼。網路電話的興起，使得消費者可以更低的成本使用高品質的網路電話服務。以成長率來看，網路電話已展現市場需求，但未接觸過網路電話的消費者仍占絕大多數比例，因此網路電話在未來仍有進一步之成長空間。對電信業者而言，整合寬頻、語音服務、傳統電話將成為新電子媒介時代的重點。

繼 Smart Phone、PDA 等工具崛起後，其功能也許與筆記型電腦的功能相近，對重視提案品質，或是常往來世界各地的廣告、媒體人而言，筆記型電腦的硬體資源及軟體支援，都是 Smart Phone、PDA 不可取代的。既然如此，無線上網的便利性相對於筆記型電腦，便十分重要。

相信許多廣告相關產業的工作者，都曾遇過以下的經驗：到達提案地點時，因為需要網路輔助而必須大費周章地找網路線，搜尋不那麼靈光的無線網路或是需要碰運氣的 Wi-Fi 熱點。而 HSDPA 無線網卡，則能幫追求完美的廣告人，免去類似的小尷尬，因為它可以讓你將無線網路掌握在自己手中。

㈠ HSDPA 無線網卡簡化上網步驟

HSDPA (high-speed downlink packet access) 為 3.5G 行動技術的一種，於 2006 年 9 月推出。HSDPA 無線網卡因為使用 USB 介面，有著隨插即用的優勢，除了筆記型電腦，也可連接桌上型電腦使用，讓使用者得以隨時隨地輕鬆使用網路服務。

速度上，HSDPA 最高下載速度為 3.6Mbps，這意味著一段約 10M（1 分鐘）的影片，約 22 秒便可下載完成，上傳速度則為 384Kbps。HSDPA 技術說明了行動通訊已進入 3.5G 的時代，且手機因為硬體限制，利用 3G 的傳輸速度處理便已遊刃有餘，而 3.5G 這個更快的技術，則十分適合筆記型電腦，以及對無線上網需求大的使用者，這樣的作法能讓無線網路更無遠弗屆，使用上也更具效益。

㈡追求更快的上傳速度，分享更即時迅速

由於相對地提高傳輸速度，也加強使用上的便利性，HSDPA 無線網卡的市場接受度很好，並且有些供不應求，因此 HSDPA 未來的發展頗被看好。未來應讓上傳速度發展到與下載速度一樣快，將 HSDPA 中的「下載」(D) 去掉後的 "HSPA" 設為發展的目標，期待在 Web 2.0 的世代裡，能自在地上傳資料，讓分享進行得更快。

第二節　電子商務與新型態購物模式

一、電子商務的高速成長

隨著網路科技的發展，網際網路也被應用到服務業的範疇中。藉由網際網路的無遠弗屆，人們可以輕鬆的在家中進行電子交易行為，如訂票服務、電子銀行、線上購物等等。而這些藉由網路所進行的商業交易活動，即泛稱為所謂的電子商務。電子商務不但具備網路快速、方便、有效率的特色，也能達到節省紙張、提升社會資訊化素養的效果；因此，網路已成為未來最具發展潛力的產業之一。

根據研究報告指出，以美國為例，2005 年美國電子商務的市場在交易金額部分已經占實體零售的 7.7%，2005～2010 年每年平均的複合成長率達 13.8%。依照成長的速度預估，2010 年美國在電子商務的金額將達到實體零售的 13.1%。

促成電子商務快速發展的推力，主要來自寬頻的普及、女性消費族群的興起，以及早期上網人口帶動的家庭用品市場需求。也就是說，除了科技進步的發展之外，不同族群對於電子商務的購物需求促成電子商務的蓬勃發展，而如何掌握具備需求的消費者輪廓，並針對不同需求擬定行銷通路，將成為電子商務經營者最重要的核心經營策略。

二、全新的消費型態與消費族群

(一)電子商務的行銷對象

　　根據資訊工業策進會 MIC (Market Intelligence Center) 歷年的研究統計來看，近幾年臺灣地區整體網路商務購物（網路拍賣、電子商店）的成長率也有俱增的趨勢。若進一步從消費者之需求面向部分加以分析，臺灣十二歲以上的上網人口增加最為明顯，其中有大多數的網友會在網路上進行購物之行為。由此可知，電子商務的發展已跨過了關鍵門檻，不用擔心新進客源的問題。與之相比，如何提升既有服務，確保舊有客源的滿意度務，將是電子商務業者在未來進行競爭的重點。

(二)電子商務的行銷策略——以社群為思考基礎

　　在進一步的行銷策略上，未來電子商務應以「社群」作為主要的行銷基礎。舊有的「類別」行銷，如商業、科技、人文、政治等類別已不再適用，應兼顧不同的社群屬性來進行更分眾化的區隔行銷。透過不同社群運作，業者可以與消費者有著更為密切的互動關係，並利用社群概念提供創新服務與產品組合。換句話說，對於消費者的研究在電子商務時代已成為最重要的產業議題；產業與消費者的關係也不再是單純的供給及需求關係，分類和區隔並非單獨存在，而是必定與各種行銷活動互相結合，形成一個生態體，並延伸成一種多元、關聯性的商務效益。

　　在社群行銷的商業過程之中，也可能會結合更多的新科技應用，業者可能透過像是網路電話（如 Skype）、即時傳訊 (instant messenger)、部落格 (blog)、檔案交換與傳訊科技 (P2P)，讓社群成員互相交流，藉此創新服務之模式。

(三)長尾效應的提出

面對電子商務的社群行銷基礎,安德森 (Chris Anderson) 提出了長尾 (the long tail) 效應此一名詞,用來描述 Google、Amazon 和 iTune 等網路服務的商業和經濟獨特模式。長尾理論的定義就是傳統裡沒沒無名的產品或服務,透過口耳相傳,也可能創造出不亞於明星商品的商業利潤,強調的正是所謂「社群行銷」與「口碑行銷」的概念。透過行銷族群的鎖定及互動,再藉由網路全球傳播與 Web 2.0 的參與互動,一項微不足道的商品或小人物,在一夕之間可能讓全球每一個人都可購買或知曉。長尾效應打破了傳統商業法則的 80/20 法則,在其中,沒沒無名的產品或服務,也會變成口耳相傳、無處不在。

三、網路拍賣所創造的購物新局

㈠網路拍賣的發展

電子購物可以分為 B2B (business to business)、B2C (business to consumer) 及 C2C (consumer to consumer) 三種類型,其中又以 C2C 的網路拍賣模式為電子購物帶來最多的注目。在早期的網路時代,網路資源是少數人的專利,對於電腦設備或是二手的拍賣物品通常會被刊登於 BBS(電子布告欄,bulletin board system)的「二手市場討論區」,有需要的網友則會透過網路向賣方詢價或是出價購買。其後,學術網路 (Taiwan Academic Network, TANet) 也特別開設網路二手交易的討論區。當網路普及率開始提高之後,網友們對於拍賣平臺的需求也日益提升,藉由網頁來進行拍賣服務的電子商務因此興起,並結合了金流、線上商店等服務,為電子商務帶來巨大的利潤。

網際網路無遠弗屆與包羅萬象的特性,成為拍賣網站快速成長的重要成分。同時,網路平臺本身的進入門檻極低,不牽涉實體店鋪的租金、進貨庫存及商品運送等問題,使得網路店鋪的經營風險大為降低。網路拍賣隨著現代人的消費習慣以及對通路的影響力,呈現大幅度的轉變。

「在家購物」的習慣，不但成為在實體通路無法尋獲商品時的首要選擇，也為日常生活帶來許多探索的樂趣。

(二)網路拍賣的魅力

1.網路拍賣不需要仲介商

傳統交易行為可分為三個產業層次：製造者、通路業者及消費者。其中通路業者往往掌握最多的資源，而能獲取最大利潤；由於透過通路業者的轉賣，消費者在終端所取得的貨品價格也遠較製作成本來的高昂。透過網路拍賣的媒介，卻改變此種交易型態。生產者可以直接在網路上與消費者接觸，省下實體通路的承租費用；消費者也可透過不同網站、不同賣方比較相同的商品，甚或不同商品的選擇，省去通路業者的轉賣程序。拍賣網站在買賣兩端之間建立天平般的直接通路，透果有效率的管理機制使買賣雙方都能擁有均等的權力，並維持供需之間的平衡。

2.買家和賣家的角色模糊

網路拍賣中的角色界線極為模糊，一個人可以同時兼具買家與賣家的身分，同時以低廉的成本（包含時間成本及金錢成本）獲得自己想要的資訊或商品。網路使得創業門檻大為降低，也提供了包含比價、物品資訊瞭解等額外樂趣；此種彈性機制使得上網購物往往成為一種享受，就如同逛街的樂趣一般。

(三)網路拍賣之行為與特質

具體來說，網路拍賣包含以下七點特質，使其成為一種最熱門的購物方式：

1.豐富性

網路拍賣中的商品數量遠比實體通路可見的多很多，可在同一個平臺上同時瀏覽全臺灣甚至全世界所有的拍賣物。

2.即時性

消費者可以在任何時間進行瀏覽、下單購買等動作。雖然，網路購物的即時性仍不比實體店鋪，它需要透過結標、匯款、郵寄等過程才能取得商品，不過，網路提供的比價機制與商品多樣性卻為實體通路所不及。

3. 方便性

網路不受時間、地點、空間的限制，不論任何時間、地點都可以瀏覽拍賣網站。

4. 隱密性

網路購物可用虛擬帳號進行購買動作，也不用親自購買，因此具備隱密性。然而，網路交易的安全問題會使消費者對於網路購物的意願有所影響。

5. 個別化

買方可針對需求提出個別化的服務，而這樣的服務可以透過虛擬網路進行，避免尷尬情境。

6. 透明性

網路拍賣中所有的問與答、提供的照片、物品資訊、價格都是透明且公開的；然而，網路的公開資訊仍不比親自上實體店鋪購買來得可靠。

7. 分享性

網購的樂趣在於多元選擇之外，還可經由自己研究搜尋 (search) 並分享成果 (share) 的買賣經驗，使參與者更具購物、售物的成就感。

(四)網路拍賣之未來

「社群行銷」是電子商務世界裡不變的定律。網路拍賣未來勢必結合社群的力量，建構新的人際關係；這樣的社群也能夠結成一股力量，滿足實體商店不能滿足消費者的部分。網路拍賣的發展曾經引來「網路的發達可能會造成人與人關係的退化」之疑慮；但從網路拍賣平臺上買賣雙方的互動觀察中發現，網友反而比真實世界的朋友關係更為緊密。雖然，這是一個奇特的現象，但因為在這個社群中，彼此都能瞭解其經

營模式，因此也較能感同身受。網路社群的建立捨去空間的距離，將相同興趣的人結合在一起，分享彼此的商品和想法，無形中加深社群的凝聚力。

　　然而，儘管網路購物已成為一種普遍的消費行為，如何建立網路安全機制仍是決定網路拍賣經濟規模發展的最重要議題。從國外網站的發展、年輕人對於拍賣網站的接受度、價格彈性、商品多樣化等性質來看，網路拍賣將持續成長。惟在交易安全的層面，在現行法律體制尚未完善的情況下，網站持續推展交易安全的相關制度，為網路拍賣持續發展所必須，使用者也需要善加利用現有的安全機制，才能免於網路拍賣的詐騙情事。

第三節　行動通訊與科技的結合

一、行動科技與無線傳輸技術的發展

　　1980 年代，自從行動電話正式發展以來，時至今日，行動電話已取代隨身聽，幾乎成為當代生活中人人出外必定攜帶的電器用品。根據 2005～2010 年全球行動電話使用者預測 (worldwide cellular user forests, 2005～2010) 研究報告指出，2010 年底前行動電話用戶將達到 35 億用戶；在許多開發較晚的地區，行動電話甚至取代固網，成為民眾通訊的唯一選擇。

　　隨著行動電話的發展，其所衍生之無線寬頻傳輸能力也大幅增加。在 3G 的無線傳輸技術方面，2005 年 W-CDMA 使用者由 1600 萬人增加到 4900 萬人，而 CDMA2000 1x EV-DO 的用戶數則由 1200 萬提高到 2600 萬人。除此之外，歐洲最終將加入日本使用 W-CDMA 為無線傳輸主要技術的行列，而美國也將躍進使用 EV-DO 無線傳輸技術。在 3G 之後，WiMAX 的傳輸技術及 4G 技術也逐漸問世，未來的無線傳輸能力將

更進一步的大幅提升。

數位化通訊機制與寬頻的實現，使得電視服務已經逐漸成為行動電話增值業務的一項重要部分，也就是電視已加入行動電話商業價值鏈中，被視為是下一個最有潛力的電信增值業務。傳統行動電話主要用來通話，而這些附加價值的內建功能，例如：和弦鈴聲行動電話、彩色螢幕行動電話、影像行動電話、MP3 行動電話等等，是否為消費者購買行動電話的關鍵常被提出討論。亦即，行動電話的快速成長與創新變化是受眾所能感受的。近年來，由於在行動電話市場日趨飽和的情況下，世界上各大行動電話製造商一直不斷在尋找新的業務（蔡華展，2006）。然而，利用行動電話收看電視節目的服務，即稱為手機電視服務或行動電視服務，已經日漸普遍，隨著生活的日益行動化，行動電視滿足人類瞭解和進入新聞、娛樂及資訊服務的願望。

根據研究指出，2010 年全球約有 1.25 億用戶使用手機觀賞電視 (mobile TV)。過去類比時代電視只能夠以固定的方式接收，在數位化之後，透過無線電波的傳輸。即使在時速 100 公里的行駛車輛中，行動用戶仍然可以清晰的收訊。看準行動電視所帶來的商機，各國競相投入相關標準與技術的建立。未來，只要透過裝有晶片的個人載具，例如手機、PDA、筆記型電腦、車用電視等，便可以立即接收電視節目，對於閱聽人的收視習慣、電視產業的生態，勢必帶來重大改變。

依照傳播媒介來區別手機電視之電訊傳播方式，行動電視傳輸方式概可分為以下三類（林世欽，2005）：

1.蜂窩式行動電話無線寬頻網路之行動電視

採先將電視訊號壓縮成多媒體串流之後，再傳輸到行動電話上解壓縮觀看。

2.衛星無線網路的行動電視

先將電視訊號壓縮成多媒體串流之後，再利用衛星上傳與下載於行動電話上解壓縮觀看，或是直接藉由衛星上傳與下載的即時性觀看電視。

3.採取數位電視地面廣播標準的行動電視

即數位電視無線多媒體廣播與行動通信之結合。

二、行動通訊與電視結合之新產業

㈠行動電視傳輸規格概述

　　行動電視產業必須仰賴由內容提供者、電信公司、手機業者的跨產業結盟進行發展，此一產業亦牽涉到通訊技術、市場及各國政策，因此，行動電視的規格發展呈現分歧的情勢。目前採廣播方式傳輸的行動電視技術，除了 DVB-H 外，各國尚有（陳德列，2007）：1. ISDB-T (intergrated services digital broadcasting-terrestrial)，於 2003 年起由日本開始採用，具備高畫質的解析度；2. MediaFLO (media forward link only)，為 2003 年美國行動通訊技術提供商高通 (Qualcomm) 所提出的規格，覆蓋美國主要的大城市；3. T/S-DMB (terrestrial/satellite-digital multimedia broadcasting)，由韓國於 2005 年起開始採用，為 DAB 衍生的標準；4. DMB-H (digital multimedia broadcasting)，為中國大陸於 2006 年公布的規格，由中國與香港在 2007 年起正式採用。

　　目前各國在地面數位電視廣播、數位音頻廣播以及數位行動電話電視，制定的標準規範如表 5-1：

表 5-1　　全球地面無線數位廣播標準

	中 國	美 國	歐 洲	日 本	南 韓
地面數位電視廣播	DMB-T	ATSC	DVB-T	ISDB-T	ATSC
數位音頻廣播	DAB	HD Radio, FMeXtra XM/Sirius	DAB	ISDB	DMB
數位行動電話電視 (Mobile)	DMB-H	MediaFLO	DVB-H	ISDB-T	T/S-DMB

資料來源：葉財佑 (2007)

由表 5-1 可知，亞洲方面，日本與南韓的數位廣播標準都是在自行研發的 ISDB 與 DMB 標準下作延伸與擴展；中國大陸則是除了自行研發的 DMB 技術之下，也採用歐規的 DAB 標準。至於歐美方面，美國地面數位電視廣播標準 ATSC (Advanced Television Systems Committee) 不具行動接收能力，因此行動廣播標準採用 MediaFlo 標準；而歐洲則採自行研發之 DAB 與 DVB 規格，而我國亦以 DVB 作為數位電視主要的傳輸規格。

另有，其他足以進行電視節目傳輸的技術還包含藉由網路傳輸模式，透過全球行動通訊系統 (universal mobile telecommunication system, UMTS) 提供多媒體廣播多播服務 (multimedia broadcast multicast service, MBMS)，以及資訊科技發展出的無線區域網路 (wireless local area network, WLAN) 或全球互通微波存取 (worldwide interoperability for microwave access, WiMAX) 等。

(二) DVB-H 技術簡介

DVB-H 的行動電視傳輸規格是由歐洲數位視訊廣播技術發展組織 (digital video broadcasting project, DVB Project) 所提出，已於 2004 年中邁入驗證與標準化程序。此一傳輸規格衍伸自以地面數位視訊廣播 DVB-T (DVB-terrestrial) 傳輸技術標準，主要是針對行動收視所進行發展，因此更重視低耗電、高移動性與共通平臺等需求，可以滿足手持式裝置所需之功能。藉由行動通訊網路與 DVB-H 廣播網路之整合，業者可提供使用者更多樣化的內容與互動式服務。另外，由於 DVB-H 為一對多單向廣播的模式，所以也適合大量影音節目和資料傳輸，這是與 3G 手機較強調個人性收視特質有所差異之處（見表 5-2）。

對於電視臺業者來說，DVB-H 頭端系統的建構問題要比一般電視臺更為複雜，其中包括：

1. 各類傳輸系統的管理：包含視訊／音訊壓縮串流系統 (streaming

表 5-2　　DVB-H 與 3G 行動通訊之比較表

	通訊模式	互動模式	資料量	價　格
手持式數位視訊廣播 (DVB-H)	一對多	只能接收	量大	較低
第三代行動通訊 (3G)	一對一	可互動	量小	較高

資料來源：黃瑛如 (2005)

encoders)、數據廣播服務管理系統 (broadcast service manager)、數據廣播網路管理系統 (broadcast network operator/ IP encapsulator)、行動電話數據網路以及廣播用戶帳號管理系統 (broadcast account manager) 等項目。

　　2.必須依照終端接收設備的特性進行傳輸考量：例如，須考量小（如手機）、中（如 PDA）、大型終端設備（如筆記型電腦）所具備的電力及運算能力（NCC 南區試播團隊，2008）。

　　3.行動電視必須在畫質、音質上達成一定的水準，同時具備數位電視之互動特色。

　　綜上所述，乃手機電視的接收與消費行為並非完全被動，應可形容為電信與傳播的結合體。

(三)行動電視之產業整合

　　行動通訊和廣播在傳遞影音服務上互補的特性，使兩者整合後更具有利基。藉由產業的匯流，行動電視用戶在使用手機通話之餘，還可以用便宜的價格看電視、聽廣播、接收數據服務，創造了新的商機。相關的廣播電視業者，包括 1.內容業者對廣播、電視節目製作影像、聲音資料庫的提供；2.行動通訊營運商：行動通訊業者、電信業者、無線廠商；3.終端設備製造商：手機製造商、電子晶片製造商、電子顯示螢幕製造商、接收器製造商；4.軟體服務平臺供應商：包括介面設計、應用軟體設計、整合平臺設計、軟體程式設計等不同專業領域各類廠商及專業人才積極搶進這片市場（見圖 5-3）。其中，由於 DVB-H 整體系統完整且相容性高，因此採用的國家與系統支援商也越來越多。

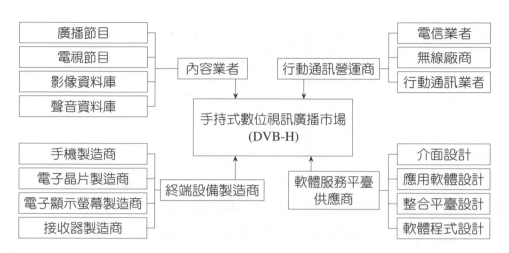

圖 5-3　DVB-H 結合之各項業務
資料來源：參考自蔡華展 (2006)

㈣行動電視之產業分工

歐盟數位電視推動組織 (Digital Terrestrial TV Action Group, DigiTAG) 針對上圖之產業價值鏈合作關係，分出電視臺業者、電信營運商、廣播網路營運商、設備製造商與使用者四大行動電視價值鏈。亦即，行動電視必須仰靠電視與傳輸通路兩大產業匯流以維繫其生存，在不同功能與用途的路徑上，產生不同的核心資源。這些價值鏈包括：

1. 媒體價值鏈：上下游媒體價值鏈利益；
2. 經營價值鏈：知識管理媒體經營理念；
3. 技術價值鏈：收視戶的友善接收介面；
4. 維運價值鏈：系統狀態監控標準作業；
5. 費率價值鏈：彈性的計價方式與推廣；
6. 服務價值鏈：創造價值替代惡性競爭。

三、行動通訊之現況與未來

整體而言，在電信傳播的場域中，行動通訊的科技層次一直領先廣電通訊。行動電話的發展目前已進入 3G 規格，3G 行動電話具備通話價格便宜、可以連接網際網路，使用簡捷等特色而廣為應用。隨著應用服務層面的範疇提升，行動電話在社會經濟生活中的地位越來越重要，形成行動通訊的需求和潛在市場加大（吳建興，2006）。電信產業快速成長、商業領域活絡，已經使行動電話通訊網路從地區覆蓋到全球。

在鄰近的日本、韓國與中國，遠及歐洲與美國，從 3G 傳輸技術所進一步衍生的行動多媒體正日益深入日常生活當中；行動電話結合電視的最大特點是可移動性、便攜性，雖然畫質和音響或許比不上家庭劇院和電影院，然而行動電話用戶能夠在工作間隙、上下班途中享受短暫的多媒體服務，必然可為大眾所期待。以下簡單比較幾個先進國家狀況：

1. 日本之 3G 使用率全世界最高

依據日本電氣通信事業者協會 (Telecommunications Carriers Association, TCA) 的數據，近幾年日本行動電話用戶數快速增加，刺激行動電話數成長的因素來自於 3G。3G 用戶的普及係因日本在寬頻內容與 3G 上網服務的推展，亦即，形成如此高上網率的主因，使日本的行動加值服務更為豐富而且多樣。

2. 英國的 3G 通訊將取代 GPRS

根據 Forrester 報告，英國是未來歐洲 3G 市場的領導者，預計到 2010 年，其 3G 市場滲透率將達 68%。英國的 GPRS 在 2008 年前仍處行動通訊市場領導地位，但其後，3G 網絡覆蓋率近 100%，再加上電信業者從 2006 年起積極投入 HSDPA，在基礎建設完備與軟體升級的雙重努力下，GPRS 將被 3G 取而代之成為行動通訊的主流。

3. 美國對使用 3G 行動加值意願低

根據 Yankee Group 調查研究報告，美國 3G 用戶數在 2005 年為 58

萬人，2008 年已達 2800 萬人，其中無線服務使用人口數占 14%。與 2005
年相較下，用戶數雖大幅成長，但美國的 3G 市場滲透率卻不及其他國
家，主要原因在於顧客使用意願與成本因素。

四、行動通訊發展之限制

由於網路經濟產生許多新的商業模式，行動數據業者能夠以異業策
略聯盟的方式，研究各種合作的可能性，運用本身無線傳輸數據的能力，
使得不同行業的服務產生加值效果，營造行動數據業者、策略聯盟業者
與消費者三贏的局面。但是，發展已有一段時間之行動通訊，並無法發
展出更具體的商業模式，追溯其發展之限制應有以下幾項原因：

㈠對行動數據服務的認識不足

在過去電信自由化之前，電信業務從未提供行動數據服務，使得國
人在此服務開放之初毫無概念。在企業界中，除了外商在國外早已使用
行動數據服務多年，能夠立即接受之外，本土的企業接受程度相對地低
很多。尤其行動電話業者之 GPRS、WAP 等網路的建置，同時運用各種
傳播媒體大肆廣告，很容易讓社會大眾以為行動數據服務就是用行動電
話傳輸數據，行動數據非得用行動電話不可。這些因素都使得行動數據
服務不論是在水平市場或是垂直市場的推展，都需要從教育潛在客戶「何
謂行動數據服務」做起。

㈡行動數據產業分工尚未形成

另一項重大的挑戰乃行動數據產業剛開始時是呈現真空狀態。業者
在申請到執照之後，除了布建基地臺、建置網路與維運網管系統之外，
由於行動數據用戶終端設備業並不發達，正如 ISP 業者為了要提供上網
服務，還得自行生產數據機給客戶使用，如此一來便增加了自身的營運
成本；然而，終端設備若是價格過於昂貴，也將降低消費者的購買意願。

　　行動電話業者在與企業用戶的既有系統進行整合時，沒有系統整合業者 (system intergrator, SI) 可以委託協助，必須由行動通訊業者依每個客戶系統的不同而個別進行整合。這使得行動數據業者從上游到下游都要參與，無法集中全力在其本業於營運一個高效率、高品質的行動數據網路。

(三)服務內容設計不易

　　一項行動數據服務的成功，不僅取決於服務內容，更會由於當地的文化、行業的特性，甚至國家是否有相關法令與配套措施而有所影響。在行動數據服務的設計上必須將其他人文、經濟及政策等因素一併考量。通常，越好的服務內容在設計上的難度就越高。

　　縱然如此，在技術面上，行動數據業者能夠提供滿足需求的傳輸品質是無庸置疑的。面對電子商務時代的來臨，透過無線的方式，傳輸數據將會無所不在，而且所達範圍是無遠弗屆。此外，儘管行動電話上的無線寬頻服務聲勢大，行動數據系統如 DataTAC、Mobitex 等，所提供之簡短而間歇的資料傳輸服務，仍將以其建築物穿透力高、保密性強、傳送成功率高、費率相對低廉等優勢，在利基市場扮演不可或缺的角色。

第四節　互動電視媒介發展

　　過去的電視觀眾非常被動，只能單向接受電視給予的資訊。但是隨著電視雙向互動時代的來臨，觀眾不但可以收看一般電視節目，同時還可以與電視進行進一步的溝通。然而，科技一日千里的進展與需求千變萬化，以致創造互動電視 (interactive television, iTV) 服務種類的日益多樣，如以傳統電視內容為主的互動電視、以進行電視商務為主的互動電視等皆是。然而，對於傳統電視產業如何積極因應，是電視產業不可忽略的議題。

　　英國獨立電視委員會❷(Independent TV Commission, 2000) 對互動電視服務的說明如下：各項互動電視服務，舉凡由訂戶向多頻道影視節目分送商❸(multi-channel video programming distributor, MVPD) 要求的拉式❹(pull) 服務皆屬之，並不必然須與任何特定的影視節目流 (video programming) 相結合。

　　從上述定義來看，我們可看出英國獨立電視委員會對於互動電視的見解包含以下重要要素：

　　1.互動電視是一種閱聽人「主動參與」、並提出收視需求的互動機制；

　　2.互動電視代表一種層級分明的產業分工結構；

　　3.在互動電視的觀看過程中，閱聽人同樣扮演著消費者的角色；

　　4.數位電視的觀看方式是自由且多元的，與類比電視時代的收視方式有所差別。

　　具體而言,這類的服務意指互動電視服務訂戶不需透過電視機相關配

---

❷　英國獨立電視委員會：是英國負責批准和規劃管理商業電視臺服務，擁有 ITV（第三頻道）、第四頻道和第五頻道的組織。ITV 節目始播於 1955 年，24 小時全天服務，三分之一的時間播放新聞，其他時間播放體育、喜劇、遊戲和電影等。主要靠廣告贊助。第五頻道始播於 1997 年 3 月。網址：http://news.xinhuanet.com/misc/2002−05/13/c ontent_390506.htm2000。

❸　多頻道影視節目分送商：也有人稱之為多頻道影視節目通路商。而根據 The Federal Communications Commission（FCC，2005）的說明，MVPD 是一個不受限於只接收有線電視系統運作者、無線電視系統提供者、直接廣播衛星服務者、衛星節目電視通路者或衛星天線電視系統運作者的個體，它的訂戶或客戶可以向其訂購多頻道影視節目。目前臺灣的業者有中華電信、東森國際網路公司等。

❹　拉式服務：根據葛夫藍 (A. Coughlan) 等人 (2001) 的說明，「拉式策略」(pull strategy) 是一種通過不斷向最終客戶進行廣告，而使製造商、供應商可以跟最終客戶建立一種直接關係，並樹立自己的品牌。而本處的拉式服務，乃意指由最終的客戶（觀眾）向多頻道影視節目分送商要求訂購的服務，而非業者主動提供的服務。

備外的裝置（如電話、傳真等），即可從電視螢幕的電子節目選單 (electronic program guide, EPG) 點選有興趣的影視節目，❺進而直接觀賞。

一、互動電視媒體之特性

過往的傳播生產產業鏈 (industrial chain) 裡，電視觀眾的角色通常非常被動，只能單向接受電視給予的資訊，並藉由模糊的收視率調查表達其反饋功能。隨著科技的進展，觀眾不但可以收看一般電視節目，同時還可以與電視進行進一步的溝通，達成互動效果，這樣的互動甚至可用在商務服務的提供之上。因此，電視業者不再只是傳統提供節目的角色，也可能扮演電視商務 (TV commerce) 互動的角色。對於傳統電視產業來說，是一塊亟待開發之領域，也是電視產業未來不可忽略之議題。

就產業的角度看，互動電視象徵閱聽人在傳播循環關係中權力的增強，這樣的變革是傳統業務比較難去掌握的部分。大抵來說，我們可以從兩個方向去理解互動電視的發展：

(一)互動電視的服務特性

1. 互動服務應具備操作簡易，以及具有親和性與直覺性；
2. 電視平臺的畫面夠吸引人；
3. 具高度可靠性與即時使用性，互動服務不會常出錯，亦不會因人數限制而無法使用或需等待。亦即，從商業角度來看，互動電視的服務，必須操作簡單、容易被用戶使用；
4. 消費安全性較高、比網路更容易獲得消費者信賴；
5. 可透過接收器雙向進行購物與交易、便利性高；廣告效果可能更佳。

---

❺ 電子節目選單：格培林 (2002) 認為電子節目選單是一種允許用戶瀏覽與選擇電視頻道與服務的航行工具。因此，基於此說明而援其為導引用戶選用電視頻道的工具。若是以網際網路的運作為例，此工具猶如 yahoo、google 等的入口網站用於導引網路用戶選用網站。

㈠互動電視的服務類型

1.瀏覽式服務：包括互動式節目指南、數位音樂服務、計次付費影片選單、緊急通告等；

2.資訊服務：提供天氣、股票行情、交通等；

3.電子商務服務：電視購物、訂票、股票交易等；

4.電視遊戲服務：提供記憶體需求量較小遊戲，包括單機型或網路型遊戲；

5.增強型電視服務：一般電視功能加上互動性，可進行民意調查或廣告點選。

從上述這兩大特性來看,未來的電視產業勢必朝向以下的趨勢發展。首先是，必須追求更多元化及更多主題的內容產製；其次應追求跨產業的結盟合作，以及重視科技設備的應用及輔助；最後，必須更加重視行銷業務的拓展及閱聽人的反映回饋，除了既有的「影視流」之外，又同時注入人流、物流、金流、商流與資訊流的概念。

二、互動電視服務之探討

此一部分，將試著對互動電視的服務資訊提供更深入的觀察，待掌握相關的作業經驗之後，再從互動電視服務與應用服務種類兩方面進行說明，作為後續的探討基礎。

為了確保觀看及互動品質，互動電視提供者必須進行多方協調之工作，不僅需確保科技面的良好應用，使畫面、畫質、音質都能有良好效果，也必須與相關業者，如廣告業者進行更緊密的合作關係。因此，互動電視產業鏈的範圍將比類比電視業務更大、更為複雜。

換句話說，互動電視對於傳統電視業者與閱聽人的權力關係定下了新的位階，閱聽人雖然仍須仰賴電視業者進行內容的產製與傳輸，但在選擇空間及方式上卻具備更多的主動權，也對節目的產製走向具備更大

的影響力。而對傳統電視業者來說，雖然在與閱聽人的互動關係上喪失了些許權力，但卻更進一步的開拓了異業結盟的 B2B 市場，並在其中扮演關鍵整合的角色。其中，電視業者獲利的方式更為多元，重點僅在於，如何創造及刺激終端消費者的「需求」產生。以下，僅就互動電視之服務及科技面再加以探討：

㈠互動電視服務的種類

格培林 (H. Galperin) 等人 (2002) 認為互動電視服務可分成如下兩種類型：⑴與播放之電視節目結合 (program-related) 之互動電視服務以及⑵專用的 (dedicated) 互動電視服務。賽伊 (R. Tsaih) 等人 (2005) 則根據第二類類型，進一步提出曠野森林 (wild-forest) 式的互動電視服務。在此將這三種互動電視節目類型歸納如下：

1. 與播放之電視節目結合的互動電視服務

此類型的互動電視內容主要仰賴於傳統電視節目內容的播送。透過內建功能，使閱聽人在觀賞傳統電視內容之餘，可以收看與電視內容相關的附增內容，進而實現與電視內容裡的各種項目直接雙向交流之附加價值 (value added)。實際應用案例如：電視正在進行棒球比賽的轉播，而收視者可以自由選擇觀看角度、觀看視野等資訊，內容提供者也能提供一個可彈跳於目前球賽視窗之外的獨立視窗，對於目前單一球員之資訊進行更詳盡的說明；或是提供賭盤服務等內容。

2. 專用的互動電視服務

專用互動電視內容包含特定內容觸發器的電視商務 (t-commerce) 內容，。根據費茲傑羅 (K. Fitzgerald, 2001) 之說法，電視商務意指觀眾可從他們所觀看之電視螢幕內容進行產品或服務的交易；電視螢幕扮演購物的主要入口，這一類型的服務較偏重於商務的應用。它們可能是透過置入性行銷、節目廣告同時播送，例如某位偶像劇女明星穿了一件很漂亮的衣服，觀眾可以主動點選那件衣服的廣告資訊，並直接進行電視平臺

上的下單購買動作。換言之，這類型的互動服務行銷方式其實跟類比電視時代類似，只是在數位科技的加持下，能夠及時提供特別視窗、結合金流與物流等商品資訊，使閱聽人瞬間的消費慾望能夠立刻實現。這一類型的互動電視強調的是「不經意」的觀看動作所刺激的互動點選，較常使用於大眾化取向的互動節目之中。

3.曠野森林式的互動電視服務

曠野森林式的互動電視內容與專用的互動電視內容類似，都包含了特定內容觸發器的功能；而二者的差異在於電視商務入口業者於傳輸過程中所扮演的角色。若其會對第三業者與訂戶之電視商務的項目、內容、品質、範圍等進行規範管理，就屬於專用互動電視服務的範疇；反之則屬此類。簡言之，兩者的差別在於是否對於中間管理者的介入設定邊界。

㈡互動電視的科技面探討

從互動電視的應用服務來看，互動電視的演進本身就是一種科技進化的過程。在供應端方面，需要具備以下的能力：

1.具備可不斷播放電視影視流內容的轉播系統；

2.具備可與閱聽人溝通其互動服務要求後，指揮相關系統運作而回應閱聽人及記錄其相關回傳資料的中央系統；

3.具備可接受中央系統指揮而傳送附加內容的影視伺服器電腦系統，以及可接收閱聽人互動回應之回傳管道；

4.訂戶端須具備可接收傳統電視內容、互動電視內容、附加內容與閱聽人互動要求訊號，並能與中央系統溝通的機上盒或同系統功能終端設備；

5.具備可觸發互動電視服務內容並可表達其要求的系統。

格培林認為，與電視節目結合的互動電視服務，不能容忍時間性的延遲或全螢幕上僅顯示服務正在傳輸的畫面。電視臺必須提供高速、高容量的回傳通道才可與輸入的相關性影視資訊流緊密結合，創造一種臨

場性的互動電視服務經驗。因此，在回傳端方面，根據格培林 (2002) 所述，回傳通道有四種可能形式：

1. 標準的撥接網路連線；

2. 專用的撥接連線；

3. 傳輸服務頻道外的備用資料頻道；

4. 無線的雙向無線電波。

三、互動電視服務機制

　　為了確保互動電視服務的良好運作，互動電視提供者必需關注到三個層面的考量：

(一)格式與機制的建立——應以相容與有效為優先

　　在提供互動電視的內容之前，內容提供者首先應將類比格式的節目內容改成 (re-authored) 為互動電視節目內容，這樣的格式必須符合家庭機上盒或類似終端設備的播放格式。在這樣的轉換過程中，還必須考慮以下的議題：

　　1. 家庭的機上盒或終端設備最好由系統業者統一贈送，才能確保傳輸格式的相容性。

　　2. 若家庭的機上盒或終端設備為自行購買，系統業者若為了爭取這類用戶的加入，亦應提供相關的協助❻，使這類閱聽人可以最方便或最低價的方式，享有相容而有效的服務。

　　3. 有關系統商與收視方雙方所負責的管控範疇及機制都必須清楚界定，才能確保傳輸的保障與有效性。

---

❻　相關協助：乃指若機上盒或家庭終端設備是由訂戶自行購買或其他方式取得的情形，系統業者可以提供如轉換的軟體、硬體或人力等協助，以使這些非同系列之互動電視轉播服務業的機上盒或家庭終端器，亦可接收其所提供的互動電視內容與附增內容，進而享有互動電視服務。

㈡根據雙方合約條件訂定收費內容

不管是節目內容供應者或是系統業者，對於收視戶的收費規定均應以合約清楚訂定，訂定方式則依服務項目收費，例如影視流上裝設的內容觸發器、附增內容的製作、儲存與維護，以及互動電視服務回傳資料的處理與管理控制等項目皆可以是收費項目。一般來說，服務提供的項目與範圍越多，其收費金額就越多。

一般而言，互動電視服務主要是提供訂戶端對點選項目更進一步的說明，並無商務的交易活動，因此各方的收費內容無需考量商務活動各種費用的分擔，故收費內容較為單純。除此之外，內容提供者與多頻道影視節目分送商為了取得閱聽人更多或更詳細反應的回傳資料，或許可提供優惠或特殊贈獎活動，以利資料的取得。總而言之，對於上述各方根據雙方合約條件而定的收費內容，應體認這些合約條件的訂定，乃各方業者基於其成本效益之考量後的決定。

除了對消費者的合約訂定外，產業之間的分帳合約訂定也是一重要議題。互動電視的傳輸包含共同成本（如傳輸費）、廣告費用、行銷費用等等，由於涉及到數位收視率不易計算、觀眾輪廓及回饋力量更趨鮮明之問題，其分帳方式也較傳統類比電視產業買廣告更為複雜。在未來的互動電視發展正式上路前，這些有關於產業協議的議題將帶來另一波的挑戰。

㈢內容與範疇的界線──圍牆式花園 (walled garden) 的互動電視類型

電視產業屬於媒體業，為國家行政、立法與司法外的第四權❼，顯

---

❼ 第四權：即第四權理論 (the fourth estate theory)，其認為新聞自由乃獨立於政府行政、立法、司法三權之外，而具有對國家監督機制的第四權功能。此乃源於美國聯邦最高法院大法官斯圖爾特 (Potter Stewart) 於 1974 年 11 月，根據新

而可知其對國家影響之大。因此，許多國家政府對於電視內容往往設有相關部門或法規進行規範，民間也可能發起相關團體或公約以進行約束。所以，互動電視服務所提供的互動內容與附增內容，在類型與範疇上亦會與傳統電視內容一樣地受到政府與民間力量的監督。

在這樣的背景之下，所謂「圍牆式花園」的互動電視名詞應運而生。互動電視之相關服務多繫於傳統電視節目內容之下，例如許多的商品資訊仍是以置入性行銷方式在傳統節目類型中呈現，因此互動節目的內容不僅深受政府民間的監督，每個時段的範疇也被該時段傳統電視內容所限制，猶如被圍牆圍住其界線的花園般，內容與範疇都有其邊界而無法隨意製作。由此可知，互動電視雖然是一全新的名詞，但其基本界線及產製法則仍與傳統電視產業沒有太大的差異。

隨著網際網路興起，很多企業、個人被即時互動的情境所深深吸引，深感電子商務在電視平臺上實現之潛能，形成所謂電視商務，因而積極追求電視的互動化。然而，電視邁向互動化絕非一蹴可幾，不是將轉播、播放等硬體設備改變即可；必須從電視產業上游的創意產生、中游的影視製作、到下游的內容播放等三主要流程，投入互動化觀念、訓練、軟體等教育與資源，才可能確實實現互動化電視的理想。當然，不可諱言，這段過程必然十分耗費成本與時間，也必須面對傳統電視與互動電視青黃不接的混沌時期。而如何因應這段時期，並且進而將此時期的產品發展為另一種型態的互動電視，亦是投入電視互動化另一種的方向。

聞傳播媒體在現代社會的重要功能而提出的理論，以作為新聞自由的理論基礎。

第六章

電子媒體產業
政策與法規

第一節　媒體產業政策的制訂

　　1993 年起臺灣廣電頻道的大量釋出，給予多元化廣播市場帶來更交錯的面向，令經營者處於一片迷失與熱絡的矛盾狀態。除了政治環境的改變，近幾年來臺灣在經濟與教育條件的提升，亦是影響廣電媒介環境的重要因素。廣電媒體發展的自然法則中，在科技開創新的媒介通路、經濟帶動市場需求、教育培植專業人才之後，媒體經營者因為商業的競爭而失去應有秩序。然而，市場的因素往往是歷史的偶然性加以促成，數位科技的發展卻是建構於必然性的基礎。

　　從國外的經驗得知，未來廣電事業的發展，在廣電數位科技的範疇中，應是硬體與軟體的相互配合，始可達到廣電品質與服務內容同時提升，以及公司內部營運與市場型態同步改變的目標。在硬體方面，屬於製播體制的部分可分為「錄製規格全立體化」、「播出系統全自動化」、「傳輸系統全數位化」、「接收設備一元化」，以專用網路、區域網路或無線網路達到自動化的目的之外，為達到寬頻多功能服務之要求，在整體播收結構應考慮使用光纖或衛星直接傳送節目與資訊等方向去調整，促使未來廣電事業得以採即時性 (real time) 方式以及閱聽人主動需求 (on demand) 的方向加以並行，藉以提供高品質節目及大量資訊告知之目標。至於在軟體方面，則應考慮如何運用高容量電腦採快速且大量處理有聲、圖形及文字的資料，使傳統廣電的節目服務得以延伸成為資訊甚至電信的服務事業，電子媒體的板塊界線已不再如往昔區隔結構。

　　就上述剖析，廣電數位化將帶給經營者另一種結構性的改變。然而，近幾年來頗為熱門的議題，則是集中於廣電數位科技的發展，其中，對於數位科技的推動更視為廣電技術上的革命。從各種研究中可以推論，此一技術所產生的影響力，並不僅限於工業結構的變革，而是整體廣電型態的調整，諸如工業規格、企業體質與市場生態皆將受其影響。正由

於此一改變,整體廣電業的型態與經營規格將一改以往傳統之營運結構,其中包括人力組織結構、軟體資料存取以及內部信號的控制。目前各國皆已成功研發出數位接收機,在規格確定之後,此一產品將可以商品化。根據該產品展示時的特性得知,此種數位接收機,不但可提供甚佳的音質,還可以傳輸數據,可見其功能應用極廣,深信在廣電數位科技成熟之後,廣電媒體與資訊通訊服務業融為一體將可預期。

從多方經驗與立論之分析可知,推動廣電數位科技必須考量諸多因素。首先,在推動廣電數位科技的大前提,乃政府應先建立完整的法規及管理辦法,去規劃臺灣的廣電媒體生態。亦即,政府應先修訂目前廣電法規的限制,允許廣播數位科技的發展,並擬定廣電數位科技工程技術標準與規範。在整體標準制訂之後,亦可參考國外先進國家的經驗,使從業人員有能力處理廣電數位科技在運作上可能產生之各種相關問題,諸如廣電數位科技標準的認知,與現有廣電系統傳輸中免除多路徑干擾問題的處理能力等。

推動廣電數位科技所要面對的另一面向,乃頻道的重新配置與管理、頻道的使用效率,以及單頻網路 (single frequency network, SFN) 的問題。基本上,目前廣電數位化的傳輸方式有地面與衛星廣播兩種,由於此兩種廣電之頻譜皆為公眾資源,在配合廣電數位科技的需求必須考慮頻道重整時,必然會面對市場的爭議以及頻譜分配的公平性等種種問題。因此,處理此一問題,應強調公平合理的法則,並在頻道整合之後,儘快釋出數位廣電專有頻道以供使用。除此之外,發展數位科技對於傳統無線業者而言,人力的精簡是一項利基。因為,以往一個播出網,全天候都需要一個熟悉各項設備操作的人員負責,而廣播數位化之後,可採自動播控系統,只需一名精於設定電腦的人員即可管理所有的播出系統,規模愈大則所能節省的人力也就愈多。

綜合以上所述,從人力與科技的整合,和其他電子媒介相同,臺灣廣電的未來仍有頗大的發展空間,但再就更宏觀面加以思考,臺灣推動

　　廣電數位科技必然有諸多問題亟待處理。首先是全力促成廣電數位科技的延伸，另則需考量廣電數位化經營之後的市場空間。亦即，發展任何新科技，除了需要去考量此一科技的相容性之外，更重要的不可忽略其可塑性、延伸性以及永續性的市場條件。就廣電數位科技而言，要使其具備可長可遠的經營，諸多條件的配合仍不可避免，包括媒體之傳播機構、硬體、軟體、人力資源管理、傳輸品質等皆應列入其中。長久以來，藉由傳統的廣電媒介所建構的市場模式，往往只能以一對多且單向的方式傳達訊息，以致消費者常在乏於互動的情境下，難於激發更多的參與動機。隨著科技的演進，使用廣電數位科技的路徑拓展另類傳播模式，不但可以突破此一主動參與的障礙，更可因此虛擬出個人化交談與互補的環境。對於廣電聽眾而言，廣電數位科技所提供的不僅是垂直的互動，亦可彌補傳統廣電媒介通路中水平互動不足的情形。

　　近年來，由於網際網路發展迅速，繼而帶動多媒體資訊服務的發展，就功能而言，各式寬頻網路即是「資訊」傳遞的通道。資訊的內容將不再區分為影像、聲音或數據等，其中以影像資料所需之傳輸容量最大。現在的寬頻傳輸網路至少包括電信網路的光纖網路、ADSL 技術，有線電視的混合光纖同軸電纜線 (hybrid fibre coaxial, HFC) 等有線網路，或是直播衛星 (DBS)、數位地面廣播、無線微波 (multichannel multipoint distribution service, MMDS/local multipoint distribution service, LMDS)、第三代行動通訊 (3G) 等無線傳輸（張慧君，2001）。

　　在整個寬頻多媒體產業中，無線電視臺業者可經營傳輸網路與節目內容，並成為接取產品的中心。但是如何從類比走向數位、從窄頻走向寬頻、從傳統走向科技、從內容走向加值，則是發展寬頻多媒體的重點。由於科技的日益進步，許多的管制措施已經成為科技發展的阻礙，所以各國已經逐漸對電信事業放寬管制。在 1996 年美國電訊傳播法中，已允許有線電視業者與電信業者跨業服務，亦即有線電視業者可以進入區域性電信服務市場，而區域性電話公司也可以經營有線電視以及提供其他

視訊服務。另外，1997 年在世界貿易組織 (world trade organization, WTO) 主導下，有六十九個國家簽訂全球電信自由化協定，其項目包括「用戶終端設備自由化」、「電信網路利用自由化」以及「電信自由化」。

臺灣在 1996 年通過電信三法：《電信法》、《交通部電信總局組織條例》以及《中華電信股份有限公司條例》，取代已使用三十八年的《電信法》，開啟電信自由化的腳步。另外，並陸續在 1997 年開放行動電話、呼叫器、中繼式無線電、行動數據通訊等四項業務。1999 年通過的《有線廣播電視法》，更解除電信與有線電視的互跨限制，使得有線電視業者可以經營電信業務，而電信業者除經營通路之外，也可經營內容。在 2000 年固網開放之後，外資以投資固網業者的機會進入臺灣，使得產業競爭更為激烈，導致固網業者更快速的建設基礎網路設備與積極取得大量的連外頻寬，使得寬頻網路基礎建設已逐漸在各大業者合縱連橫之下逐漸建設完成。在科技演變快速的歷程，電子媒體產業政策的制訂必然成為整體事業發展的前趨性思維。

戴 (Thomas R. Dye, 1998) 創造的公共政策九個模式，主要在強調如何使政策可透過某些特定模式來加以解釋。經過分析得知，大部分政策的確皆可套用各類模式。

㈠制度模式

此一模式特質是跟隨著制度產生，其特質乃政府可按程序制訂政策，此模式之原理乃政府藉由機制的運作賦予公共政策正當性、普遍性與強制力。其次，制度的結構對政策結果可發揮重大的影響。最後是可探究存在於制度與公共政策的關係，例如電視節目分級政策可類屬此一模型，強調政府在制訂政策過程雖經由民眾與社會需求而起，但也可能會在政府強力主導下形構，其正負面的影響甚為可觀。

㈡過程模式

此一模式之特質乃藉由政治運作形成，特別強調產生一系列政策的制訂過程。其中包括問題提出、議程設定、政策形成、政策合法化、政策執行以及政策評估。以 2006 年臺視民營化以及華視公共化政策為例，當年即為政府先蒐集其背後所形成的問題，再由政策議程與媒介議程設定達成某種程度的共識，並限期使其合法化。

(三)團體模式

團體模式重視團體的均衡，其中團體之間的互動是政治的主要事實，對於特定時間的公共政策皆認為是團體競爭所造成的結果。此種均衡決定在任何利益團體的相對影響力，尤其政策制定者在具有影響力的團體間必須不斷回應團體壓力，以期可使相互競合的需求進行協商與妥協。例如，廣電頻道開放便是在多種團體運作過程所協商之後的產物，符合多方遊說團體之標的政策。雖然此一政策有來自各種壓力，但終究歷經協商而形成政策。

(四)菁英模式

本模式強調社會對此一公共政策所知無多，實際上多是菁英塑造群眾對於公共政策的意見，而非群眾塑造菁英的意見。政策乃從菁英所提議由上而下施行，不是群眾需求的產物。數位產業推動皆屬之，多數群眾對其內容較少參與。其形成政策之過程係由菁英所提，由於內容具專業度，非一般媒體記者或民眾可以理解，堪稱符合此一模式之特色。

(五)理性模式

理性模式強調社會福利極大化，對於政府所選擇的政策，認為應能產出社會效益高於成本的最大值，並特別指出政府應避免成本高於效益的政策。因此，此一模式之特色常被用來思考政府計畫是否合於最適規模的檢視。雖然理性模式被運用在公共政策的成本效益分析上存在許多

障礙，但其在分析與提出問題方面仍對社會影響頗大，例如2005年有線電視推出闔家觀賞頻道區塊時，對於多數民眾的需求，應儘量予以滿足的極大化。

(六)漸進模式

此模式要求對既有的政策不斷求新，但因受時間、資訊與成本的限制，而妨礙「完全理性」的決策，使公共政策為過去政府活動的延續，僅可進行漸進式的調整，並默認過去政策的繼續執行。例如，政府組織再造或成立NCC即可歸於此類。政府之焦點施政指標在於追求創新，但由於政策須調整大規模人事、機構之功能整合，因此要有更理性與客觀之思考，須求漸進測試可行性後，始可成為具體政策。

(七)博奕模式

博奕模式乃競爭下的理性選擇，使參與者必須進行選擇，但其選擇結果決定於其他人所做之選擇。此一模式可應用在競爭性的情境中，結果是根據兩個或多個參與者行為而定。例如，開放廣播近用頻道及頻道重整可屬此類，強調政治運作僅是受另一政策之推動所影響，其可能影響層面如將使既得利益與不得利益者產生對立與衝突。

(八)公共選擇模式

此模式屬於自個人至群體的決策模式，透過集體決策的方式而達到共同利益。對於任何政策問題所形成的意見分配，政黨與候選人常在其間游移以獲取選民認同。例如，有線電視公用頻道之推動為在此一模式之下的產物，其形成乃基於解決社區及弱勢族群媒體近用，但因型態較複雜，民眾所見必然差異頗大，不過，卻也易使兩造之間具有共同利益思考。

㈨系統模式

　　此一政策模式乃為政治系統對外在環境產生力量之反應，可將公共政策形容為政治系統的輸出，輸入則視需求和支持方式進入政治系統內，將需求轉化為全體社會支持的權威性決定。例如，有線電視定型化契約屬之，為求政府施政之權謀，政策產生之目的模式，先引入社會支持的力量，使政策主題為眾人之共識，最後再建立管理之威權。

　　傳播政策的出現，始於追求國家利益與工商業企業利益之間的互動。政府和產業界常會透過特權、法規和溝通模式來追求共同利益。一般而言，政策指的是為實現某些目標而有意識制定的方案，以及實現方案的方法和時間進度表。政府政策的特定內容反映了特定時期和地點，政府與產業界的交易以及權力與利益之間的平衡。從這個層面上說，雖然在20世紀，政府在形式上變得更加民主，全球化的浪潮也愈演愈烈，但政府和產業界的權力和利益之間的交易並沒有多大改變。

　　然而傳播科技著實為人類社會帶來新的視野與生活方式，甚至會引起整個社會系統的重大調整。但傳播環境的形成與轉變，並不能抽出其中某一部分單獨討論，它是一個動態的交互作用，必須視其所處社會中不同分子的組成關係而定。從民眾利益的角度探索傳播法律研究的核心，就遠較以新聞媒介或不同型態媒介為中心的思考方式，更能夠顧及新聞之外的其他傳播內容，吸納大眾傳播媒介之外的其他傳播媒介，兼容並蓄地就不同型態傳播行為的共通性加以討論，並適時地因應傳播新科技的發展，做出回應。換言之，環境中的文化、政治與社會關係的演變都會使傳播環境出現不同的變化。因此，形成傳播科技普遍使用的原因，並不全然是「科技」的本身，更可能是整體環境建構的結果。

　　傳播法規是新生的法學研究課題，隨著傳播環境的變遷，其領域的邊界正不斷擴張，也愈形難以界定其核心的概念。以如此的觀點來看各國傳播政策的制定過程與結果，雖然傳播科技本身的特性會為人類生活

帶來可欲求的目標，但在政策的決定過程中，往往只是決策部門考量的因素之一。某種傳播科技的類型與使用已然存在，但不見得能被決策部門接受，或對社會造成影響，有時甚至連實際存續的時間也相當短暫。此時基於其重大影響性，除了科技、市場、消費者外，國家的態度便顯得格外重要，尤其在科技匯流與組織結構相關議題的探討也就難以避免。

第二節　電子媒介法規的演變

一、電子媒介的法規立論基礎

(一)頻道稀有理論

1.無線電波的特質屬於公共財

廣播所使用之載具即為無線電波，一般視為公共財，其與陽光、空氣一樣是自然的資源，且無線頻譜具有使用不竭、不易損壞、不需特加維護即可使用的特性。在電波頻率未被發現之前，人類並不知如何使用及管理它，因同一電波頻率使用在同一時空具排他性，且頻率之間亦因接近性及電功率之大小會產生同頻或鄰頻干擾。早期為了使電波不要相互干擾，政府必須有次序的分配各電臺所使用的頻率，因此更顯得電波頻率的稀有性亟需適當規劃分配及管理，才能妥善利用此稀有資源。如果沒有透過政府從中做一合理的分配，將會造成電臺無法清晰且不受干擾的播出。

2.頻道稀有理論之歷史背景

美國在 1912 年的「無線廣播法」中規定，電臺若沒有執照，是不能經營並播送節目的，因而在當時對於私營電臺的使用經營權，政府應該如何立法且能夠合法而有效的管理，便引起了許多爭議。1943 年美國國家廣播公司 (National Broadcasting Company, NBC) 向立法院提出控訴，

表達對廣播電視的言論自由與其他大眾媒介所享有的自由有所不同的不滿。法院的判決是，基於廣播電視頻道有限，因此電臺數量自然也應該受到限制，並認為聯邦傳播委員會 (FCC) 並沒有剝奪 NBC 新聞自由。

　　頻道稀有論的觀點強調了廣播電視的特殊性，認為廣播電視與其他的大眾媒體不同，應有公權力介入的餘地。然而 1970 年代，隨著傳播科技的進步，使得「頻道稀有論」的觀念受到挑戰。從 1980 年代，英國面對解除管制以及產業私有化的風潮，廣播電視制度因為有所調整而使頻道稀有論受到了質疑，開始的是一連串傳播結構調整之基礎，如英國於 1986 年完成之皮考克委員會報告 (the Peacock Report) 中認為，隨著新科技的發展，廣播體系急速擴張，使頻道稀有觀念大受挑戰。

3. 頻道稀有理論受科技衝擊

　　電波稀有理論能否維繫，關係著頻率的核配方式是宜採平均分配，或任由市場體系決定。電波頻率這項資源一經使用，除非不被干擾，否則便不能再被重複使用，這就是電波的排他性。故電波雖應屬全民所有，但實際上卻為少數人所運用，因此產生了以政府法規來管理分配的問題。惟一般言之電波資源稀少有限之概念，基本上尚能維持電波稀有理論，在傳播法規中也有關於頻率規劃及管理之重要理論基礎。雖然因科技的進步，尤其是電腦數位壓縮技術，使得電波資源使用量相對大增。但是隨資訊業的進步及社會文明的進展，亦同時要求更大的電波傳送需求，而科技進步所產生之電波傳送量供給面增加，是否能平衡人類因科技文明同時要求更多之傳送需求，尚待觀察評估。

4. 廣播數位化的結構變動

　　數位廣播的推動，在法規政策面上，政府有鑑於數位廣播投資成本高，在規範業者開播的條件上也不斷的放寬。廣播業者只要取得籌設許可的三年內涵蓋率達 30%，就能申請正式執照開播數位廣播。由於數位廣播能夠同時提供廣播與數據，申請執照只要求廣播音訊的容量不能低於可用頻道的 50%，這比起歐洲的 80% 算是寬鬆的，此用意也是希望數

位廣播業者能與異業如電信業者結合，將市場大餅做大，共享利潤。國家並有五年內免收頻道費用、購買設備可以辦理減免稅賦的政策，也鼓勵同業、異業間的整合。傳統廣播業者若能與其他業者共同合作投資，或配合電信業者或與終端設備業者合作，都能給予技術上的加權計分。整體傳播政策隨著政治上的解嚴、經濟自由、民營化等改變，出現了一股開放頻道之壓力。在新傳播科技的衝擊下，頻道稀有理論的說法終究會在新科技的演變中走入歷史，隨著「解除管制」的風潮，逐漸開放傳播結構管制。

㈡傳播科技與公眾利益理論

美國政府為保障公眾利益，特別設立「聯邦傳播委員會」(FCC) 為頻率核配及電臺之管理機構。「公眾利益」的理論源自美國 1927 年無線廣播法所提及的「公眾利益、便利及需求」，公眾利益理論即成為廣電媒體應負公眾利益的社會責任之基礎。聯邦傳播委員會擴大此項理論的使用範圍，包括「持有執照的電臺能否以最實際的行動服務其聽眾」，以及「業者最大的傳播範圍」。此外，公眾利益理論也被視為各種廣播電視法規的基礎。

廣播電視業者在其所指定的使用頻道上，並沒有因使用權而享有「所有權」，只能享有執照認可的頻道使用權，因為廣播頻道業者所扮演的角色屬於一個公眾信託人的角色，這項責任要求廣播電視業者調查閱聽眾的需求，以符合公眾利益，因此在節目中必須涵蓋以下的要求： 1.給予地方人士自我表達的機會，2.就地取材，3.提供兒童節目、宗教性節目、教育性節目、公共事務、時事評論、政治節目、農業節目、新聞、市場動態與氣象報告、體育節目、娛樂節目， 4.為少數團體所做的服務。不過以上要求，後來在解除管制的風潮下已遭廢除。

我國《廣播電視法》第十六條也有相關規定，將無線廣播與電視節目區分為新聞及政令宣導節目、教育文化節目、公共服務節目，以及大

眾娛樂節目；為發揚公眾利益，並於第十七條規定「前條第一款至第三
款節目之播放時間所占每週總時間，廣播電臺不得少於百分之四十五，
電視電臺不得少於百分之五十。大眾娛樂節目，應以發揚中華文化，闡
揚倫理、民主、科學及富有教育意義之內容為準。各類節目內容標準及
時間分配，由主管機關定之」。時至今日，對於節目型態之相關規定雖然
仍遭受不少批評，但其出於電波公益理論是為事實。從電波公有、頻率
稀有及公益理論出發，衍生許多相關理論如：普遍均衡、頻率有效使用、
保護消費權益、健全產業秩序等理論，則列於電波核配相關規定中另加
規範。綜合上述相關理論，因電波屬公有資源及其稀有性的因素，故以
公權力介入規範管理；並為促使電臺能發揮公共責任，故規劃公益電臺
是有其正當性及合法性。

㈢言論自由理論與網路民主

1.時代背景下的言論自由理論

　　1969 年美國憲法在第一條增修條文中指出：「國會不得制訂任何法
律條文，剝奪言論或新聞自由」，因此廣播電視的言論自由應受到聯邦憲
法的保障。但是廣播電視媒體在言論自由部分所受到的限制，卻比報紙
多很多。在實際的情況下，憲法第一條增修條文其實並沒有無限制的保
障言論自由。提及使用大眾媒介，並不是每個人想要表達自己的意見，
就可以擁有一家屬於自己的電臺或是專屬的節目，更不可能將所有的頻
道開放給每一個人使用。1934 年美國「傳播法」明確指出，持有執照的
廣播電臺並不是共同載具，所以他們不須傳達所有的訊息，當民眾需要
提出意見發表時，業者其實掌控了民眾發表意見的權利，而電臺、電視
臺在那個年代就只有載具的功能罷了。雖然憲法第一條增修條文嚴禁國
會剝奪新聞自由，但卻允許政府在不違反第一條增修條文的原則下，可
以對電視、廣播電臺的節目給予有限度的干涉。也因為廣播電視的頻道
有限，法院及學界都不認為「廣電業者享有絕對的憲法第一條增修條文

之權利」。由於這項「至高無上的權利是屬於聽眾和觀眾,而不屬於業者」,因此,只要達到服務公眾的目的,傳播法規並不違憲。

2.網路民主與數位霸權

　　網路被塑造成自由、公開、自主性強、不受威權控制的一個公共領域,被期許能消弭更多現實社會中的不平等現象,實現更多的社會公義。網際網路協會的綱要為:「網際網路的使用權,不因種族、膚色、性別、語言、宗教、政治與其他立場、國家、階級、財富、家世或其他地位而有所區別」。一種新的網路權力型態逐漸成形,它卻不是如同麥克魯漢 (Herbert Marshall McLuhan) 所預言分散的權力結構,而是一種越來越集中於少數權力中心的金字塔權力結構。網路使用者也不如尼采 (F. W. Nietzsche) 所追求找到「個人」的主體性、擁有自由意志的主體,而是逐漸被意識型態所「異化」的客體,卻仍然無察覺。

　　「網路無遠弗屆、網站內容千變萬化的特性,實在不能以一般國家的法律來加以限制」,此段話明白點出法律在資訊社會中的困境。由政府介入網路內容管制的程度,來區分各國家及組織對網路內容之規範所做的歸納,可以看出新加坡、德國、澳洲、中國大陸等皆特別訂定網路專法管制,英國、加拿大、香港、日本、臺灣等,則在現行法律上對網路管制加以延伸解釋,而如美國則主張責任在於業者,業者應求自律。雖然每個國家都在努力地補足早期法律在面對網路時的不足性,但仍可發現以法律來制定網路秩序的困難性極高,因而間接地傷害國家主權的最高地位。

　　傳統的法律規定是按照主體概念、關係概念、客體概念與事實概念等法律基本概念所制定,然而網路卻直接挑戰了法律規定的這些基本概念。在網際空間中,我們很難區分主、客體概念,更難去判定事實概念這個問題,許多新興網路技術之產生,均將再一次挑戰現有的法律規範體系。網際網路的興起不但挑戰法律,同時也使言論更加自由,這樣的科技發展推翻早期言論自由受到的限制。

二、科技與傳播法規之各項利益

傳播媒體目前正在面對新科技的衝擊，如衛星挾帶外國文化入侵各國，破壞原有的媒體生態與秩序。從法律的具體層面觀察，傳播法律法典化的速度一日千里，從《出版法》（已於 1999 年廢止）、《電信法》、《廣播電視法》、《有線廣播電視法》以及《衛星廣播電視法》，在在豐富了傳播法規的內涵。然而，涉及傳播事項的法規並不僅止於此，尚零散地出現於各處，諸如《民法》、《刑法》、《著作權法》、《勞動基準法》、《公平交易法》、《消費者保護法》、選罷法、租稅法乃至國際法等。足見，若以法規的類別來界定領域，不免掛一漏萬，又容易顯得支離破碎，無法彰顯傳播法規的核心觀念。

傳播法規研究應當圍繞在傳播行為的各個環節上，也就是在國家、傳播者、傳播內容、傳播媒介以及閱聽人等五個層面，一旦其間發生權利與義務的任何衝突，都屬於傳播法規研究所關心的課題。而傳播法規所關心的核心概念，無非是民眾如何透過法律的保障，而能夠無障礙地從事傳播活動。傳播法規研究以「人」為核心，便回到以人為中心的研究取向，如此再向外延伸探討傳播法律各層次規範的類型，以下分別就民眾之個人利益、公眾利益與社會利益加以論述：

㈠個人利益

從個人利益的角度觀察，市民的人格權、財產權（含無體財產權）、勞動權與自由權應當受到保障，在此領域的法規其適用的對象應當是所有的媒介通路。在人格權與財產權的保護上，應當排除國家以公法規制的必要，相關的爭端宜由私法的機制加以解決。另一方面，為確保弱勢勞工之勞動權，在媒體工作者方面，固然必須依照勞動法組成工會，確保工作權益。如何進一步透過企業內部民主的建制，擴大勞動者參與企業決策，以期提升媒體工作者的專業與獨立性格，則有待立法者深思。

㈡公眾利益

公眾利益大體上可區分為市民受益權與參政權兩層面。在政治上，維護公眾利益最根本的是憲法結構的調整，以使政治權力確實掌握在市民手中。因此，公共贊助的非營利之媒體機制，應當在法律規範下建立。

在受益權方面，原則上，涉及公物或公共設施之利用關係者，應當以電子媒體與電信產業有關。此處首要的考量便是：電波頻率以及電纜所通過之土地與設施均屬於公有，則相關公物或公共設施之利用，自然以提供公共服務制度所需為優先。市民社會的架構中，固然容許私人經營媒體，不過在私營媒體之設立許可上，必須設立更具代表性的管理機制，負責指配頻率、核發證照、制訂工程技術標準以及透過電臺評鑑進行換照。

為求公共資源運用的普遍與均衡，使近用媒介的權利相同，除了大量釋放電波頻率，開放傳播新科技項目：如有線電視、電訊網路、資料庫等，亦為不可或缺的事項。此外，為避免媒體淪為政黨或個人利用的政治工具，損傷媒體的公器性格，應禁止政黨經營媒體。參政權方面，一方面，應強化媒體近用政府資訊的權利，另一方面，在實現選舉、罷免權的同時，傳播法規必須引進平等機會原則、公平原則乃至公費補助制度，使有意參與政治活動者，有對等的機會傳播政治信念，而一般市民更有獲得充分政治資訊的機會。

㈢社會利益

社會利益理念的引入，使得法學家以更犀利的角度關注社會本身，而不是只看每個生活於社會的個體。在市場經濟條件下，社會化生產與私人生產之間其實產生某種的不協調，常因為沒有意識到社會化生產對國家指揮協調社會經濟運作的內在要求，而僅看到了人們權利相互衝突的表象，或因為只重視個人利益的行為而妨礙社會進步之相關面向。社

會利益為市民共營社會生活，於道德、安全、文化上所需維護之利益，這些事項往往涉及個別媒體的特殊規範考慮，適用的範圍並不一致，且往往必須透過公法加以規制。

為了因應新傳播科技的發展，在傳播法規上應該在不同時期、對不同媒體給予適當的規範。因為一些重要的原則並不適用於所有的媒體管理，尤其是傳播法規的制訂，更應該隨著時代而改變，避免造成媒體內容管制的漏洞。在法規上，應該有一套完整且跟得上時代的總法來規範，並將各媒體共通的內容管制與結構管制事項納入總則性的法律架構中，以期能順應傳播科技的誕生。無庸就通則部分另行立法，而直接加以管理，並整合數位時代之下的不同媒體，制訂適當政策加以整合。從市場生態來看，有線電視、直播衛星及網際網路等新媒體的崛起已大大增加市場的多元競爭性；從法律的角度來看，媒體集中率的限制原即不易徹底落實，過分管制只會阻礙媒體產業的成長；就消費者立場來看，法律鬆綁後，媒體可以藉由經營規模的加大及營收的增加而提供更多元、更優質的內容給閱聽大眾。

在科技匯流的環境影響下，不論是資訊、網路即時通、無線通訊或其他的傳輸媒介，都將漸漸走向聚合化，並成為一種多媒體的通訊服務。不論是傳統媒介或是新電子媒介，在經營管理上都漸漸產生某種類型的質變。在所謂的科技整合中，未來將不再有單純、傳統的媒體產業，不論是電視、廣播，在服務內容中可能包含了數位化、電子資料庫的管理和運用，並結合電信資訊，以達到互動和網路連結的功能性。

由於電腦與網路科技的發達，不僅有線電視本身因電信、資訊及傳播互跨整合，使得界線上逐漸模糊，同時也創造了各種不同型態之市場商機。從電信資訊及傳播的自然整合趨勢來看，現有法律規範所訂之產業別及政府分工管理方式，必定將受到重大的衝擊。未來勢必走向多媒體之發展，包括多媒體的數位化革命，除了可以將各種資訊處理成同一數位化資訊，更重要的是可以打破電腦、通信、廣播、報紙以及各類的

出版品等不同資訊產業間的界線，形成跨業經營、相互流通的現象。未來在同業分工、異業結盟方面，都將是通信傳播經營事業之發展方向。

第三節　臺灣廣電法規之演變

臺灣的《廣播電視法》在制訂的過程中歷經了許多波折，最早可溯源於 1928 年由中央黨部制定的「中央無線電臺管理組織條例」，之後各項規則陸續制訂、增修，包括主管機關亦有變更。以下八個時期係按照主管機關之改變加以描述介紹：

1. 交通部 (1931～1936)

當時慢慢開始有所謂的民營電臺，也有外資投資設臺。為此，交通部公布「裝設廣播無線電收音機登記暫行辦法」，但是此辦法對於節目內容行為規則缺乏管制措施，因此另外頒訂了「民營廣播無線電臺暫行取締（設置）規則」，除了改善前項辦法之不足，更奠定政府早期管理廣播事業的基石。1934 年公布實施「學術實驗無線電臺設置辦法」，對於無線廣播之學術研究頗有助益。

2. 中央廣播事業指導委員會 (1936～1946)

中央廣播事業指導委員會時期對內實施訓政，對外則是積極爭取國家獨立自主權，該會的參加單位有：交通部、內政部、教育部、中央廣播事業管理處、中央宣傳部、中央文化事業計畫委員會、軍事委員會、國際宣傳處。當時的廣播電臺漸漸偏向商業化經營，節目品質難以管控，中央廣播事業指導委員會研究制定多項法規，以提升全國性的廣播事業發展與節目品質。此一階段之後，國民政府撤退來臺，其間有四年空窗期。

3. 廣播事業輔導會議 (1950～1952)

廣播事業輔導會議由中央軍政有關單位與臺灣省政機關聯合組成，並由中央四組負責召集、中央改造委員會核定。該會之主要目的在於輔導廣播事業，並加強反共之宣傳。最初開辦全國聯播之節目的目的在於

協助政令之宣導，但這樣的措施卻成了臺灣廣播事業的重要特色之一，並且沿用至今。

4.教育部廣播事業管理委員會 (1952～1958)

由於當時國民黨黨部為媒體主管機關，難免遭到各界的質疑，因此廣播事業由教育部廣播事業管理委員會成立之後，正式的脫離黨部的管轄。參與單位除了教育部之外，也包括交通部等有關單位。該會管理期間除了改善各臺的設備與節目品質外，更使廣播事業成為新聞文化事業。

5.交通部廣播會報 (1958～1961)

由於行政院接受立法院審議《電信法》之建議，於是撤銷了廣播事業管理委員會，將廣播事業交由交通部廣播會報管理。交通部廣播會報最大的貢獻在於對於重新整理擬定法規及廣播技術之管理。先後公布的有「電視廣播電臺設置暫行準則」、「黑白電視廣播電臺標準規範」、「電視廣播接收機登記規則」。修訂「廣播電臺設置及管理規則」，並擬定「廣播無線電臺工程技術及設備標準規範」、「廣播無線電臺節目規範」。

6.行政院新聞局 (1961～1967)

新聞局邀集有關機關主管及專家組成「廣播節目輔導會議」，並採納眾人之意見，訂定「廣播及電視無線電臺節目輔導準則」、「優良廣播節目獎勵辦法」（金鐘獎即依據此法實施）。當時也制訂各類節目的比例和處理原則，在方言節目上亦訂定出比例的限制。新聞局並奉總統之指示：「大眾傳播事業為文化事業最重要的一環，應予以加強管理」，於是草擬「電化傳播事業法」。

7.教育部文化局 (1967～1973)

成立教育部文化局的目的在於，管理輔導廣播電視、電影事業，並研議「廣播（含電視）法草案」。教育部文化局負責期間曾邀集有關機關代表、學者專家，組成「廣播法審議委員會」，後來因為立法院召開十八次的聯席會議，撤銷了文化局，並將廣播電視業務與管理輔導劃歸予新聞局負責，該委員會乃由新聞局重新研擬。

8.行政院新聞局（1973 迄今）

行政院新聞局恢復管理廣播事業業務後，特別成立了「廣播事業電視處」，繼續研議《廣播電視法》，且訂定了《廣播電視法施行細則》繼續輔導廣播電視事業。為因應科技匯流趨勢及資訊化社會之建立，以及平衡言論自由與公眾利益，於是行政院也研擬成立「國家通訊傳播委員會」(National Communications Commission, NCC)。2006 年國家通訊傳播委員會成立之後，行政院新聞局廣播電視事業處以及交通部電信總局的業務也予以合併，統一交由 NCC 辦理。

表 6-1　八大主管機關《廣播電視法》的制訂歷程

主管機關	年　代	重要貢獻
交通部	1931～1936	公布「裝設廣播無線電收音機登記暫行辦法」、「民營廣播無線電臺暫行取締（設置）規則」、「學術實驗無線電臺設置辦法」；奠定政府早期管理廣播事業的基石，對於無線廣播之學術研究頗有助益。
中央廣播事業指導委員會	1936～1946	研究制定出多項法規；提升全國性的廣播事業發展與節目品質。
廣播事業輔導會議	1950～1952	開辦全國聯播之節目，此措施沿用至今。
教育部廣播事業管理委員會	1952～1958	改善各臺的設備與節目品質；使廣播事業成為新聞文化事業。
交通部廣播會報	1958～1961	重新整理擬定法規及廣播計數之管理,先後公布的有「電視廣播電臺設置暫行準則」、「黑白電視廣播電臺標準規範」、「電視廣播接受機登記規則」。修訂「廣播電臺設置及管理規則」；擬定「廣播無線電臺工程技術及設備標準規範」、「廣播無線電臺節目規範」。
行政院新聞局	1961～1967	訂定「廣播及電視無線電臺節目輔導準則」、「優良廣播節目獎勵辦法」；草擬「電化傳播事業法」。
教育部文化局	1967～1973	管理輔導廣播電視、電影事業，研議「廣播（含電視）法草案」；組成「廣播法審議委員會」。
行政院新聞局	1973 迄今	成立「廣播事業電視處」研議《廣播電視法》；訂定《廣播電視法施行細則》，並成立「國家通訊傳播委員會」。
國家通訊傳播委員會 (NCC)	2006 迄今	檢討修正《電信法》及「廣電三法」；起草與審議「通訊傳播管理法」草案。

　　臺灣《廣播電視法》的訂定前後經歷七年的時間，該法的研擬可以追溯到 1965 年由行政院令新聞局草擬「電化傳播事業法」，加強管理大眾傳播事業，後來因為職權轉移的關係，由行政院撤回。1966 年 11 月教育部文化局接管廣播電視事業，重行研議廣播電視事業之管理法規。1968 年文化局呈請行政院批准組成廣播法審議委員會，並分成政策與起草兩個小組，政策小組負責政策之擬定，並整理國內外所有與廣播電視相關的法律條文，訂定「廣播法立法起草要點」；起草小組則是根據政策小組修正後之要點開始著手起草工作，於 1969 年底完成「廣播法」草案，並於 1972 年函送立法院審議。草案審查到一半時，文化局遭到撤銷，改交新主管機關新聞局重新擬定法案。新聞局隨即組成「廣播法研議委員會」，對於原草案做進一步之研究。新草案於是改名為「廣播電視法草案」，更加明確的劃定管理與輔導之對象。一直到 1975 年底立法院才三讀通過並完成立法手續，於隔年 1 月 8 日正式公布實施《廣播電視法》，將無線廣播電視事業納入管理。

　　由於傳播事業與科技發展極為迅速，舊法漸難因應科技與變化，因此新聞局於 1980 年開始研擬修正《廣播電視法》，修正的重點除了加強對不當廣告的管理之外，同時也將新興之社區共同電視天線、錄影帶事業、廣播電視節目供應事業納入管理。後來因為社會對於這次修正案的內容不甚滿意，認為應該加重對於第四臺的責罰，因此在送立法院前遭撤回再議。修正草案中增加對於違規之廣播事業頻道之處分，與各臺提撥盈餘作為公共電視之基金，該草案於 1981 年通過立法院審議，並於隔年的 6 月 7 日頒布。

㈠《廣播電視法》的立法精神

　　《廣播電視法》的制訂目標在於實踐國家的廣播電視政策，在 1968 年文化局草擬「廣播法」時，曾強調臺灣三民主義之立國根本，並明示立法宗旨「貫徹三民主義之根本國策，促進廣播電視之發展，以達成服

務全體國民之目標」。當時的立法理論依據如下：

1.三民主義之政治哲學、民生哲學與服務哲學。

2.《民生主義育樂兩篇補述》之基本理論。

3.費邊主義 (Fabianism) 民生社會主義之理論。

4.英國廣播公司總理雷斯勛爵 (Lord John W. Reith) 與該公司前董事長哈雷 (William Haley) 有關廣播電視之理論。

5.哈佛大學前法學院院長賈非 (Zechariah Chafee, Jr.) 有關政府與大眾傳播事業關係之理論。

6.美國新聞自由委員會 (Commission on Freedom of the Press) 與哈佛大學教授霍根 (William E. Hocking) 有關大眾傳播與國家發展之理論。

7.史丹佛大學教授施蘭姆 (Wilbur Schramm) 有關大眾傳播與國家發展之理論。

㈡《廣播電視法》規範之反思

隨著通信與傳播的自由化及普及，人際的溝通被電信無形及有形的網路緊密地聯結，讓訊息的傳送與電腦技術結合，而使資訊化社會來臨。在《廣播電視法》的制訂過程中，政府對於《廣播電視法》抱持著十分慎重之心態，並希望此法能夠讓廣播電視發揮最佳的功能。但是從 1982 年至今，廣播與電視事業依然問題重重。由於傳播、電信及資訊產業因與知識發展關係密切，也由於資訊通訊科技所帶動的技術變革，徹底改變人類生活與生產的模式，未來應該以全球化的步調，配合資訊通信科技建立一套能夠符合時代需求之廣電法規。另則，為能明確有效管理有線電視與衛星電視之相關業務，政府也於 1992 年 8 月與 1999 年 2 月分別制訂專法規範。

一、新媒體之管制發展沿革

(一)解除管制與衝突

隨著數位科技的發展及 3C 產業匯流，電信與有線電視業的跨業經營已成趨勢，例如中華電信推出更方便、且費率更低的 MOD❶，但是 MOD 的推行卻直接衝擊到有線電視之業務。由於有線電視業者對於電信固網業者跨足 MOD 業務相當反彈，經過交通部與新聞局多次協調，後來終於通過「固定通信綜合網路業務經營者跨業經營有線廣播電視業務經營地區及相關事項」，同意固網業者經營有線廣播電視業務時，不應限制其經營區域，並放寬對有線電視業者的管制。

(二)加強管制下的媒體與新局

網路科技與電子傳媒的迅速發展，同時也改變傳播生態的環境。而受經濟全球化影響，各國傳媒的運作及傳媒法規也不免相互聯繫和影響。隨著傳統媒體從嚴格管制狀態走向開放，應由政府等公正單位介入加強管制，創造新局。但其後的大量開放政策，使得媒體市場形成一片亂象，尤其是因此形成不完全競爭市場，如下列三點：

1. 業者數量不協調、進場及退場障礙大

媒體公司和業者的廠商數量過度龐大，導致經濟規模都不大，容易被其他大型媒體企業整併，或是自行消失。另一方面，由於媒介通路如

---

❶ 電信業者之 MOD 提供的服務如同有線電視業者一般，提供影像傳輸服務，只不過電信業者是透過 MOD 的平臺與技術，而有線電視業者則是透過數據機 (cable modem)。不同於傳統有線電視以類比方式傳送節目訊號，MOD 和現在部分有線電視業者推出的數位電視服務相同，是採用數位訊號傳送內容至家庭。因此消費者可以依照個人需求，選擇自己想要的時間收看節目，無須使用錄放影機。

有線電視、電信、網路必須有固定網絡，一般廠商要打進通路市場門檻極高，沒有雄厚的資本、地方的經營、硬體通道的掌握幾乎是不可能有機會可以進入這個市場，當然也有因媒體無法形成市場規模而造成退場障礙更大的情境。也因為這樣的原因，媒體市場容易被少數企業所壟斷，形成不完全競爭的市場型態。

2. 顧客數目龐大，經濟規模不足，企業難以競爭

媒體市場之顧客數量極為龐大，需要有足夠的經濟規模方能應付廣大的客戶，並提供專業、快速、立即性的服務。顧客關係管理 (customer relationship management, CRM) 最重要的是建立一套完整的客戶資訊系統，企業必須像管理其他資產一樣對客戶進行管理，並以「過程」、「客戶狀態」、「客戶滿意度」和「客戶成本」為最重要的部分。例如電信業之龍頭「中華電信」就投入大量人力成立客戶服務中心，24 小時都有專業團隊接聽電話、回覆電子郵件，這些現象逐漸凸顯出客服績效管理的重要性，以及因為顧客管理不易而形成不完全競爭的市場型態，造成經濟規模不足的企業將被迅速淘汰。

3. 市場價格被少數業者控制，交易資訊不流通

屬於新媒介通路業者的有線電視系統及第一類電信事業，由於政府考量到其普及性和通用性，因此詳細規定其定價之上限，但對第二類電信事業則沒有任何價格的規定。雖然市場力量對價格有某程度上的控制力，但因為通信業進場門檻較高，因此市場價格容易被部分少數業者所控制。更重要的是，由於市場交易資訊不流通而無法確定定價策略，造成弱勢業者完全無法與大規模托拉斯或連鎖業者，在上下游之議價能力競爭。

㈢科技匯流與再管制化

管制不可無但更不可過度，需要有合宜之規約，及簡化之市場流程。因為新科技變化萬千，從網際網路、即時通訊、數位傳輸到跨媒體的多

項結合，在管制的部分不能再一成不變，亟需重新定義新服務以及跨媒體經營權之管制與立法，以維持公眾利益及公平競爭原則，避免少數財團、個人壟斷而影響大眾權益。

　　管制傳播產業素來必須同時考量其「產品」的社會影響及外部性，而科技匯流與全球化的浪潮使得傳播產業去管制之聲蔓延全球，似乎去管制便可提升產業競爭力、公共資源利用效率、消費者服務滿意度。然而，近幾年來去管制之後造成各國的主要負面影響，以及管制者與被管制者之間的私相授受皆可用來反駁去管制的論述。從歷史的角度來看，管制自始即有，差別在於管制的結果是利於公共大眾或是少數財團，因此去管制論實乃無稽之談。從經營績效來看，公民營媒體之間績效差異並不明顯，不應一味地認為民營化與私有化就能改善服務品質，或者是競爭必然帶來進步。其實，民營化及資本主義經常造成傳播產權集中之負面影響。

二、廣電規管體制與法規

(一)因應科技發展之變革

　　由於數位科技之快速發展，電信、資訊及傳播科技之匯流趨勢，已打破傳統通訊傳播產業壁壘分明之界線，影響新世代通訊傳播之技術發展及服務型態。為了因應此一發展趨勢，政府陸續推動相關管理機關組織架構，以及相關作用法規之調整。解嚴之後因為政治情勢的轉變，使得臺灣傳播媒體開始蓬勃發展，產學界人士多主張由行政院新聞局主管的業務權責應有所變革，如其出版與電影業務應劃歸文化主管機關管轄；廣播電視相關業務應可比照美國 FCC 模式，於行政院下成立「國家通訊傳播委員會」(NCC) 來統籌，此一看法隨著時空環境的變遷愈速，愈見其必要性。

　　過往，政府主管官署在傳播機構的規管上既忽視業界所面臨的經營

困境，亦未能提出一套明確易行、可大可久的國家傳播政策。2002 年 9 月行政院研考會討論通訊運輸部規劃案時，始決議將「設置獨立機關之通訊傳播委員會」或將「新聞局部分廣電業務移由通訊運輸部電信總局掌理」兩案併陳處理。根據行政院的規劃，通訊傳播委員會被定位為獨立專責之監理機關，統籌通訊傳播相關監理事項，目的則係促進臺灣通訊傳播產業之發展，使各產業均能在公平競爭的基礎上從事活動，以提升產業之國際競爭優勢，並保障消費大眾的權益。

㈡回溯《通訊傳播基本法》

臺灣現行因為通訊傳播產業不同之載具而為不同管制規定之縱向分類現象，應有通盤檢討力求周延之必要，明訂臺灣通訊傳播產業健全發展之共通性原則，以作為通訊傳播相關作用法規。包括《電信法》、《廣播電視法》等未來修法之依據，應先提出《通訊傳播基本法》等等，其要點如下：

1. 立法目的為「因應科技匯流，促進通訊傳播健全發展，維護國民權利，保障消費者利益，提升多元文化」。

2. 政府對於通訊傳播政策之制定與推動，應維護人性尊嚴與公眾利益、尊重弱勢權益、保障言論自由、促進媒體多樣性與文化多元性，以建構更富涵人文關懷的社會為終極目標。而對於通訊傳播內容之管理，應以低度管理為原則，並促進業者自律。

3. 由於通訊傳播技術日新月異，為鼓勵臺灣通訊傳播事業樂於提供使用者新服務，使全民共享物美價廉的通訊傳播服務，政府對於新技術與服務之發展應予鼓勵，無正當理由不得限制之。且相關法令之解釋與適用，應以不妨礙新技術與服務之提供為原則。

4. 過往通訊傳播之法規，係以「載具」屬性為縱向分類，導致在管制上可能產生因不同「媒介通路」而產生歧異的情形。為因應電信、資訊與傳播科技匯流之趨勢，除稀有資源之分配外，政府應遵守「技術中

立」原則，避免因不同傳輸技術而在管制上有差別待遇。

5.政府對於技術規範之制定與相關審驗，應考量不同技術得否互通應用，以增進使用者選擇不同通訊傳播技術的自由。

6.通訊傳播事業對於消費之必要資訊應予公開，例如資費、收費方式、個人資料保護政策、服務中斷之責任、定型化契約與爭議處理等。另對於已締約之消費者，有關前述事項之變更，亦應以適當方式通知，以保障消費者權益。

7.對於通訊傳播稀有資源，如無線電頻率、號碼與網際網路位址等，既為國家之稀有資源，且具經濟價值，故應確保於分配及管理上，使消費者與通訊傳播事業得以獲取最大之經濟與社會利益，從而在分配與管理上應符合便利、和諧不受干擾、效率與公平之原則，並遵守技術中立，不因不同技術而在分配與管理上，予以差別待遇。

8.通訊傳播基礎網路互連的安排將影響新進業者能否有效率地進入市場，提供服務予用戶，從而決定市場競爭的程度與健全與否。故政府應採取必要措施，包括解決事業間之爭議，以促進通訊傳播基礎網路互連，且網路互連，應符合透明化、合理化及無差別待遇之原則。

9.資訊社會中，取得與交換資訊之能力已成為現代國民必備之基本要件，且善用資訊將提升個人及國家整體之競爭力，亦為國家知識經濟的發展關鍵。惟在自由競爭環境中，成本與利潤是業者最關心與重視之經營要件。因此，在投資效益與競爭能力的考量下，業者恐不願提供造成虧損之通訊傳播服務，或拒絕對偏遠地區居民提供服務。是以政府應採取必要措施，促進通訊傳播之接近使用及普及服務，使全體國民均能享有必要之通訊傳播服務，有效縮短數位落差。

交通部則針對《通訊傳播基本法》提出說明，指出其立法意旨在使通訊、傳播各事業體均得在公平競爭的基礎上，從事經營活動，其主要內容包括如下：

1.訂定通訊傳播委員會之設置法源及權責劃分。

2.訂定通訊傳播政策與法規之基本方針與綱領：通訊傳播應維護人性尊嚴、促進多元文化均衡發展、鼓勵通訊傳播新技術與服務之發展、建立平等管理原則、促進通訊傳播技術之互通應用、提供公平合理之服務以保障消費者權益，且通訊傳播稀有資源之分配與管理，應以便利、和諧、效率、公平及技術中立為原則；基礎網路之互連應符合透明化、合理化及無差別待遇之原則，有效縮短數位之落差，並對天然災害及緊急事故優先處理。

3.展現科技匯流的內涵：《通訊傳播基本法》於第一條立法目的，即已明示係因應科技匯流之需要而制定。藉由科技匯流，各類型之通訊傳播產業在技術上已不再侷限於使用原有傳輸設施（載具），提供現有通訊或傳播業務，例如通訊事業可以提供數位廣播節目；反之，廣播事業亦得以藉壓縮技術提供剩餘頻寬供電信、資訊服務。因此，並無區分事業性質之必要，而《通訊傳播基本法》第二條條文即從其功能加以定義，不再區分事業之性質或其使用之技術（平臺）。

為因應匯流環境下，必須統一通訊傳播管理事權，並兼顧獨立性與專業性之需要，於第三條賦予通訊傳播委員會成立之法源依據。鑑於通訊傳播技術日新月異，為鼓勵通訊傳播事業樂於提供使用者新服務，使全民共享物美價廉之通訊傳播服務，政府對於新技術及服務之發展應予鼓勵，乃於第六條規範新技術與服務之發展與提供原則，以鼓勵新興技術與服務的發展，並且無正當理由不得限制之。為因應電信、資訊與傳播科技匯流之趨勢，並遵守技術中立原則，避免因不同傳輸技術而在管制上有差別待遇，亦於第七條規範通訊傳播之平等管理原則，已遵守技術中立，不因不同載具技術而差別管理。鑑於本法係明定臺灣未來通訊傳播政策之基本方針及綱領，屬於共通性原則，實質之規範應於相關作用法加以落實。故現行通訊傳播作用法為符合本法之基本精神者，均應配合修正、調整或整併。

(三)新傳播政策的關鍵概念

　　新傳播政策形式的關鍵概念是控制、責任。這個二元性的概念可以被定義為使用權的控制和對使用者負責。在未來的政策中,「控制」元素需要適當的定義「公眾利益」與「個人權力」。在這個領域內,以下的定義也許能提供幫助。控制傳播使用權是指:「對誰、在什麼時候、在哪裡、透過什麼模式、在什麼條件下使用傳播資源的控制」,而負責則指儘可能地保護那些控制和使用媒體人員免受傷害,以及保護為滿足自己和尊敬他人(社會、群體或個人)傳播需求的行為和意圖免受傷害以及保護出版的後果。新傳播政策形式的主要目標在於,傳播政策依靠其自身並不能保證任何以上原則的實施,因為它們取決於許多其他元素,特別是媒體市場的運作和媒體的專業及機構發展。政策的任務是弄清楚需要去做什麼和可能做到什麼,尊重及爭取明確的政府之外部支持或反對特定政策目標的力量。而科技政策在立法部門所遭遇的挑戰並不下於行政單位,雖然立法人員是政策合法化過程的核心人物,但其仍必須受到選區利益、政黨指示,以及公共輿論的支配。由於「多數主義」的政策決定原則,相關利益者所組成的「多數聯盟」反而是影響科技政策的重要力量。因此,包括行政人員、立法助理、利益團體、地方政府官員,以及所屬政黨所形成的聯盟,往往是法案的最終決定者。科技與社會是辯證的關係,科技的使用會改變社會的生活型態,社會中各種政經結構與關係也同樣會影響科技形成與功能發揮。

第七章

電子媒介與產
業經濟

　　布蘭登伯格 (Adam M. Brandenburger, 1996) 與奈勒波夫 (Barry J. Nalebuff, 1996) 是最早提出競合概念的學者，以價值網絡的觀點來思考商場邏輯，將產業中各業者分為消費者、提供者、競爭者與互補者四個角色。企業並藉由檢視與消費者、提供者、競爭者與互補者的互動關係，來觀察和分析自己的定位。

　　同一企業在價值網絡中可能扮演多重的角色，企業間在某些領域可能互相合作，在其他地方卻彼此競爭 (Gil & Fe, 1999)。但企業往往只看到競爭者，而忽略互補者，因為在商業思維中，競逐之所以產生，是由於消費者投入的成本與需求有限，業者必須面對與其有高度替代性的服務與產品搶奪消費者的青睞。佟林 (G. R. Dowling) 等人在建構產業競爭分析架構時點出，欲分析進入市場和替代者威脅，應觀察產業為滿足消費者需求的意向與能力，進入市場最大目的是為了滿足消費者，競爭與合作之間端賴「消費者需求」，以及媒體本質能否提供市場所需的服務 (Dowling et al., 1998)。

　　同樣的，我們對寬頻數位的想像也是根基於匯流趨勢所帶來的相容架構與共享平臺。數位電視將不再只是電視顯像器，而是一個可以與其他行動或固定寬頻網路相互串連的多媒體網路平臺介面，亦即電視臺在完成數位後，所提供的服務將不僅限於電視服務的範疇，更可以順勢建構起數位媒體平臺的理念（蔡念中，2003）。在這樣的匯流趨勢下，不同通路的內容最後皆可以在電視螢幕上呈現，對內容提供者來說，所競逐的將是使用者的所有休閒時間分配，即所謂的「眼球爭奪戰」。但另一方面，這同樣帶來合作的契機，數位之跨頻的特性、電視內容可以在手機介面出現、手機功能可以藉由電視視訊傳遞、電視從客廳生意跨足書房生意，各種內容與各式平臺依其不同特性與市場應用面，找到最適合的互補關係。

第一節　電子媒體的市場結構

　　廣電事業的發展之所以異於傳統傳播媒介推衍之緣由，必然是以科技為內容產製的根基。亦即，內容的產製必須將其平臺建構於內容及科技之上，藉由財力 (money)、物力 (material or machine) 和人力 (manpower) 的輸入，形成對家庭生活、新聞產製、社會文化、產業經濟和政策法規等面向的輸出。此乃科技工業的基礎、產業的樣態以及商業的活動，所建構之整體媒體風貌與社會流變的對話空間。

　　翻開媒體科技史，不難發現廣電環境因為政經結構的改變，而不斷處於變動當中，亦可形容電視生態是「十年有一小變化，三十年則有一大變化」。此種說法或許隨著科技的衍化速度，其論調須要重新被檢視。然而不可否認的是，歷史的演進皆有其一定脈絡可循，諸如 80 年代的數位化與千禧年匯流化期程的規劃，更不是無中生有，其交織出來的科技網絡也是從事傳播研究者所不容忽視的。

　　以臺灣為例，科技的進展對事業最直接的影響，乃在產製方式、流程及品質的改變。就過去四十幾年而言，臺灣電視經歷黑白到彩色、現場到錄影、棚內到棚外、人工到電腦、手動到自動、單聲到多聲、類比到數位、延遲到即時、單頻到多頻，一直到推出無線數位平臺、有線 MOD 以及行動通信等重大變革，使得電視產製模式也隨之展現新的樣貌。廣播事業從調幅到調頻、類比到數位、單頻到多頻、大功率到中小功率、單一電臺到多臺聯播，這些結構性的改變也使廣電節目生產流程更為精確、影音品質更為精緻、呈現模式更為多元、創意表現更為寬廣，在在顯示科技可創造更多的可能性，令人體會「人類因有想像而偉大」的思維。

　　科技在臺灣的出現與進展，較直接的反應乃在科技的變動中使得人類種種經驗一再被改寫。科技的不斷推陳出新，對產製、傳輸和消費三個層面都帶來莫大影響。就產製面來說，隨著各式器材設備的演進，電

腦化、數位化的普及應用以及成本的降低，使得整體產業的前景大有可為。政策與法令也實應解除過多人為的限制，如此才能確保「科技所帶給人們的自由福祉」。就傳輸上來說，新科技的出現使得原本被認為是稀有資源的電波頻道，在線纜與衛星通訊技術發達的情況下，管制意義已不復存在，因分眾的時代來臨，人類已從大眾文化的供給轉為要求窄播服務。就消費的層面來說，科技為閱聽人帶來更多自由選擇的機會，雙向的訊息傳輸使得媒體市場的運作，更為趨近「消費者主權」的實現。

一、無線電視產業經營模式的變革

　　長期以來，直接經營與間接經營一直是臺灣電視營銷其節目與廣告的兩種主要方式。所謂直接經營乃指電視臺之廣告與節目，皆由電視臺資金與內部人員自行經營的方式。至於間接經營，乃電視臺將廣告、節目與時段交由廣告公司或傳播公司經營的方式。在過去臺灣電視媒體寡斷的時代，電視節目與廣告營銷體制的抉擇往往來自於賣方市場。因此，基於節省人力又能確保固定利潤的因素下，過去無線電視臺將節目時段交給廣告公司的間接經營方式，早已成為電視臺經營者的最愛。然而，隨著衛星及有線電視新電子媒介管道的加入、著作權意識的高漲以及多元化電視市場的形成，電視媒體營銷體制中的主導權，已逐漸轉向買方市場。亦即，由觀眾的收視以及創作者的思考所掌握，此一現象也使得電視營銷管道的選擇有了更大的空間。

　　無線電視臺實施節目時段交予傳播或廣告公司間接經營的方式，乃起源於華視開播後。亦即，在 1971 年之前並沒有所謂的電視臺將時段交由傳播或廣告公司經營的方式。由於早期無線電視臺過度爭奪廣告市場，形成惡性競爭，諸如節目品質的劣質化以及節目廣告化的情形，甚而導致當時電視臺之營收均呈虧損的窘境。決策者為了加速創造盈餘，乃大量的播出方言節目以及藥品廣告，並實施將時段交由傳播或廣告公司經營等種種政策（李瞻，1984）。由於無線電視臺競相採取時段外租的方式，

竟然使當時的三家電視臺能夠在短期之內轉虧為盈，顯然此一政策的實施，是為挽救營運頹勢的利器。然而，此一風氣立即帶動臺灣商業電視經營結構的改變，縱使無線電視臺的幕後經營大多是屬政、黨、軍所投資，對於電視之社會責任會有所顧慮，但基於商業電視營利考量，電視臺採取間接經營的措施，已使得電視節目品質與廣告內容不斷劣化。此一現象雖引起各界的責難，但因臺灣商業電視市場的寡斷局面已漸趨成熟，這些責難似乎無法產生太大作用。值得一提的是，無線電視臺在商業體制的背後所夾雜政治力量的運作，使得媒體的客觀立場難免有失偏頗，此乃早期無線電視臺最受非議之處。

除了商業電視惡性競爭所導致惡性循環的因素之外，必須強調的是，早期無線電視臺也是為了因應電視節目播出時間的延長，以及大量節省人事開銷的考量，才會決定採取將時段交由傳播或廣告公司經營的政策。然而，因為此種間接經營的方式，在競爭的市場中的確發揮了甚大的功能。事實上，只要不違反媒體公平法則，商業電視臺基於業績競爭所採取的任何手段皆是無可厚非的事。由於廣告的收入為一般無線商業電視臺特別重要之財源，如果電視廣告收入穩定，商業電視臺就有利可圖，既有利可圖，自然就會增加投資在器材設備、人才培養、節目品質等諸多方面，成為良性循環；如果廣告收入不足，商營電視臺就無利可圖，自然就會減少投資、緊縮開支、裁減人員，節目品質也會因陋就簡，或是迎合部分觀眾的趣味，以圖提高收視率、增加營收，成為惡性循環。此番見解當然是從較理性而且正常的角度加以認定商業電視臺的營銷體制，不過事實上仍有諸多變項尚待探討。

首先值得探討的變項乃是，臺灣無線電視臺是由政、黨、軍所支持，然而，商業化的經營卻是過去成立時便訂定的營運方針，也因此促成營利導向主導電視臺節目生產的體制。眾所周知，廣告時間的盈收是無線電視臺最大的資金來源，可以想像的是，在節目製作成本與人事開銷的壓力下，電視臺採取具有效率的經營方式，以賣時段的方式由傳播公司

為其經營節目與廣告公司經營廣告時段，不必冒任何風險便可從中求取利益，原本是商業電視體制之下頗為正常的措施。只是，在實施過度商業化經營方式之後，所造成的電視節目品質不良、內容無法掌控以及廣告支配節目的不良影響，尤其是基於黨政包袱，所產生一些立場偏頗的新聞報導內容，更是一直為眾人所詬病的焦點。鄭瑞城 (1993: 528) 曾經針對此一現象加以分析，早期無線電視臺之經營者，因多屬官派職務，如非善體上意，不可能高居其位，而不知積極禁絕低俗的電視節目。究其原因，乃資本主義市場運作的邏輯，並不會因為某位長官的意志而隨便轉移，只要電視是官資商營，它就得爭取「最低公分母」的文化品味，以利潤掛帥，而節目低俗可能便是它的宿命。欲使臺灣電視營銷體制得以合理化，除了開放更多電視媒介加入市場競爭之外，經營者能否憑乎職業道德取代舊有的包袱，是為當務之急。

電視臺的執照只是閱聽大眾委託電臺業者使用電波頻道的「委託書」，並不表示電視臺經營者擁有此電波頻道。電視臺經營者既是受民眾委託、代民眾使用電波頻道，當然應該盡社會責任，盡全力去服務民眾。電視臺節目品質無法提升，民眾對於時段的真正需求又一直不受重視，民眾的生活作息、兒童與青少年的保護及頻道公有的概念，都完全不在這個商業體系運作考量之下，才會出現今天這種完全由惡質的商業競爭所產生的產物。電視節目品質的好壞與電視臺政策及制度息息相關，一如電視臺的表現會取決於國家之政策與法規，畢竟電視臺是電視事業的次系統，而電視節目又是電視臺下的次系統。然而，電視頻道是屬於社會大眾的「公共財」，使用頻道的「受託人」，仍應重視公眾利益的目的。綜觀上述可得知，儘管商業電視的營銷體制下，電視臺終究是屬傳播訊息的機構，對於一般人的生活行為影響頗大，其經營結構是不應受到過多商業化的干擾。

二、臺灣電視市場營銷體制的發展背景

㈠臺灣電視營銷體制的發展沿革

　　傳播學者李瞻認為電視臺將時段交由傳播或廣告公司的經營制度，之所以能夠在電視臺展現其功能，應有下列幾項因素（李瞻，1984）：

　　1.電視臺為了爭取廣告客戶的支持，因而破壞節目製作獨立之原則。

　　2.電視臺內製節目已無法滿足廣告客戶之需求。

　　3.廣告代理商日漸熟悉電視節目製作方式，而自行製作以配合其廣告業務。

　　4.電視臺為因應縮減節目製作成本，並配合廣告業務之開發。

　　將時段交由傳播或廣告公司經營，是電視臺的主要營運體制。實際上，臺灣電視臺現行的營運體制中常見的有委製外包、委製內包、內製外包、外製外包以及外製節目等方式，而間接經營的方式中以外製外包以及委製外包的方式較常被使用。以上所提到的外製外包方式還包括外製用棚以及外製外錄兩種，至於採取何種方式，還要看節目的表現型態而定。外製與委製之間最大的差別，乃在製作節目所需的資金來源的不同，外製節目所需的資金是由傳播公司承擔，而委製節目所需的資金則由電視臺支付，當然節目版權的歸屬也依資金的來源而定。至於廣告外包的方式，乃電視臺將其節目時段交給廣告代理公司經營，由廣告公司負責對外招攬廣告。其中，因節目時段的差異，電視臺與廣告公司的合作方式還分為兩種方式，一種為「拆帳」，另一種是「賣斷」。在黃金時段，電視臺會考慮以拆帳的方式，而在節目較差的時段則以賣斷的方式。一般而言，以拆帳的方式合作時，廣告公司必須負責使節目能帶進契約內所規定六成或七成基本檔的廣告量，廣告不足部分的經費則由廣告公司負責補足。但是在廣告超過七成以上時，電視臺會另外要求分成，經訪談多位業者得知，大致上為六四分成、五五分成以及五點五與四點五分成三種方式。如廣告公司每集節目均需要使用電視臺攝影棚等設備時（外製用棚），廣告分成條件為電視臺六成、廣告公司四成，其他兩種分

成條件則依節目型態、節目播出時段等因素另行協議。至於，賣斷的方式乃電視臺將節目時段賣給承攬公司經營，其價格由雙方另行議定，承攬公司只要繳交時段費給電視臺即可播出節目。此種賣斷方式通常出現於增播時段，賣斷方式的節目製作所需經費大多由政府機構、宗教團體以及一般企業所贊助。然而，承攬公司亦可招攬廣告在節目時段內播出，但電視臺並無廣告基本檔的要求。且由於此一時段較難招攬廣告，因此偶有節目廣告化的情形發生。

　　在間接經營的方式中，特別是外製外包的模式，對電視臺而言只是一種轉租時段的行為。由於電視臺不必花人力便可以掌握廣告的基本收入，因此這種方式並無任何風險可言。是故，電視臺除了配合節目製作時所必要的場地、器材以及人力之外，由於資金是由承攬時段的公司自行籌措，所以電視臺會儘量不干涉節目的製播內容。可以想見的是，電視臺推展此一方式純粹是為了業務競爭，以及提升業績著眼，然而電視頻道既然是屬於公有財產，此種穩賺不賠又不關注節目品質的作法，實在有失厚道。不過此種現象在電視頻道逐漸增加之後，將難以繼續存在。

(二)人力結構與營運體制

　　論及電視臺業務部現行的人力條件，皆為不到十位業務員的編制。由此一情況可得知，就算業務人員都很優秀，實際上其所承攬的廣告量也無法兼顧電視臺播出的每一環節。根據統計，縱使將業務人員的力量全部加起來，充其量也僅可維持一週的廣告量而已，因此想要求長期掌握八成以上的廣告量的確是很困難的事，這也就是長期以來電視臺必須藉助有能力的廣告代理公司，負責某一廣告時段之主要原因。因為，電視臺可用區隔性的方式，委託廣告代理公司負責七或八成的廣告，對電視臺內部業務人員的壓力自然就減輕很多。基本上，制度的改變似乎只是一種形式，實際運作上的困難往往會凸顯更多的問題，因為業務人力編制的不足，自然不會放棄間接經營的營銷方式。或許，這也就是為什

麼即使節目品質不好或內容有問題，只要有廣告量支撐的節目，電視臺的節目部似乎較難加以約束。從另一角度而言，電視臺的強勢作為，對於一些較弱勢的外製公司常會有很不合理的要求，也就造成惡性循環的電視市場。

除了人事的結構之外，談到臺灣電視臺間接經營體制的發展，以剛開播時的臺視為例，由於節目大多是現場播出的方式，因此當時該臺的電視節目皆以編制內的人員所製作的內容為主，所以電視臺必須聘有製作人、導播以及節目相關人員，以便由製作人自行企劃並帶領電視臺的工作人員製作節目。由於這些工作人員皆為電視臺編制內的同仁，所以一切節目的進行，都是按電視臺內部的規定與標準，在製作節目時皆由製作人或指定人選，向電視臺請領節目製作經費。不過，電視臺也會考慮外聘非屬編制內的製作人，協助電視臺製作節目。基於他們並非電視臺內部編制的人員，因此這些外聘人員按規定可領有製作人的酬勞，在節目製作過程亦可外加一部分的聯絡費等雜支。此一措施從電視臺的角度而言，由於該製作方式的製作費皆由電視臺支付，因此電視臺皆認為這些節目都是屬於自製或內製的。

電視臺將時段外租的方式，是在 1971 年華視成立之後的事。當時華視開播，形成三家電視臺的競爭更趨白熱化，在爭奪有限的廣告市場中，造成無線臺均呈虧損的狀況。其後，華視大量播出方言節目與藥品廣告，並施行「廣告節目化」與「節目外包」的政策，才轉虧為盈。然而，在此情形下，三家電視臺難免有業務上的競爭，為了開拓市場，甚至不惜違反廣告市場的秩序，廣告客戶左右節目的情況也隨之形成。1965 年，臺灣田邊製藥與國華廣告公司向臺視接洽，即以包下電視臺的時段，製作節目並承包廣告業務的方式，執行「田邊俱樂部——週末劇場」節目的製作。因而，臺視將節目製作與廣告承攬的間接經營方式，並非完全是在 1971 年之後才由電視臺主動提出的經營政策，而是在商業體制之運作下，一些有意願承租電視節目時段的公司，所樂於接受的構想。然而，

因為此一間接經營的方式對電視臺而言極為有利，一來可為電視臺創造坐享利潤的機會，又為電視臺減少因直接經營所帶來人事開銷及廣告業務推展的負擔，在雙蒙其利的情況下，此一間接經營的政策，電視臺當然樂於採用。

　　相對於電視臺的時段承攬公司而言，一般有意向電視臺承攬電視節目時段的傳播公司或廣告公司，之所以願意全力投入該電視節目時段的製播工作，乃基於廣告與節目兩者在電視時段的營運利潤，的確有其密切關聯之處。因此，才會產生節目製作與廣告承包兩種不同形式的公司，常有連鎖經營的情況出現，也就是電視間接經營外製外包方式產生之主因。但是，臺灣仍甚少有承租電視臺時段的公司，同時具備有節目製作與廣告承攬的能力，大多是只具廣告業務能力，再另找傳播公司負責電視節目製作的工作，或者是具有節目製作能力的傳播公司，透過關係向電視臺取得時段，再將廣告之承攬業務包給廣告代理公司負責的方式。不過，無論採取何種方式，若干自認為具有節目製作與廣告承攬兩種能力的外製外包公司，為了長久經營時段並加速提升經營時段的利潤，自然會對其節目的製作與行銷投下較大的人力與財力。也就是，這些外製外包公司為了求得市場上的生存，在節目製作的過程大多會自我要求採取更多的創意，以提高節目的多元化呈現與品質，求得較高收視率作為招攬廣告的依據。然而，在市場競爭的情況下，由於招攬廣告並不容易，經營時段的過程亦常有虧本的現象發生，造成甚多承攬時段的外製外包公司，為了節省節目製作費用並增加收入，常有剝削人力、忽視節目內容，甚至採取節目廣告化的手段，造成節目品質劣化的情況。

　　1971 年 7 月 1 日，臺灣三家電視臺為了達成業務協定，便自行訂定自律公約統一價目，以為業務競爭中共同遵守之協定。該協定包括以下幾項主要內容：節目名稱之主標題不得使用廠商或商品名稱、提供之節目如有廣告內容應計入規定之廣告時間內、節目主持人不得播報廣告、外製節目之直接製作費與間接製作費的責任等事項，以作為自律之規範。

當時之所以訂定此一協定，除為了避免惡性競爭外，當然也有解決因節目時段外租而產生過度廣告化之考量。可是，商業的競爭往往難以顧及形式化的規定，特別是在間接經營的體制下，受到廣告檔數的主導，有些時段的節目內容與表現方式,根本不是電視臺節目部的編審可以掌握，這也就是間接經營體制的最大弊病。

(三)電視製作人角色的演變

　　追溯臺灣早期電視事業之所以形成電視時段外租的情況，除了因為廣告業務競爭的原因之外，其實電視製作人亦扮演相當重要的角色。徐鉅昌 (1986) 認為，電視製作人不論是一個人或是一個公司，其職責是領導有關工作人員製作節目，從提出節目構想、寫企劃書、編腳本、安排演員、開列預算、控制預算，到進棚交給導播變成有聲光畫面的節目，這是製作人對電視臺應盡的義務，從盡義務中製作人也因此享有權利，可向電視臺支領報酬。除此之外，製作人尚可對電視節目的內容具有建議的權力，只是電視臺仍保留審查與最後的決定權。然而，這並非對各類型的製作人而言，特別是針對一些帶有滿檔廣告節目之較強勢的外製公司製作人，電視臺對外部製作單位在內容上的品質往往難以掌握，因為這些製作人動輒以轉赴他臺作為威脅，造成電視臺的節目部不敢對其提出太多要求。值得一提的是，每當節目內容有違規現象而受罰時，這些製作人都願意繳交罰金。因此，縱使劣化的節目內容頗受各方指責，但因對電視臺而言並無實質損失，如此周而復始，造成節目品質與內容失去正軌。這應是長久以來電視臺將時段外租之間接經營方式，所帶來較大的負面效果。

　　由於電視臺內製節目之製作人往往憑個人藝術價值製作節目，因此不能符合市場需求。再者，電視臺內部繁瑣的製作費用核銷流程對節目製作缺乏彈性，因此許多具有能力的製作人紛紛成立外製公司，向電視臺投遞企劃案。再加上當時電視臺皆大力實施時段承租以及節目代理制

度，以鼓勵有業務能力的製作人自行承攬節目與廣告。然而，這些有意願承租時段的公司或製作人，並非各個皆有穩定的廣告來源，仰賴私人關係取得時段者乃逐漸增多。此惡性競爭所帶來電視臺內部人員收取回扣的現象，造成電視臺內部管理的另一種問題。

　　對整體電視製作環境而言，電視臺採取間接經營方式的負面結果，除了節目內容廣告化之外，薪資結構的不合理使人力的流動加大，以及較少的投資造成節目品質無法提高，都在原因之列。雖然如此，臺灣電視臺的製作人，無論是編制內製作人或是特約製作人，有時也負有節目廣告承銷之責，這也就是形成臺灣特有的節目時段外租現象的主要原因。目前臺灣電視臺製播各類型電視節目時，其處理的方式如依一般電視臺基本的規劃，應可依下列區隔加以分類：其中，以節目外製及廣告外包的製播方式處理者，仍以綜藝、戲劇、社教類的節目居多；至於，節目內製、廣告內包所製播的電視節目類型，則以新聞與各類轉播居多；然而，一般節目由電視臺內部人員製作，廣告則間接交由外面公司負責者，則以一般電視影集或社教類節目居多；而節目外製與廣告內包的情況，幾乎不存在。由此得知，電視臺製播電視節目或處理廣告業務時，所考量的因素頗為複雜，除了時段之外，電視節目內容與執行時之難易度，皆會加以衡量。

　　由於電視臺的經營大部分是時段外租的間接經營方式，也因此造成節目品質的劣化以及節目內容難以掌控，長時間以來，這些現象引起各界頗多非議。不過，根據無線臺對此一指示的反應，皆認為要增加節目自製率並不十分困難，只要逐漸收回下午委製或賣斷的時段，去製作一些公眾服務以及文化知識性的節目，便可達到此一目標，只是此一反應會造成一些承攬時段之外製單位的反彈。電視臺決策者認為，所謂的「委製」原本就是由電視臺出資，而且甚多軟硬體皆由電視臺提供，此類節目理應視為電視臺的自製節目。基於此一理由，電視臺負責人皆認為，一味要求提高電視節目的自製率，仍非解決電視臺間接經營所產生的弊

病之癥結，想要完全改變電視臺的體質，除非調整商業電視的基本結構與使命。

　　基本上，為了便於經營管理節目與廣告業務，都無法完全避免採取廣告外包、節目外製或兩者皆委由其他傳播公司負責的方式。至於，這種措施對電視臺而言，是否如一般所言永遠立足於穩賺不賠，且是絕對有利的地位仍有待考驗，因為衛星與有線電視的加入，將對市場產生變數是可預期的事。除此之外，電視臺將時段外租的缺點前面已提過，當電視臺時段讓給承租公司經營時，電視臺所考慮的僅是廣告和時間費的收益，至於電視節目的品質，則常因主、客觀條件而無法確實掌握。另外，對於承租時段的公司而言，為了求取更多的利潤，有的是將節目製作成本降低，甚至更有將節目再以較低製作費轉請其他傳播公司製作。因為，對這些公司而言，如何以各種手段提高收視率或增加廣告收益，才是其主要的目的，至於節目的內容與表現方式，似乎難以顧慮。

㈣臺灣廣告代理制度的分類

　　由上述的分析不難理解，在電視事業的營銷體制，廣告收入當然是商業電視經營者最主要的營收項目，特別是無線電視營銷體制中的更為重要。因此，電視臺對於廣告業務的收益必然特別的重視。有關電視事業的營銷體制的分類頗為繁雜，為了便於分析，乃根據臺灣長久以來的電視廣告之代理與執行制度，提出佣金以及代理兩大分類以供比較。

1.佣金制度

　　談及佣金制度，由於電視節目製作成本甚高、廣告製作繁瑣以及廣告費用的收取過程可能發生之極大風險，因此一般電視臺較樂於採行廣告代理商制度，也就是說所有廣告業務一律由廣告公司代理廣告主發稿，而不是以電視臺業務員向廣告主直銷的方式（臺視三十年編輯委員會，1992）。當然，電視臺對廣告代理商也有選擇條件，通常除了視其業務能力與其公司規模、發展潛力之外，也會要求提供擔保品或設定抵押，以

保障電視臺的有利地位，並避免發生倒帳或廣告費收取不到的狀況。

從另一方面而論，由於電視廣告業務競爭日益激烈，再加上廣告代理商皆不願將所有廣告投之於某一電視臺，而去得罪其他電視臺的心態下，因此電視臺的業務單位也會主動去爭取廣告客戶。一般而言，電視臺業務部在銷售其電視節目廣告時間時，可針對特定的節目尋找特定的廣告客戶，向其促銷該臺的廣告時間。但是，電視臺為了充分尊重廣告代理商的權益，其中涉及廣告費二成佣金的規定，即使是由電視臺業務部人員直接向廣告客戶洽攬的廣告，也都撥歸該節目之廣告代理商所有。

2.代理制度

廣告代理的方式是基於電視廣告代理商的普遍增設而產生，加上電視臺播出時間不斷的延長，電視臺與廣告代理商的業務亦隨之擴張。事實上，原有的佣金代理制度，已無法滿足一般代理商的需求。同時，也由於一般廣告代理商在多角經營的考量下，遂有許多廣告代理商以電視節目製作人之身分，向電視臺買下時段，經營該時段的節目製作，並負責廣告招攬的情況，這也就是廣告代理制逐漸受到重視的原因。

廣告代理制度的實施，對無線電視臺而言，不但滿足了時段內的節目來源，同時也賣出了廣告時間，省卻了業務部與節目部許多麻煩；對電視廣告代理商而言，他們可以有較多的彈性去爭取廣告，同樣的也為廣告代理商解決了節目製作費的支出，更為其賺取了盈餘。因此，這是一個電視臺與廣告代理商或節目製作公司兩相得利的措施。

以上兩種方式皆為過去無線電視臺，為了建構電視廣告代理制度的管理方式，所採取的互惠原則。但因後來電視時段從原本的早上、中午、晚上三線經營，發展到今天，一天將近有二十小時的播出時間，一些增播時段的填補才會造成各種經營型態的出現。只是，節目時段外租的間接經營方式，一直是無線電視臺較為熱衷的方式，過去如此爾後也不會改變，因為電視臺可藉此永遠處於不敗之地。

從臺灣電視營銷體制的背景分析，電視臺將時段外租的間接經營方

式之所以能夠成立，如以市場的結構因素加以探討，對電視臺而言，的確有節省人力之經濟層面的依據；對承攬時段的公司而言，只要有廣告業務能力，亦有能夠在電視臺開闢時段製作節目的誘因。雖然，電視廣告原本就是提供商業訊息的服務，但若以此觀念將電視臺比擬為節目的生產者，它所要販售的產品應該是電視節目而非廣告內容或節目時段。換而言之，縱使因頻道數量有限而造成電視媒介的強勢，使得電視媒體得以藉由播出時間去獲取豐碩的利潤，但是對提供電視廣告的廠商而言，其目的只是藉由電視媒介將觀眾視為使用時間以及使用訊息的消費者。因此，電視臺出售它的產品──電視節目內容之際，可以採用的配銷原理，除了自行透過其業務部門的人員銷售外，亦可透過批發商──廣告代理商，來處理它的廣告時間銷售事宜。其實，此乃將商品配銷通路之概念，應用於電視廣告行銷的過程。不過值得思考的是，這種重廣告而輕節目的營銷體制，特別是間接經營的方式，經常發生節目內容與品質難以掌控的缺失，所以電視臺如何加強電視節目品質，對於間接經營方式的管理，的確是不容忽視的事。

然而，電視時段外製外包合而為一模式是臺灣電視經營體制特有的產物，事實上其他各國甚少使用此種方式，目前為止各國的電視臺通常是將節目製作或廣告業務完全分隔處理。宋炎興 (1991) 認為，此種過度依賴外包通路模式的營運體制，必然對電視節目的內容與表現形式有相當影響力，因為外包通路模式中廣告代理商與廣告客戶的地位，往往是導引節目製作的主因。由於臺灣電視營銷體制在衛星與有線電視媒介未加入之前，一直是無線電視臺的天下，而無線電視因無法像衛星與有線電視媒介之多頻道及鎖碼播出，必須完全仰賴電視廣告營收的支撐；同時在電視臺人力編制的限制下，廣告業務的推展只好交於外人手中，這也就是臺灣過去的電視市場為何一直無法脫離節目時段外租模式的理由。不過，可以預測的是，短期之內臺灣未來電視市場將有頗大的變化，因為衛星與有線電視的普及與更多數位化視聽媒介的出現，必將會影響

到臺灣整體電視的營運生態。可以預見的是，由於更多頻道的競爭，電
視臺將時段外租的間接經營模式必然會受到頗大的衝擊。

三、產業的變動對電視營銷體制的影響

傳統的電視營運觀念中，電視臺被視為百貨公司，各種節目應有盡
有，但是實際上其內容一直無太大的變化，此一情況在早期無線壟斷時
期還沒有什麼嚴重影響，因閱聽大眾沒有選擇的機會，非看無線不可。
現在競爭對手增加，受眾的選擇機會也相對的增多，如果不能針對外在
的傳播環境，配合內部的條件，找出電視臺的定位及特色，那麼在自由
競爭市場的考驗之下，一定無法掌握閱聽大眾。

既然臺灣無線電視的經營體制，已面臨自由競爭市場的考驗，其當
務之急似乎已不再是侷限於以何種通路來推銷廣告，而是如何使無線電
視的收視率不再下滑。基本上，強調高品質節目的行銷以及尊重消費者
的需求，才是唯一能夠掌握廣告市場的途徑。

(一)廣告定價策略

過去臺灣電視臺的廣告定價策略，為求利潤極大化，大致上分為「可
調整價格之單一節目銷售」、「好時段強節目搭配增播時段銷售」以及「好
時段弱節目外送時段銷售的聯賣」等三種方式。無論是採取單一、搭配
或是聯賣的方式，皆屬節目的銷售手段。但因公平交易委員會提出電視
廣告搭配制頗不合理的意見，因此搭配制自 1993 年 12 月 1 日起已決定
予以廢止。公平會之所以裁定電視臺實施廣告搭配不合理的理由有以下
三項（辛澎祥，1994）：

1.電視臺的搭售行為並未能確保商譽，或能提升服務品質。

2.電視公司是獨占事業，搭配制使廣告主失去選擇電視節目廣告的
自由。

3.電視節目製作者競爭能力受到扭曲，因此公平會裁定廣告搭配制

屬於違法。

　　基本上，廣告搭配制並非完全不公平與不合理，其理由是新的聯賣制度比原廣告搭配制度更缺乏彈性。其中，新的聯賣制度將會使廣告價格起伏很難調整，在形勢比人強的情況下，業務部基於業務持續考量，將是此一新的制度較難落實的因素。特別是具有強勢作為的廣告客戶，給予廣告代理商的壓力是可以想像的。一般而言，廣告客戶仍然迷信所謂高收視率的節目，新的廣告制度可能使一些具有文化性與藝術性的小眾節目遭到淘汰。換而言之，在廣告與節目難以兼顧之下，強調商業經營體制的電視媒體，恐怕仍須顧及廣告營利的目標，因此所謂小眾化的節目，其廣告招攬必然較為不易，在缺乏廣告的支持的情況下，電視臺更不願意主動開闢此類節目。過去因為有搭配制度的支撐，對電視臺而言至少掌握一些廣告時段運作的彈性。如今，新的聯賣制度實施之後，廣告客戶有了更多的選擇，對一些缺乏商業性的節目就更缺乏興趣。由以上的分析得知，任何足以影響電視生態的政策，特別是對於廣告的收益有所影響時，在其決策過程必然產生困擾。

　　自從新的廣告聯賣制度實施以來，電視臺為了配合政策的規定，大多採取單賣以及組合兩種方式,而且價格的訂定是以節目收視率為依據。然而，在廣告廠商多半抱持觀望的態度之下，對於電視臺之內製節目而言，因為具有廣大的調整空間，似乎較未遭遇太大的困難。但是，對於一些外製節目而言，基於廣告客戶的要求，而使得廣告代理商在招攬廣告業務時，因為變通的彈性不如舊有的廣告搭配制度，在執行上乃產生更多的困擾。因此，在電視廣告搭配制度廢除之後，廣告交易市場便產生另一種混亂的交易現象。

　　從另外一種觀點來看，新的組合或單賣的電視廣告制度，事實上對於外製公司應該仍相當有利，因為過去甚多較為叫好的節目為了配合電視公司的操縱，必須被迫去養一些收視較差的節目，實在有欠公平。過去的市場型態使得好壞節目的價差不大，在組合或單賣的電視廣告制度

出現之後，日後的電視市場將會打破齊頭式的平等，品質較差的電視節目無法再依附好的節目生存，電視節目的品質可望提升。更重要的是，未來電視廣告的價格，將會依據節目的收視率，產生配合市場供需的「浮動價格」以及「預售價格」等兩種制度。

從廣告營運的角度，新的廣告制度雖然符合公平交易的原則，但因組合後的價格可能比過去搭配制度的價格為高，因此有部分廣告代理業者頗為擔心，未來廣告客戶的電視預算可能會移到其他媒介管道。此一情況必然造成廣告價格競爭愈形劇烈，對廣告代理商而言，成本的掌握反而更加困難。誠如前段所述，電視臺內部仍存有所謂黑箱作業的情況，因而新舊廣告制度的執行似乎只是一種自由心證罷了，想要開拓更多的業務，只有靠時間去擬出一套各自的生存之道。

(二)收視率高低的運用

對於電視臺業務部而言，電視節目收視率一直是廣告業務營收相當重要的指標，縱使目前業界對於收視率調查的客觀性提出質疑，但因無其他可靠數據，也只有依靠目前的收視率作為主要的參考。提到收視率與收費標準，始終讓電視製作人有點歡喜有點憂。喜處在於「多一分付出，多一分勝利把握」，憂處則是「若要收視高需給打通費」之不成文的行規，或許這兩段話就是一般人對節目收視率最佳的寫照。長久以來，傳播或廣告公司必須靠關係向電視臺取得時段的風氣，一直是為人所詬病的現象，因此每當提及電視臺或承攬時段的公司重視收視率的多寡時，便令人有一種諷刺的感覺。於是，收視率的高低是否能代表節目品質的好壞，或只是電視臺與收視率調查單位的默契，也就不得而知了。

事實上，電視臺也都承認，為了公平起見，對於一些重點節目上檔時，電視臺內部都會自行進行收視率調查，以便作為決策參考。然而，節目收視率調查的目的，都是為了廣告時段的推銷所做的努力。臺灣的商業電視體制在長期寡斷之下，基於過度商業化的競爭，電視臺的經營

過程雖然一直立於不敗之地，但是為了爭取更多廣告客戶的支持，電視臺的經營者當然不願意見到較低的收視率。至於，對承攬時段的公司而言，為了生存更會不擇手段來提高收視率，基於此一因素，甚多弊端就此叢生。不過，站在理性的角度而言，電視收視率的調查應該是一種頗具科學根據的市場評斷方式，也是引導觀眾收視的重要指標，因此收視率調查的結果仍應受到尊重。上面所言對於收視率調查之質疑，原本就是少數的人為因素所促成，按理說不應以偏概全。所以，縱使收視率調查的結果對電視廣告收益的影響頗大，節目時段的經營者仍需以自律的精神來提高收視率調查的公信力。

　　電視節目收視率調查的結果之所以會導致一般人的誤解，人為因素只是其中之一，不可否認其間也夾雜著在商業競爭的過程中所引來的遐想。然而，電視節目收視率調查的過程的確頗為複雜，一般而言，想要判斷電視節目收視率調查的準確度必須考量多種因素，包括整體調查的過程對調查之區域所使用的方法、樣本以及調查的誤差度，這些皆有必要另外加以說明。因此，每當公平交易委員會探討電視節目收視率公正與否的問題時，往往因為難以掌握妥善的處理方式，而無法有一具體的結果。

　　然而，由於收視率的數字密切關係著廣告客戶對電視節目的信賴程度與投資額的多寡，因此不論電視公司或外製單位皆不得不重視，除非電視臺有意支持某一收視率差的節目，否則任何節目也經不起收視率數字低落的考驗。不過，難以否認的是，一些收視率偏低的節目，仍有其存在的必要，這就必須看政策或電視臺是否願意支持。可是，電視臺為了考慮商業的營收，廣告的壓力仍然是電視節目取捨的參考，電視節目收視率的精確度或許會影響廣告客戶投資的意願，但是為求長久之計，透過精密科技所調查的個人收視情況，迥異於傳統媒體調查中心所得到的收視率數據。目前臺灣各收視率公司所採行的開機率與日記法，前者由於開機不一定等於收視的誤差，後者則因人為的疏失，造成收視率的

誤差值難以掌握。臺灣的電視經營者已逐漸察覺所謂「加料」的收視率，只會增加惡性競爭，卻難以顯現節目的效益，對廣告客戶或廣告代理公司而言，反而無法提供充分的資訊。

　　基本上，電視節目的收視率對於電視臺、廣告客戶以及廣告代理商而言，原本就是一個奧妙的結構體，由圖 7-1 不難理解在整個電視營銷體制中，廣告客戶基於商品的銷售，當然會以收視率作為提供廣告最為直接的決策因素；對廣告代理商而言，收視率的高低更是其選擇時段的依據；而對電視臺而言，經常會以收視率來決定電視節目的生命週期。

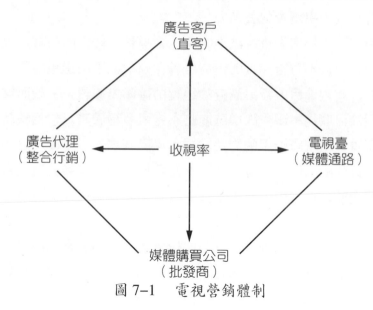

圖 7-1　電視營銷體制

(三)影響電視營銷體制的癥結

　　臺灣電視營銷體制中間接經營方式的形成，主要是源之於電視臺不想投入太多的人力，去經營節目製作與廣告招攬業務，但也因此造成電視節目劣質化的結果。然而，此一間接經營方式之所以難以改變，實應歸究於電視臺經營者的心態。眾所周知，早期臺灣電視臺的負責人都是

屬於一種酬傭性的職位，例行的人員異動造成電視臺經營者不願投入過多的心力，如此一來便造成電視臺內節目或廣告的決策者，常有心有餘而力不足的窘境，因為電視臺內的人員在長久時段外包的經營體制下，大多已轉為行政人員的性質，再加上勞基法的保護之下，人員的新陳代謝已更加困難。如今，縱使這些決策者有心加強時段直接經營的比例，似乎已是愈來愈遙遠的事。

　　長久以來，電視臺採取間接經營的外製外包方式，也並非全然無一可取。至少，此一方式可以活絡廣告市場的運作，也可使電視的人力拓展到很多外製單位，表面上看來也增強電視公司的競爭能力。但如從負面的角度來看，對電視臺而言，已經演變成不需要太多的人力資源，久而久之甚至造成缺乏節目產製能力的問題；對承攬時段的公司來說，基於業務掛帥，電視臺往往無法掌握節目品質，導致節目品質無法保持水準。更重要的是，媒體無法供應觀眾真正所需的電視節目。

　　基於這些缺點，是否有另一種制度可取代間接經營的外製外包方式？「委製外包」應是個不錯的辦法，因為在無法刻意將外製與外包分由不同公司執行，又無法要求電視臺生產節目的情況下，採取由電視臺出資，以便直接主導節目表現型態與內容，至少可使電視節目的品質能保持一定的水準。於此必須強調的是，無論間接或直接經營皆有其優缺點，基本上任何制度的好壞皆在於「人」，也就是執行者有無標準，只要不是一味靠人脈或人情關係處事，不管是外製外包或委製外包，皆有賴執行者拿出客觀評估方式以防範弊端。就以節目收視率的處理方式為例，在正常的情況下，收視率的制度對於電視臺、廣告客戶或廣告代理公司而言，原本就是重要參考依據。至於，如何使此一制度合理執行，首先就應將「人」的因素減到最低，這一切便可納入掌握。

　　隨著電視生態環境的改變，過去電視臺對於新媒介的加入，曾經抱持著視而不見的態度，這是因為在地觀眾的收視習慣使然。更重要的是，無線臺所賴以為生的廣告資源，並未受到太大的動搖。然而，多種媒體

的勢力將會因為製作能力的提升，而吸引觀眾的注意。顯然，整體電視市場的態勢已有大幅度的調整，甚至連電視臺最有信心的新聞收視率，也已呈現不規則的浮動現象（吳東權，1991）。這在在都顯示臺灣電視臺必須捨棄強勢心態，去面對多變性的未來。

四、未來電視營銷體制的展望

綜合各方意見，對於未來電視營銷體制至少可得到以下幾項共識：

1. 尚無一明確法規或主管單位可以廢除行之有年的間接經營方式。

2. 無論採取直接或間接經營的方式皆有其優缺點，只要能夠減低負面的人為因素，制度的本身並不須做太大的改變。

3. 無線電視因採用公有資源，應減低過度商業經營的理念，發揮電視媒介的社會責任。

4. 商業市場的競爭應處於合理與公平的立足點上，才不會產生惡性循環的結果。

5. 電視生態的改變，將是影響直接與間接經營的最主要因素。

根據以上五項共識得知，只要採行商業的電視營銷體制，為了人力的精簡與利潤的追求，電視臺尋求廣告或傳播公司執行所謂「間接經營」的模式將永遠存在。

㈠法規的制定與建議

《廣播電視法》及其施行細則中，對於電視臺將節目時段外租的方式，並無任何條文可加以直接規範。因此，此一沿襲自美、日兩國的節目外製或廣告外包之電視製播制度，在臺灣商業電視的結構中自然的結合運作之後，使得部分節目製作相關規定，已不足以達到良性誘導的目標。1976 年 1 月 8 日，有關當局新公布的《廣播電視法》之第十九條中便有規定「廣播、電視節目中之本國自製節目，不得少於百分之七十」，以及第十二條「廣播或電視執照，有效期間為兩年（已於 2006 年 6 月修

正為六年），期滿應申請換發」。事實上，前者對本國自製節目的定義仍混淆不清而難於產生規範之意義，後者雖已在 1994 年 8 月 15 日新頒布之《廣播電視法施行細則》中第七條已加以補充，或許可對電視臺產生約束作用，但仍未對電視臺經營節目時段的具體精神完全展現。因而，此一規定針對電視臺將節目時段外租的經營方式，所產生的缺失仍乏主導空間。2001 年因《行政程序法》的規範，所有行政機關所制定之內規，皆須法律授權始可為之，按該法第三條「行政機關為行政行為時，除法律另有規定外，應依本法規定為之」，其目的不外乎在增進人民對行政之信賴，確保依法行政之原則，行政院新聞局乃於 2001 年 5 月 30 日另行發布節目廣告化或廣告節目化認定原則。

至於內容分級之處理，則分別於 1999 年 12 月 31 日發布電視節目分級處理辦法，另於 2004 年 4 月 26 日提出電腦網路內容分級處理辦法。尤其是後者，對於電子媒介匯流思考有明確的意涵，該辦法之第二條中有幾項頗具指標性的規劃，其具體條文所做定義如下（行政院新聞局，2004: 445）：

1.電腦網路

指以連線方式擷取網站資訊之開放式應用網際網路。

2.電腦網路服務提供者

指網際網路接取提供者、網際網路平臺提供者以及網際網路內容提供者。

3.網際網路接取提供者

指以專線、撥接等方式提供網際網路連線服務之業者。

4.網際網路平臺提供者（以下簡稱平臺提供者）

指在網際網路上提供硬體之儲存空間、或利用網際網路建置網站提供資訊發布及網頁連結服務功能者（2005 年 10 月修訂）。

5.網際網路內容提供者（以下簡稱內容提供者）

指實際提供網際網路網頁資訊內容者。

　　電視臺將時段外租的經營方式所產生的弊端，不但危及電視節目的內容與品質，也影響到了整體電視事業營運的取向。針對此一問題，其根本的解決之道，乃立法者應有責任或義務，將廣播電視法規做更周延的調整。其次，眾所周知廣播電視科技的進步日新月異，電視臺對於節目經營的模式常會因時制宜，因此由主管單位直接規範電視臺之經營細節時，必然會遭遇到於法無據的窘境。如可將稍具彈性的細節或較具爭議性的問題給予適度的考量，應可解決甚多問題。

　　依據現行之《廣播電視法》第四條規定，「廣播、電視事業使用之電波頻率，為國家所有，由交通部會同主管機關規劃支配。前項電波頻率不得租賃、借貸或轉讓」，此項法條中的確明示了電波的經營屬性，但似乎未將電波公有的精神完全昭示，也因此造成在商業體制運作下的電視媒體，常有過度追求利潤而疏於照顧大眾利益的現象。這也就難怪在訪談幾位電視臺的主管時，便強烈的感受到，其所背負的商業責任是最實際的事，所謂的社會使命根本就是一種使命或口號而已。甚至有些電視臺的經營者亦強烈指出，過去政府既然將電波頻道交與電視臺經營，只要其願意繳納稅金或是電波費，實在不該有太多抽象的要求。不過，在電視臺將時段外租的經營方式中，較常見到的一種現象就是版權的糾紛，特別是對一些承攬時段的公司而言，過去的案例往往是在一紙協議書上剝奪其節目版權，此一情況往往造成受委託之外製單位在生產節目的心態上，皆不願投入的太多心力。

　　因此，電視臺或可從良性誘導的角度出發，對外製單位在電視臺播映時給予適度的著作權保障，例如准許其擁有其他管道播映之權利，而非將版權賣斷給電視臺，如此一來，這些外製單位自然會因自我的利益，而更重視其作品的商業價值，對該電視節目製作過程做更多的投入，因為惟有如此才會使間接經營的電視製播模式更具意義。終究，節目與廣告皆委由傳播公司經營的方式，在整體電視營銷體制中雖然具有頗多優點，但也帶來頗多的爭議。然而，在電視臺與傳播公司各說各話的情況

下，實難分辨孰是孰非。

㈡節目經營體制上的調整

　　為了因應市場的競爭以及符合主管當局的要求，不難發現電視臺已逐漸採行將節目委製去替代外製方式。主要是因為幾家電視臺的節目部，皆已深感節目外製的方式造成電視臺的主導權降低，其次則是電視臺的節目部往往須遷就業務部對節目收視的要求。然而，將節目完全外製的過程中，節目部經常是處在心有餘而力不足的窘境。既然如此，在電視臺礙於人力的限制而無法提高自製率之前，應可考慮要求電視臺儘快全面採取由電視臺出資而仍由外製公司製作節目。雖然外製與委製都是間接經營的方式，但是如此一來，除了仍可保持電視臺節目內容的多樣化之外，更可使電視廣告市場保持活絡的狀態，使電視臺在面對多元電子媒體開放的競爭之下，仍能保有競爭力。同時，電視臺應對其節目內容與品質投入更多心力，這對於整體電視創作環境而言，應是一種良性循環的開端。

　　以往電視臺在處理時段外租的過程中，最大的弊端乃在電視臺常將好時段採用拆帳的方式處理。基本上，拆帳方式所牽扯的只是電視臺與外製單位分成比例的合理性，對於節目的品質而言，礙於商業競爭節目的內容與品質尚不至於有太大的差錯。然而，電視臺將一些邊陲時段外租時，其處理方式通常是以賣斷方式，基於接受外製的單位之生存空間不大，加上電視臺又不願對節目生產給予較大付出的情況下，電視臺主導節目製作過程的成分便相對的降低，此種情況必然會使電視節目的內容與品質與理想有頗大的出入。

　　以上所敘述之各項分析與建議，其出發點不外乎為使電視臺現行時段外租之間接經營方式的弊端，降至較低的程度。深信在電視媒介蓬勃發展的今日，如電視媒體經營者仍一本以利潤掛帥的經營理念，而忽視其大力推動時段外租對電視品質產生之負面影響，必將使大眾深受其害。

對電視臺在未來市場的競爭能力而言，也將有負面的影響。然而，基於電視商業體制的限制下，其解決之道如不從法規層面的訂定上加以思考，惟恐因於法無據而窒礙難行。只不過，電視臺將時段外租的間接經營方式原本就是商業體制下的產物，試圖予以改良並非以革命的著眼點便可加以推動，如何運用妥善的策略去加以革新乃為良策。對整體電視市場的經營體制而言，這將是一種高度智慧的規劃。終究，改良時段外租的間接經營方式之最終的目的，乃在求得電視節目內容能不時關注公眾利益為考量。

　　走過漫漫長路，商業經營體制一直使電視臺無法放輕鬆的經營，面對商業與文化兩難的包袱，加上人事成本的不斷提高，若非長期保持寡斷以及經濟條件的增進，使得廣告營收不斷增加，否則難以創造高度的盈餘。長期以來，電視的營銷體制不論是直接或間接經營方式，由於受限於節目生產流程未上軌道，特別是間接經營所造成電視臺內部人員習慣於審查節目，對電視節目的執行與行銷能力卻已漸感不足，以及造成電視臺編制內人員缺乏外製人員的積極工作態度，乃是其亟待解決之問題。

　　終究，電視媒介的大眾傳播特性所賦予的社會使命，加上電視頻道為大眾所有的觀念必須要建立，因此電視臺的營運策略仍有對社會交代的必要。基於此一理念，電視臺的經營實在不適於只要求賺錢而忽略了節目品質的管制。不可否認的是，近幾年來電視臺面臨頻道開放的壓力，以及廣告市場漸受瓜分的窘境，在最近兩年已開始加強本身的製作能力。但是頗為矛盾的是，受到臺內長期以來僵化的財務制度，反而使得所謂的內製節目遭受到節目製作費不足的情境，反而讓編制內人員嚐到巧婦難為無米之炊的心情。

　　傳播媒體產業在 90 年代末期開始產生巨大變化，對於電視媒體的環境而言，黨禁、報禁的解除，使得電視服務市場由寡占變成競爭的型態。而在市場結構產生重大轉變後，無線電視業者無論是在廣告總收入或平均節目總收視率兩方面，都可說是節節敗退。根據 AGB Nielsen 市場調

查公司的統計，2008 年有線與無線電視收視占有率已轉為 78.7% 比 21.3%，約 8:2 的比例（臺北市媒體服務代理商協會，2008）。有效廣告量根據利潤的監測，有線電視與無線電視的投資比例約 3:1。

對整體有線電視產業而言，隨著數位電視的推動，前至內容業者、以及系統業者，後至終端接受設備廠商，整個價值鏈的相關企業都將重新檢視其傳統營運模式。而誰先搶得先機（市場先進入者），自然有其設立後進者進入障礙，以及擁有較佳之商機掌握點的優勢。企業也多知悉這樣的行銷理念，但在進入市場前，對產業生態的瞭解、市場規模的預測、競爭態勢的發展，以及消費者接受度的觀察都將是影響企業進入此市場的成功關鍵因素。以美國為例，為因應衛星直播服務的競爭，美國數位有線電視也近乎同步積極發展。2002 年 12 月 19 日，「國家有線電視及電信協會」(National Cable & Telecommunications Association, NCTA) 與包括新力、東芝等十四家消費電子產品公司達成協議，共同推動有線電視數位化，並在協議中勾勒出有關數位有線電視的相容、安全，以及數位內容保護等規範的研擬時程。而在後五年，美國有線電視系統業者更投入大筆資金更新網路設備，並積極提供隨選視訊和互動節目等新型態節目，帶動美國數位電視用戶數大幅成長。

第二節　電子媒體的市場測量

當收音機逐漸普及，廣告人員眼見它對聽眾的潛在吸引力時，他們就面臨著如何確定聽眾數目大小的問題。印刷媒體有發行數，而廣播卻無「硬性」資料只能靠估計。早期的受眾測量精確性不高，主要的資料來源是聽眾自願郵寄的收聽情況統計，但要代表一般受眾，這些資料顯然得不到公信，廣告人員和廣播人員迫切需要可靠的受眾資訊。

1930 年，美國廣播合作分析組織 (Cooperative Analysis of Broadcasting) 進行了第一次收音機聽眾調查，往後，不少公司和個人開

始提供綜合受眾資訊。其中有三家資料供應社提供了大量關於廣播、電視、有線電視的受眾資訊，包括：ACNielsen 公司、Arbitron 公司和 Birch 公司，其中 ACNielsen 和 Arbitron 專做地方市場、電視網和有線電視分析，而 Arbitron 和 Birch 公司則為地方性無線電廣播公司服務。Arbitron 公司提供地方電臺和電視市場資料，但不提供電視網收視率資訊；Arbitron 採用日記法蒐集廣播評估，用日記法和電子記錄器蒐集電視評估，另外還在十八個市場用電子表蒐集前晚節目收視率。另外，Arbitron 也是美國最大的蒐集廣播聽眾收聽評估之收視率公司。

　　1928 年美國廣告組織在電視未出現之前，便開始針對如何客觀衡量廣播聽眾數目進行研究，隔年由一些大型廣告主及廣播網成立廣播合作分析公司 (CAB)，此乃世界最早的收聽率調查公司。當時該公司採用「電話回溯法」(telephone recall) 進行調查，但因美國當時電話普及率不高而遭到批評。而後，成立於 1936 年的「胡博公司」(C. E. Hooper)，是第一家獨立於媒體經營者與廣告主的營利性調查公司，採用的是「即時電話訪問法」(coincidental telephone)；ACNielsen 公司（已分至 AGB Nielsen 公司）於 1942 年加入，以許多創新技術與觀念建立起日後收視率調查市場的重要地位。韋伯 (J. G. Webster) 等人 (1991) 分別由四種角色分析收視率的意涵：

　　　1.收視率為一種供應給廣告人及廣播、電視節目製播者使用的工具。
　　　2.收視率為提供節目規劃者在考量節目存在與否的參考報告。
　　　3.收視率可呈現閱聽人的消費模式。
　　　4.收視率是用來推估收看特定節目或收聽特定節目人數的數字。

　　收視率真正開始蓬勃發展是從 1950 年開始。當時正值電視產業的出現，電視廣告的費用節節上升，廣告主迫切需要一些客觀的產製、分配、行銷及定價的統合機制，Arbitron 公司所推出的「日記法」(diary) 因而成為使用風潮。而至今仍位居主流的「個人收視記錄器」(people meter)，則是在 1984 年由英國「大不列顛稽核局」(Audit of Great Britain, AGB) 率

先使用，後由 ACNielsen 公司承襲發展，此種測量方式也隨著尼爾森公司的國際擴張而被引進許多國家。

統計研究公司 (Statistical Research, Inc.) 受雇於廣播網，是唯一調查廣播網收視率的公司，以此為據的研究報告是 RADAR（radio's all-dimension audience research，廣播受眾研究）。而 Birch 廣播公司則是唯一使用個人電話採訪法調查媒體收視率的資料供應社，它擁有 260 個無線電臺市場，調查時從不使用日記法。

對廣播收視率，在很多方面造成爭議：觀眾抱怨「好」節目經常被取消；製作人員、演員及其他藝術家也認為節目的量沒有因其藝術性而提高；而廣告人員也埋怨資訊缺少可信度。儘管這些指責皆有其道理，但有一個基本事實是無法迴避的：除非不斷改進，在當前，只要還存在著收視率，它依然是節目和廣告的主要決策工具。

收視率向來就是電視經營者用來分析其目標觀眾之喜好，並藉以妥善安排時段規劃節目內容的依據。曾幾何時，受到電視環境的改變，收視率所帶來的影響力與複雜度已不可同日而語。在臺灣，有線電視普及率已從 1994 年約 30%，提高到超越美國的 62%，並於 2007 年超過 86%，可以預見市場產銷體制的重整。根據歐美學者研究發現，有線電視、錄放影機以及收視率調查的新技術「個人收視記錄器 (people meter) 調查法」愈來愈普及，觀眾隔天或隔週繼續觀看同一節目之頻繁程度，以及重複收看無線電視節目之意願隨之下降（王婷玉，1999）。整體電視機制為準確反映市場，收視率自然成為另一種遊戲規則的準繩。經營者為收視率日夜難眠，廣告主為收視率斤斤計較，消費者為收視率霧裡看花，因為在收視率數字的背後，很多現象存在於「清清楚楚卻模模糊糊」的狀態。

早期收視率調查方法之所以較多使用電話即時訪問法及日記法，乃兼顧臺灣地區範圍小的特性，能確實掌握時效，又能取得觀眾深入的背景資料。但在頻道開放之後，為因應多元電視市場，才引入個人收視記

錄器的調查方式。無論採取何種調查方式，收視率公司應注意職業道德，並儘量公開調查流程，如有需要亦可由政府、學者、收視率使用者共同建立一完善的稽查制度。除此之外，宜加入觀眾反應調查 (audience reaction) 以更具公信力。縱然如此，因基於市場供需成本效益考量關係，目前收視率調查公司仍各自選擇其調查方法，其中因調查誤差的關係，難免產生數據的差異性。因此，收視率調查公司為了取得公信力，各種收視率調查方法流程皆在可能範圍之內加以公布，以取得電視經營者與廣告主的信任。

個人收視記錄器被普遍認為是準確性較高的收視率調查技術，它可以避免記憶的錯誤，降低轉臺行為造成的偏差，也可以記錄樣本每一分鐘的收視移轉，包括「廣告收視率」在內。

個人收視記錄器是由顯示器、儲存盒、遙控器三部分構成，這相當於一部電腦的螢幕、硬碟、鍵盤。樣本家庭中的每個成員都有自己專屬的按鈕，而且還留有客人的按鈕。此種調查方法唯一的人工勞動便是兩次按鍵，這要比用筆填寫繁複的日記記錄表容易許多，而且免除了回憶的困難。當家庭成員開始看電視時，必須先按一下遙控器上代表自己的按鈕，不看電視時則再按一下按鈕。因此，每個樣本家庭中的每個成員收看電視的情況及個人資料（如年齡、性別、收入、教育程度等）都可以採集到，因而進行詳細的分析，提供給廣告主更為精準的目標觀眾群。

個人收視記錄器調查的優點有：調查時間完全不受限制、可克服記憶誤差和日記填寫疲乏、可自動辨識頻道、可獲知個人資料記錄個人收視行為、可分辨節目或廣告收視率、固定樣本可提供收視趨勢訊息等。缺點則是拒絕安裝率高、樣本戶成員必須識得科技（會按鈕）、可能因操作錯誤產生不正確的資料、因惰性產生「按鍵疲乏」、因記性不佳影響正確統計結果。除此之外，個人收視記錄器造價及維修費用很高，也使得樣本規模較小。

由於認知或調查方法的差異，調查公司與媒體經營者的紛爭不斷發

生，使得一般民眾對收視率調查存在誤解，包括：誤以為收視率調查只有一種,而將其中任一調查方法的缺點視為所有收視率調查方法的缺點；或有將開機率、家庭收視率及個人收視率混為一談者；以及將收視率誤認為代表電視觀眾對於電視節目喜好的指標，造成收視率的問題乃愈趨複雜化。

基本上，收視率調查的目的原本是為提供電視臺及外製公司一重要決策工具，此外，亦可作為廣告公司或廣告主進行廣告投資時的重要參考資料。但電視經營者通常會將收視率調查結果視為一種宣傳工具，一旦收視率調查結果對公司有利，電視公司便藉機大肆宣傳，若調查結果對公司不利，電視臺便加以漠視。電視在商業結構的驅使下，經營者為求生存，激烈的競爭乃無法避免，但為了贏得收視率而失其公信力，其損失將更為可觀。因此，進行收視率的調查時，其正確性與客觀性的維繫的確不容忽視。所謂正確性是指收視率調查的信度及效度而言，目前臺灣各家公司收視率之數據差異顯著，而正確性低的原因不外乎是調查工具的不同、調查時間不同、調查流程的抽樣、問卷設計以及資料蒐集整理方式不同等種種因素。

至於，公正性乃指收視率公司是否以超然客觀的立場來調查而言。國外收視率公司多能以公正的角度來調查的原因在於市場廣大，收視率調查公司由使用者合資經營，具有完善的稽核制度。反觀臺灣，一般大眾對於收視率調查的數據多數抱持不信任態度，主要是常有些廣告主或電視經營者質疑收視率公司是否與某電視業者掛勾，而製造出高收視率的調查結果。或許，面對此一羅生門的現象，仍可再次點醒電視經營者或廣告主，在收視率數據背後的真正意義。

一、收視率調查的迷思

眾所周知，收視率所造成的影響，其實是隨著整個媒體經營環境而變動的，可說環境是自變數，而收視率調查是應變數。臺灣的收視率調

查所產生的問題，放入環境的歷史演變對照，便能對於問題形成的背後各項複雜因素以及過程更為清晰。有線電視的出現是一個分水嶺。在有線電視還沒出現的年代，收視率比較不受到重視，即使當時收視率調查技術上面臨了限制，使得收視率數字常常被質疑，但是廣告主面臨的是僧多粥少的局面，因此收視率準確與否並不被在意。過去臺灣的無線老三臺獨大的年代，正是這種情形，廣告市場因為身處「賣方」的劣勢位置，對於電視臺只能逆來順受。收視率的高低完全不會影響到電視臺的廣告銷售行為，甚至電視臺對於收視率數字也抱持著存疑的態度。

有線電視開始發展之後，使得整個有線電視頻道如雨後春筍般地冒出，使臺灣的電視生態進入多頻道時代，在頻道日益競爭激烈的同時，廣告主和媒體購買公司的選擇性也大增，廣告主順勢從被動性強的「賣方」搖身變成主動的「買方」。此時再加上收視率調查技術上的突破，「數字導向」的時代宣告來臨。在「數字換鈔票」的運作體制下，收視率開始被當成一種工具、一種籌碼的使用。收視率所造成的種種問題，正是因為收視率調查的濫用，讓數字的認定被普及化。大眾習慣使用收視率在看東西，業界也用收視率當作唯一標準，但其實在看待收視率的調查時，其運用的統計或抽樣方法，絕非光憑數字便能立刻相信它，而是要從許多角度去判斷這數字所代表的資訊跟意義。調查本身原本就存在著誤差，以臺灣目前的收視率樣本計算情形而言，如果是在誤差範圍之內，其實在統計上面是表示「無顯著差異」的，也就是如果收視率達 1%，其實可能跟收視率為零之間是很接近的，但似乎大家都不太願意去討論收視率後面代表的真正意義。

收視率調查因多種情境因素經常造成頗為「複雜」的探討。廣告主藉由「保證 CPRP（cost per rating point，每收視點成本）」制度，形成最有力的買方市場。媒體惡性競爭的結果經常壓抑創意反而鼓勵腥羶色，收視率不僅宰制電視從業人員，也全面控制電視廣告的交易機制。雖以客觀呈現，卻包裹電視臺與廣告主之間，常有存留於資訊不對等的不公

平交易。在 CPRP 概念出現前，電視臺依據的都是廣告秒數，收視率只是參考。其後，賣收視點成為主要趨勢，收視率就成了主宰一切的核心，廣告就只看「量」完全不考慮「質」，收視率的計算方式隱藏電視產業的危機。

臺灣由於有上百個頻道數分攤，收視率被稀釋形成的低收視率現象，用「保證 CPRP」爭取客戶，是對電視臺的一種賤賣。收視率神話存在的「三角習題」，包括收視率與電視臺、廣告客戶、觀眾之間的複雜關係，就如同三角戀愛一樣，在誠實與謊言之間遊走。

然而，電視臺總愛把「觀眾」掛在嘴上，但收視率高不代表觀眾愛看，收視率調查也不表示他喜歡這個臺，可能只是他沒有別的選擇罷了。收視率調查大多只觀察在現有節目下的選擇，但未必能反映觀眾的喜好與需要。收視率並不代表支持，收視率也不代表專業。電視不應屈服、受制於收視率的邏輯，「以收視率高低論節目成敗」的歪理，被電視臺和新聞記者奉為生存信念，將新聞專業丟在腦後而不顧社會責任、新聞專業，贏得一時收視佳績，卻賠進新聞專業與良知。如此一來，收視率造成電視工作者的集體迷失，當觀眾認知下的「媒介真實」與收視率互為糾葛時，所象徵的將可能是媒體的專業蕩然，以及電視產業在閱聽人心中的重要性加速遞減。

關於收視率的迷思，學者提出了一些建議，主要整理如下：

1.電視臺和廣告商傾向認定收視率高的節目即擁有較多的人收看，廣告會直線式的影響人的行為，這樣的推估是有問題的。

2.多數民眾並不具備評審電視節目好壞的能力，許多節目叫好不叫座，仍應列入電視節目表中受政府的推廣與保護。

3.對電視公司來說，不應再以收視率數字作為製作節目的單一依據，應以追求高品質內容作為公司主要策略，不短線操作，才能追求最大利潤。

4.調查數字本身也非斷定節目成敗的單一指標，電視公司應以正面思考的方式面對收視率數字。

5.電視公司若一再追求些許的數字差異或領先，無異是緣木求魚，無法追求真正的利潤，也成為社會問題的間接製造者。

整體而言，關於收視率的爭議，大致上可分成四個面向（江文軍，2005）：

(一)操作定義上的爭議

當前收視率調查最主要是測量定點、定時，但是收視行為還有很多可能的方式，不過調查機構為了便利起見，測量操作上便排除了這部分的收視行為。此爭議也讓電視媒體業苦惱，因為數據的高低牽涉到廣告時段的價碼與成交機會。

(二)樣本結構上的爭議

一些學者認為，接受收視行為被公開測量的樣本戶，多半為社經地位偏中低階層的收視戶，一般自主性高的知識分子，願意公開收視隱私的不多。故在樣本結構上，樣本戶的代表性與推估價值易產生質疑。

(三)電視文化上的爭議

此為上述已大幅提及的迷思現象導致電視整體文化上的文化浩劫，節目同質化、低俗化甚至惡質化的傾向，讓臺灣電視產業的水準日益衰落。市場導向原理被過度放大，收視率的數字也成為一切的衡量判準。

(四)測量技術上的爭議

純粹就技術面而言，個人收視記錄器基本上就有一些測量缺點，如忘了按按鍵和惰性、無法測得收視專注度等等，所以無法百分之百精確的收視測量，必定存在一些誤差。故過分相信與依據調查結果的心態，一直以來便是一大爭議。

長期以來，電視傳播產業、廣告業者、電視觀眾之間維持著一個微

妙的互動關係，受到收視率調查結果的「數字」左右著，也產生了許多問題。但是，隨著時代改變，收視行為的複雜化與多元化，光憑量化的數據實在無法代表所有表現。因此，在傳播產業環境面臨數位化浪潮的轉換期中，收視分眾時代也將更為明顯，相關產業必須重新詮釋收視率的意義，以及研擬因應調整的規劃，才能讓數位化不會造成危機，反而成為「收視調查」的轉機，給予整個媒體產業一個脫胎換骨的新契機。

二、數位化之後收視率調查的重新解構與建構

數位化之後，收視率調查將會面臨以下的難題與挑戰：多頻道媒體環境、多頻道子母畫面分割、寬頻網路時代、電視內裝電子偵測器（梁世武、郭魯萍，2000），這些趨勢都增加了收視率調查的複雜性、困難度、以及不可預測性。現行的收視率調查是偵測家庭中藉由電視進行即時收視的行為，但是到了數位時代，當收視的空間從室內擴展到室外，收視時間從即時變成隨時，接收裝置從電視擴充到電腦，傳輸內容從單純的電視傳播加入了數據傳播，收視率的定位是該重新再建構（江文軍，2005）。

(一)延遲收視的問題：觀眾有閃躲的權力

延遲收視是觀眾使用數位電視錄影機預錄節目之後再收看，或收看一半暫行中斷，先錄下節目，再從原先的段落接續看，亦即觀眾可能不會再依照電視臺的節目表看電視。傳統電視廣告之所以具備巨大的效果，除觀眾量大之外，主要透過線性收視行為 (linear exposure) 而產生強迫收看的效果。觀眾經節目→廣告→節目→廣告……之線性收視行為，重複收看廣告，也經由低涉入感 (low-involvement) 不斷累積商品印象，因而形成效果。若電視廣告的點選交由觀眾決定，廣告點選率勢必大幅降低，電視廣告將淪為和網路廣告一樣，不再具備「潛移默化」的魅力與涵化 (cultivation) 說服效果。

(二)行動接收的挑戰: 電視可以無所不在

　　行動接收將使固定式收視率調查器不符市場需要, 收視率調查勢必面臨改變。閱聽人可以把手機當作接收工具, 走到哪裡看到哪裡, 等於是身處一個「電視無所不在」的世界。屆時, 收視率調查的空間範疇該如何從家戶中的點, 慢慢向外擴及到整個層面, 對於收視率調查公司來說, 在測量技術上的開發以及成本的投資都是很艱鉅的考驗。當前的收視率調查, 只處理經由電視機收視的部分, 但是未來隨著數位化的發展, 電視也將朝向個人化媒體發展, 接收的裝置也是如此。對手機、PDA、汽車等行動接收的收視調查, 目前並無解決辦法。

(三)多頻道共享同頻率的技術突破: 傳統記錄器測量面臨淘汰

　　數位化所帶來多頻道的產生是因為數位技術的壓縮, 使得原本一個頻道現在可以有數個頻道同時播出。但是這打破了一個頻率只對應一個頻道的關係, 成了多個頻道共享一個頻率的情形。這項改變使得當前用來測量發射頻率的個人收視記錄器無用武之地, 因此必須發展出新的測量技術作為對應。

(四)隨選視訊 (VOD) 的新收視模式: 真正「主動」的閱聽人

　　隨選視訊允許閱聽人自行選擇在什麼時候、藉由什麼方式、收看想看的什麼節目, 而且必須閱聽人主動要求, 頭端才會提供內容。這種類似網路導向的使用方法, 不只嘉惠閱聽人, 也可以幫助頭端確實掌握與瞭解用戶的存在, 等於頭端自行就擁有了測量收視率的能力❶, 這項發展會不會動搖收視率調查公司的重要性是值得思考的問題。另外是,

---

❶　事實上電視數位化後, 收視率的調查並不困難, 在電視臺的頭端即可偵測收視端的收視狀況, 因此只要電視臺願意提供正確、誠實的資料, 收視率數據並不難取得。

VOD 將打破過去同一節目在同一時段被閱聽眾收視的模式,閱聽眾可以依照自己的需要,自行決定收視時間。這種非同步收視的部分應該如何測量、如何定義以及如何把數據和即時接收的部分加總在一起,也是數位時代收視率調查勢必面臨的另一大難題。

三、數位化後收視調查的未來

㈠媒體產業方面

1. 重新思考廣告新出路

亟需重視的是,當電視未來朝數位化發展之後,媒介生態將再產生一次規模更強大的頻道爆炸,但觀眾的數量仍是不變,各臺收視率的差距可能會縮小到零點零零幾這樣的誤差範圍內,因此若還是以收視率的高低來決定廣告的投放與分配,其實是很不智的方法。數位時代下,廣告商與媒體購買公司,都必須將傳統思維打破,不光是要知道閱聽眾的「人數」,亦即收視率的數據僅能提供一項參考,還有很多評估觀眾收視行為與消費行為的指標必須加以分析。對於閱聽眾的屬性、需求對應何種調性的節目,以及適合搭配的產品性質,都是必須一併考量的部分,也可得知「收視質」的調查會漸漸受到重視。

此外,「置入性行銷」、「互動廣告」以及「客製化廣告」都是未來廣告的發展趨勢,廣告公司在廣告的製作模式上必須積極,在設計上也必須放進數位的觀念,尋找廣告的新出路。

2. 正視個人化服務時代的來臨

數位時代,閱聽眾市場將會朝分眾、小眾化發展,因此傳統想要「將所有觀眾一把抓」的野心必須捨棄。為了爭取「最多觀眾」,節目便依循大眾口味,這樣的操作思維與習慣,顯現各頻道內容只會越來越同質化、劣性競爭的結果。其實電視臺最好的策略,是致力於節目的市場區隔,根據目標觀眾來進行節目定位與頻道的安排規劃,只要能精確掌握住觀

眾特質，節目的差異區隔表現出來了，觀眾自然會送上門來，並且讓廣告主與媒體購買公司的投資也能發揮最大的效果。所以跳脫過去的收視率之數字邏輯與框架，花更多心思在節目的製作上，瞭解分眾與個人化的服務市場，始為最聰明的作法。

㈡收視調查方面

1.調查機構公司的數位挑戰

　　未來電視從類比進化到數位階段時，收視調查將會面臨許多難題與挑戰，因為數位化的技術特質以及因為匯流帶來的收視模式改變，增加了尤其是收視率調查的困難度與複雜度，因此相關收視率調查公司必須及早做好因應措施，技術研發應該不是永遠無法克服的問題。當前應該思考的問題是，該如何重新定義收視率調查的內涵。數位收視時代中，收視率的各項技術控制與分析方式，該如何作調整與轉型，面對數位接收如行動接收的測量死角、閱聽人的收視行為不再呈現類比慣性等等問題，都是往後相關調查公司或機構必須提早作因應與準備的。

2.收視質調查的日趨重要

　　有鑑於傳統量化的收視調查之不足，「收視質」的觀念近年來漸漸被學者所重視。收視質是從質化收視調查與節目品質評估兩個構面產生的，通常以「質化收視調查」的模式為主。學者認為質化收視調查並非以「質化研究」方法來測量收視率，而是仍然以數字呈現結果，重點是著重在「觀感」實證的分析方法，其呈現的內涵，乃是如節目的「吸引力」、「衝擊力」、「觀眾的評價」、「動機」等等的角度上，即認知、態度的衡量，而不是在收視人數的多寡、收視時間長短的行為數據累進上評估。收視質真正不同於收視率調查之處在於「資料蒐集與分析的意義」，所以相較於收視率調查只提供數字，顯示有多少人在看節目，收視質調查則能提供觀眾對於節目的滿意度、喜歡程度、甚至節目的優缺點等資訊，而這樣的觀眾收視資料，可以瞭解觀眾的收視動機、偏好跟興趣，並可得知

其對節目的滿意度與評價，還有收看後對觀眾的影響。收視質從質化意義的指標來瞭解觀眾的收視行為與意見，所以對電視節目的策略規劃與廣告策略的擬定都具有相當參考價值。舉例，像美國公視 PBS (Public Broadcasting Service) 的 "TVQ"、英國 BBC 的「欣賞指數」、日本公視 NHK 的「世論調查」等，皆為收視質之調查；而在臺灣，目前則有聯廣廣告公司和公視兩家進行關於收視質的調查。

綜合多方經驗與立論之分析，推動數位科技必須考量諸多因素。其中，除了政府應先建立完整的法規及管理辦法，去規劃臺灣的電視媒體生態之外，產業界亦當再從數位化的必然性去微觀電視收視率的測量模式。從此之後，媒體使用之調查的專利性將接受挑戰。更準確的說法應是，電視的測量模式將會是多模組化、單需求化之種種可能性，諸如互動電視使得計次收費透明化；隨選視訊使得選單路徑多元化；數位接收與電信業者合作，也將採取分組付費；收視調查屬於事後評估，數位商機來自於即時互動等趨向；收視聽之調查對象不再只是傳統集體式的接收者 (viewer)，而是來自個別的使用者 (user)；更重要的是，使用者的資料將建構成可交流的資料庫。亦即，數位化之後，電視軟體消費的測量或調查機構的優勢將是分析能力（專業）與資料庫應用（與行銷結合），其中包括解讀資料的能力、詮釋資料的權力、資料庫的建置與安全性，以及開拓整合行銷新市場的能力。

對於數位化之後，在收視調查的測量技術上，不論是機器介面設計或是測量方式，都一定必須有所轉型。由於數位化後，觀眾的收視行為將會更難以掌握，如果仍沿用單靠「收視率」的數字當作主要判斷節目成績的標準的話，想必資料的信度與效度方面會越來越低。而收視質的特質，應可被視作與收視率之間「互補」的關係。加上根據各國過去在實施收視質調查的經驗看來，普遍具有相當程度的一致性與穩定性，非常有潛力發展為一固定且可供比較與參酌的新興指標。因此，數位化後，收視質除了能與收視率調查不足之處作為補充外，未來數位收視時代，

不論在節目收看與廣告效果上，收視質調查更被認為是日顯重要的趨勢。

四、基本操作定義

　　要有效使用市場報告，廣告 AE 業務人員和業務部門必須瞭解其所包含的資訊。而要瞭解此資訊，閱聽市場收視率是指在人口群母體中，所有閱聽用戶收看某一節目或頻道的估計，又可以分為個人收視率（顯示擁有電視機之家戶裡的個人，依其性別、年齡、職業等個人特徵，在某一時段收看某一電視節目的比例）與家戶收視率（顯示擁有電視機的家戶收看某一時段某一電視節目的比例）。早期收視率是以全人口計算，但隨著市場交易之需求，另由收視調查公司以所謂已選定之樣本，進行更封閉式的測量。在收視率的環境影響因素之中可以包括廣告主、綜合廣告代理、媒體購買公司、媒體通路等。

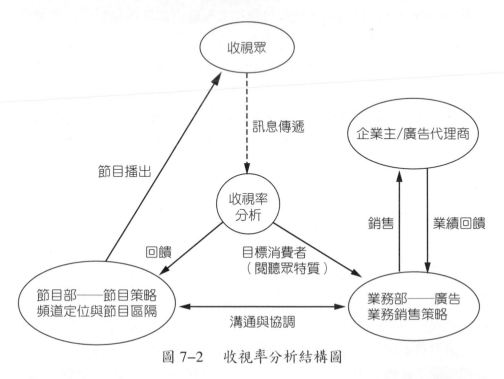

圖 7-2　收視率分析結構圖

五、收視率專有名詞

1. 主要影響地區 (area of dominant influence, ADI)

電視臺擁有最多觀眾的樣本分布區。

2. 平均每刻鐘觀眾數 (average quarter-hour audience, AQH Persons)

在某段特定的時段中，每十五分鐘內，收看電視至少五分鐘的平均觀眾數。

3. 觀眾占有率 (share of audience, Share)

AQH 中，收聽某特定電視臺的觀眾數。

4. 累加觀眾 (cumulative audience, Cume)

累加收視戶／人數。不同的家戶或人在一段特定時間內，看或聽至少五分鐘的數目，或可在某段時間中，收視至少五分鐘的觀眾的累加數目（重複收視的觀眾不算）。

5. 毛效果／總收視印象 (gross impressions)

某段節目的觀眾數目／所有廣告暴露度的總合。

6. 到達率 (reach)

某段廣告時段中的觀眾數目。

7. 頻次 (frequency)

某廣告時段的觀眾，平均收視廣告的次數。

8. 母體 (universe)

調查研究中，性別或年齡族群，及地理區域中，所包括的人口總數。

9. 每千人成本 (cost per thousand, CPM)

用來表示電視臺時段單價的基本用辭。

10. 毛收視率 (gross rating point, GRP)

針對欲調查地區中的觀眾的整體效果。毛評點／總收視率乃一個廣告排程表所達到的收視率總和。

11. **每收視點成本 (cost per rating point, CPRP)**

調查對象中，達到每 1% 的觀眾所需付出的費用。

12. **抽樣單位 (sampling unit)**

包含一個單一的縣、數個縣，或縣中一部分的地理區域。

　　廣告主想要以合理的成本將其訊息傳播給那些使用產品、服務，或可能使用產品、服務的人。藉由瞭解市場報告的術語，廣告 AE 業務人員便可以解讀這些資訊，並將其整合進銷售計畫中。只對總人口數或具有某些年齡或性別特徵閱聽人有興趣的廣告主，即可以運用由收視率換算出來的家戶數及人口數。廣告 AE 亦可以進一步使用占有率，向廣告主展示某電（視）臺可以接觸到比其競爭者更多的客戶，或使用累加收視戶／人數來解釋會有多少不同的人看到廣告。

　　除此之外，廣告主所關心的事，是他們廣告的效率，或者他們要花上多少成本來接觸到目標閱聽眾。通常，以每千人成本 (cost per thousand, CPM) 為基礎來計算：

$$CPM = \frac{某點或廣告時程的成本}{達到的閱聽人或家戶數} \times 1000$$

　　另一種測量效率的方法是每點收視率成本 (cost per rating point, CPRP)。計算方式是以成本除以其播放期間的收視率。

　　以上種種評估閱聽人的方式，對於廣告代理商和電視臺代表都十分重要。廣告代理商的媒體購買部門必須利用這些方式來選擇市場和電視臺，作為播送他們客戶廣告的地方。電視臺代表使用市場報告的方式和電視臺的 AE 大致相同，主要是用來說服廣告主和廣告代理商，使其相信藉由購買該電視臺的時段，將可以有效果及有效率地達到他們的目標；在建議的功能上，也可以利用報告來支持電視臺代表對電視臺定價結構的建議。

　　媒體爭取廣告主是業務部門的職責，業務部門由業務總經理率領，並且包括了全國業務經理、當地業務經理以及 AE。業務經理負責發展業

務目標和策略、準備和控制部門的預算、指導和監督部門成員的工作，因此必須知曉電視臺擁有者的財務目標、銷售和廣告，以及競爭對手的業務活動，也必須同時具備行政和業務技巧。

市場報告雖然提供了許多必要的資訊，但是許多由日記及電話所蒐集而來的資訊卻未包含在其中，包括一些關鍵的細節，像是到達率 (reach) 和頻次 (frequency)，要得到這些資訊通常得支付額外的費用給閱聽人調查公司。基本上，閱聽人研究都聚焦於以上所提的量化資料，但隨著對廣告費用的競爭加劇，許多電視臺開始尋求超越年齡和性別的資訊，諸如收入、家庭擁有權、職業、教育程度和一些其他的特徵都提供消費者動機的重要指標，皆能幫助電視臺建立更完整的閱聽眾資料庫，也讓業務部門能在簡報時整合質化資料，讓客戶和廣告代理商能更瞭解基本媒體購買的細節。

在廣播電臺中，每日不同時段的時間收費都記載在廣告價目表 (rate card) 上。它受多種因素影響，包括供需、時段、長度。而電視臺銷售在節目中或鄰近節目的時間，費率是由供需決定。

除了接受廣告預算之外，電視臺也會以時間來交換廣告主提供的商品或服務，這種交易 trade-out、合作、銷售資源讓廣告主可以取得比廣告價目表上更低的價錢，有些電視臺也會降低價錢或提供額外時段來吸引客戶。業務和廣告的作為都是依該電視臺的政策而定，而政策又是依其獲利目標和責任而制定。對於市場、電視臺、潛在客戶的知識都是要達到成功必須的工具，為了要得到訂單，AE 會將客製的業務提案給潛在的廣告主及廣告代理商看，強調電視臺可以用哪些方式幫助客戶達成其目標。

對全國和區域廣告主的業務，是由電視臺代表公司，或電視臺代表完成，他們直接受命於設立在主要大城中的廣告公司。除了銷售外，大部分的代表也提供電視臺當地業務、節目、促銷、研究的諮詢。市場和閱聽人研究對業務部門來說是很重要的工具，他們因此針對廣播聽眾和

電視觀眾，以日記法、電話訪問法以及個人訪談法作紀錄，電視觀眾也會以計量器 (meter) 來測量。研究結果可以用來估計閱聽人的數量和組成，使得電視臺在對廣告主題建議時，有閱聽人種類和數量作基準，也可以計算出要達到特定人口學類目的閱聽人要花多少成本。

收視率是閱聽眾收視情況的近似值或估計值，並不能代表節目的品質，也不能當作節目好壞的判斷準繩。每分鐘收視率為收視率數據的最小單位，不論是家戶收視率或個人收視率的數據，目前都是以「每分鐘」為最小單位。當我們在閱讀收視率調查報告時，表格上的數據只是目前這套樣本產生的統計而已，真正科學的解讀應該還要再加上一小段上下區間，也就是使用區間估計的概念來看待這些數據，如此才能說這些數據是科學的，但這也常被認為是一種科學性的操弄。

學者畢維爾 (H. M. Beville, 1988) 認為，收視率形同一種回饋的機制，可用來瞭解閱聽人對節目喜愛的程度，回饋的多寡決定其閱聽人範圍的大小，也維持整體的結構。收視率可代表閱聽人收看或收聽節目的喜好，確為認識閱聽人的一種途徑。不過，由於閱聽人的多寡可決定節目時段出售的價格，閱聽人在某種程度上形同廣播或電視節目販賣的商品，可維繫廣播或電視產業的存在與否。收視率串起個人與電子媒介間的連結，成為廣告人與傳播人在買賣觀眾時的評量工具 (Buzzard, 1997)，主導了節目時段出售的價格。學者安格 (I. Ang, 1991) 表示，收視率便是回饋，可藉而證明節目的成功與否，收視率反映誰在收看、聽特定節目的推論，然而卻未能說明「什麼人」在收看、聽特定節目。換言之，收視率固然可以代表一個節目被觀眾或聽眾接受的程度，其目的是對節目播出後的效果有所呈現，但對有關閱聽人進一步的資訊卻未能顧及。

「媒體雙元市場」(dual product market) 概念是由媒體經濟學者畢凱 (R. G. Picard) 所提出，其認為媒體產業與其他產業最大差異之處，在於媒體是透過其產品，而將閱聽眾轉換成「消費者」，然後生產給廣告主。媒體除了賣產品（節目）給閱聽眾，也將閱聽眾賣給廣告主，可說閱聽

眾成為媒體的另一產品。媒體所面對的「雙元產品市場」,第一個市場為「媒體產品(內容)市場」,消費者以金錢或收視的時間交換媒體所生產提供的媒體產品——電視或廣播節目;第二個市場則是「廣告市場」,媒體在提供媒體產品給消費者的同時,也提供穿插在媒體產品內的廣告時段給廣告主,換言之,等同於將該節目時段的閱聽眾售予各廣告主、廣告代理或媒體購買公司。

不過,在商業經營的競爭環境中,其實電子媒體經營上是受到後者,即「廣告市場」的控制為主,因為大部分媒體主要的資金來源便是這些廣告業主,收入取決於廣告量,缺少則面臨停播的結果。因此所謂的「媒體產品市場」其實沒有很大的自主權,通常最終還是要視廣告市場的業績如何。於是,在這兩種市場之間便出現了一種「橋梁」的中介——「收視(聽)率」調查,這也是近年來臺灣一般商業媒體的生存之道,成為產製各種內容產品的判定標準:將各項產品的收視(聽)率,呈現給廣告主,以數據來為自家產品做背書,同時代表有很多的閱聽眾,是廣告主可以當作「目標」的對象。

第三節　電子媒體的產業鏈

1998 年臺灣有線電視收視戶普及率達到 75% 的同時,衛星電視的頻道數量也同時再增加約十五個頻道,總共達到近百個的頻道。從兩種新電視媒體的快速發展可見,市場的需求不斷透露出消費面的潛力才是其主要支撐依據。從媒體經濟結構而言,這是一個行銷導向的時代,商業化的媒體經營自然更要接近閱聽大眾,才有永續經營的可能。

從市場的占有率以及媒介的特性加以思考,衛星與有線電視兩種新媒體的發展象徵著臺灣電視的一片榮景,但也顯示著電視媒體的競爭已進入白熱化的階段。或許,在有線電視的前身,共同天線與第四臺的年代,當時經營者所在乎的,僅是如何拓展收視戶數的經濟利益以及地方

政治勢力結合的程度。

但是，自 1993 年《有線廣播電視法》通過之後，有線電視系統經營者為符合法令的要求、工程品質的提升、節目版權的問題以及人事費用的開銷，給予經營者更多的壓力，迫使經營者必須加大其經濟規模，進而，重新思考產業鏈的結構。

所有衛星頻道的經營者，僅能按 1994 年 12 月 16 日所訂定的《廣播電視業者使用衛星轉頻器中繼節目信號管理辦法》，被視為節目供應商的身分。實質上，這些衛星電視頻道經營者的營運規格，早已大於節目供應者的表層意義。如何在日漸供過於求的有線電視頻道中取得生存空間的問題上，衛星電視的頻道經營者或節目供應商卻一直是處於被動的地位。因此，衛星電視的頻道經營者在試圖求取更高利潤時，除了必須突破有線電視系統業者的箝制之外，頻道的經營屬性以及廣告的經營策略如何規劃，更是其創造生機與商機的重點。

一、衛星電視媒體的廣告運作與展望

和其他無線電視媒體一樣，衛星電視的廣告收入仍須仰賴節目內容來吸引觀眾收視。而衛星電視的廣告經營之首要因素，應在於使衛星電視的節目內容在地化，以便吸引更多的廣告。

基本上，衛星電視媒介只是一種傳遞節目訊息的工具。因此，在臺灣電子媒體蓬勃發展並逐漸達到成熟階段的同時，一般電視觀眾已不會太在乎於家中所觀賞的電視節目，是來自於外太空的衛星、地面的無線電視、已成為各家庭電視供應來源的中介者——有線電視，或是數位化的 IP 電視。消費大眾基於有更多的選擇，對於電視節目內容的需求也就更為多元性、專業性，更重要的是在地性的需求。

從在地化的因素再加以探討，於此所指在地化節目屬性的定義應可分為廣義與狹義兩種角度去加以界定。從廣義的角度而論，所謂無距離化的經營應從在地消費者的需求面著眼。按照心理學的分析，人類的需

求不外乎有天生的需求、習慣的需求、情緒的需求、消遣的需求、專業的需求、學習的需求以及安全感的需求等等。如將這些需求套之於一般在地化衛星電視節目的內容，就是一些成人節目、歌唱節目、新聞節目、運動節目、綜藝節目、電影節目、紀實報導節目、資訊節目、卡通節目以及類似座談性等節目類型。但是，對於上述的需求仍會因為當地的政治因素、人口特質、文化背景、環境特質以及宗教條件而有不同，因此經營者仍應先做完整的評估。

從狹義的角度而論，節目類型的選擇往往只是衛星電視事業經營的一種策略運用，如企圖將這些內容扣住在地化的屬性，則須配合幾項因素。這些因素皆是傾向於以「執行面」為出發點，包括如何創造當地的觀眾對節目的關懷、如何控制節目訊息的時效、如何掌握節目內容的專業分類、如何加強節目呈現的可看性以及如何配合節目的推廣等等，其後才可達成廣告行銷的目的。

從理性的角度分析，衛星電視的跨國性傳播方式，對於在地化的經營特性的確難以面面俱到。但是，基於電視頻道的殷切需求，臺灣的衛星電視不論是純粹自製的電視節目或是代理國外所提供的各式電視節目，到目前為止其出發點皆應是以臺灣觀眾為主要對象，縱使是來自外地經營的電視頻道也不例外。商業電視的經營以及收視市場的密集度，往往是影響投資者意願的主要因素。臺灣雖然是個島國，但以其經濟的快速發展及人口的密集度，自然成為市場競爭的對象，近年來在亞洲地區的衛星皆逐漸進入此一區域就足以印證。為因應衛星電視成為臺灣新媒介的主要通路，在法令結構上亦應作逐步的調整，根據行政院新聞局2003 年的《衛星廣播電視法》修訂版第二十六條「主管機關認為有必要時，得於節目或廣告播送後二十日內向衛星廣播電視事業、境外衛星廣播電視事業之分公司或代理商索取該節目、廣告及其他相關資料」，主管當局應對衛星電視與無線電視在廣告上的管理，採取公平的管理方式，特別是對於從境外上衛星的電視節目內容與廣告型態，應更嚴加規定以

避免差別待遇。

除第二十六條的規定之外，有關廣告內容之規範包括同法之第二十二條「衛星廣播電視事業播送之廣告內容依法應經目的事業主管機關核准者，應先取得目的事業主管機關核准之證明文件，始得播送」，以及第十七條「衛星廣播電視事業及境外衛星廣播電視事業播送之節目內容，不得有下列情形之一：一、違反法律強制或禁止規定；二、妨害兒童或少年身心健康；三、妨害公共秩序或善良風俗」等。不過，此一條文並未將菸酒廣告明文列出，特別是對於在境外上衛星之廣告的處理方式未加以規範。如果這些廣告是由有線電視系統自行處理，必然會產生很大困擾，其主要原因應有以下幾點：

1. 衛星電視廣告長度可能超出《有線廣播電視法》之規範。
2. 有線電視系統業者無權更動衛星廣告之內容。
3. 廣告內容有誤時，有線電視系統業者無法更正。
4. 衛星廣告插播方式與有線電視法規定不符。
5. 主管機關無法向有線電視系統經營者索取廣告相關資料。

有關衛星電視媒體的廣告製播規範，依據歐洲國家如德國、奧地利及瑞士等國家對廣告時段、廣告量以及廣告次數皆有所限制。1989 年歐洲共同體根據所謂電視無邊界 (television without frontiers) 的指令，特別對電視廣告設多種限制，希望各國遵守對此一指令的規定，但是仍容許各自訂定各國國內的電視規範，惟必須比歐體的指令更為嚴格 (李秀珠，1994)。

由歐體指令對衛星廣告的規範可見，歐洲國家對於廣告的要求，首先必須符合其內容不應該違反當地法令，例如菸酒廣告的播出限制。其次，對於廣告與節目的播出也應該明確劃分，特別是在廣告的安插，不可影響節目的完整性以及整體價值。反觀臺灣衛星電視，因在無明確法令規範之下，現有衛星電視經營者仍屬於電視節目供應事業的身分加以處理，加上這些電視訊號大多是來自於境外衛星，在法令不夠明確的情

況下，造成無線電視廣告多軌管理的困擾。從上述的探討得知，衛星電視媒體雖有先天的優勢，但因其傳播訊息的商業化考量，所須顧及的在地化運作必然不可忽視，以下重點皆為衛星媒體經營所應注意的事項（黃冠穎，1997）：

1. 衛星頻道的節目內容屬性、觀象屬性以及收視狀況。
2. 衛星頻道與系統業者之間的關係。
3. 衛星頻道節目涵蓋面（地區、全國、區域、國際）。
4. 衛星頻道節目的開機率、收視率。
5. 衛星頻道廣告是否合乎當地法令。
6. 衛星頻道廣告刊播、監播權益是否受保障。
7. 衛星頻道被系統業者所排定的頻道收視狀況。
8. 衛星頻道所刊播的廣告會不會被系統業者切掉或抽換。
9. 衛星頻道溢播對廣告策略的影響（跨區／區域性策略促銷活動）。
10. 整體媒體計畫的重新思考、預算的重新分配。
11. 廣告訊息製作的配合。
12. 競爭對手的增加與評估（其他衛星廣告影響）。
13. 整合行銷傳播 (integrated market communication) 的運用。

二、有線電視媒體的廣告運作與展望

有線電視是一付費收視為主的媒體，再加上有線電視是屬於區域營運的屬性，在收視率上很難與無線電視相提並論。不過，就廣告而言，廣告利潤並非有線電視的主要收入。因此，基於廣告訴求屬性的區分，範圍較集中的區域性廣告對於有線電視媒體而言，的確是比無線電視來得更具有經濟效益，這也就是有線電視廣告市場日漸受到重視的主因（王建勳，1997）。

基於上述原因，一些屬於區域性或分眾型，不必再完全仰賴三家無線電視臺。此點，在近幾年的廣告市場已更鮮明。以下乃就有線電視廣

告的特性以及限制加以簡述（施秋香，1997）：

(一)有線電視廣告的特性

1. 彈性大

由於價格和節目安排的不同，有線電視比無線電視較能提供更大的空間讓廣告商播放廣告。

2. 價格低

因為有線電視是地方媒體，涵蓋率低且頻道多元化，所以單位成本價格較無線電視低。

3. 目標觀眾明確

有線電視專業頻道的節目能細分出特定觀眾，對產品行銷極有助益。

4. 較多的廣告時段

因為有線電視頻道多，而且播出時間幾乎皆採全天候的形式，所以有較多廣告時段，並且有專門的廣告頻道。

(二)有線電視廣告的限制

1. 廣告品質難一致

由於製作成本較低，因此有時會出現品質較差的廣告表現方式。

2. 廣告播出監控難

有線電視的頻道太多，廣告商在監看時很難監控每一則廣告播出的情形。

3. 收視調查的限制

收視調查公司並未固定全面地作所有有線電視的收視調查，主要原因乃在於其頻道太多，以及市場不具穩定性。

臺灣的有線電視經營，就如同一種新的產業市場，沒有遊戲規則，或者遊戲規則很混亂。諸如廣告價格、廣告播出時段、截稿時間，乃至於託播的方式，以及缺乏監播與收視調查的依據，在在都令有興趣的廣

告主對這項媒體的效益存疑而卻步不前（高瑞訓，1995）。針對此點，擬出下表以作參考：

表 7-1　衛星與有線電視廣告媒體優缺點比較

	優　點	缺　點	備　註
衛星電視	1.頻道多，選擇性高 2.跨國性媒體，涵蓋性廣 3.價格較全國網無線電視低廉 4.廠商可購買時段，贊助或製作節目	1.本地性產品不適用 2.為跨國性媒體，創意需考慮各國風俗民情 3.收視率、收視型態調查資料不足 4.收視普及狀況尚不及三臺	適用於跨國性產品（本項目前在臺灣的狀況為並行制）
有線電視	1.地域性強，可接觸到小眾市場 2.頻道多，選擇空間較大 3.價格較全國網無線電視低廉 4.高播映率	1.各家廣告收費標準不一，廣告主需自行判斷 2.缺乏完善的監播系統 3.尚無完整的收視群特性調查	適用於地域性強的產品、或作為產品普銷前的試銷

資料來源：陸蕙敏 (1992)

三、新媒體科技與廣告營運的展望

從廣告市場的角度言之，由於訊號傳輸以及市場的行銷管道，使衛星與有線電視的界線已難以劃分。特別是在有線電視頻道日漸飽和以及衛星頻道日漸加多的情況下，衛星電視節目供應商試圖收取節目收視費又要再集中插播廣告訊息，原本即與《有線廣播電視法》第四十五條：「計次付費節目或付費頻道不得播送廣告」之廣告經營規定有所衝突。

為求得兩全之計，臺灣已有多家衛星電視節目供應商同意有線電視系統業者，得以在節目中插播廣告的方式，不過，此一協商也是市場運作的必然結果。也因為如此，已使得有線電視系統業者在節目時段中插播廣告的現象日漸增多。除此之外，衛星頻道經營者為增加市場競爭力及頻道收視的普及率，部分衛星頻道商必須提供免費的固定時段，以供系統業者經營區域性廣告之用。

有關廣告插播技術的引進，目前臺灣之廣告插播系統有三種方式（吳

佩芬，1995)：第一種為循序式廣告插播系統，為直接依照預定時間表實行廣告銷售操作，提供多用途、可靠、非常低成本的循序廣告插入控制器，配合一部錄放影機，即可將廣告插入一個或多個頻道。第二種為隨機廣告插播系統，包括一個頻道控制器 (channel control unit)、一臺終端機和一臺印表機來登錄廣告資料。一部錄影帶編碼器 (tape encoding unit) 是必要的，它除錄製廣告音頻訊號及廣告位置數據之外，同時亦登錄每則廣告商的識別、廣告內容、廣告長度等資料，可作為日後廣告帳務的重要數據。最後，第三種則是數位式廣播系統。

　　為了能在瞬息萬變的廣告行銷市場搶得先機，系統業者必須具備極佳的應變能力，以處理廣告排檔、臨時換檔的問題。從科技的論點，上述所謂廣告插播系統只是較低層次的科技。再就頻率的容量分析，有線電視並非只是一種電視媒介，應視其為一種寬頻網路。因而，在電信三法通過立法之後，電信事業與有線電視兩種行業已有互通的可能性。根據資策會對此兩種事業未來的發展加以分析（參考表 7-2），不難看出有線電視的市場亦可能從節目跨足到電信的領域。

表 7-2　電信網路與有線電視網路服務發展趨勢表

		1990 年	1990～2000 年	2000～2010 年	2010 年～
電信網路	網路結構	電話網路、分封數據網路、專業數據網路……網路各自獨立	窄頻整合網路	寬頻通訊網路	寬頻多媒體通訊
	說明	· 利用不同網路從事不同的業務 · 語音通訊為主要業務 · 業務以大型商業用戶為主 · 網路建設以交換機數位化為主	· 個人電腦大量進入家庭帶動數據 · 通訊的需求：電話業務仍是網路營運的重點 · 個人電信 ADSL 技術可於電話網路上提供影像服務	· ATM 為網路主幹，提供高速交換功能 · 中繼完全光纖化	· 用戶迴路全面光纖化 · 可提供用戶語音、數據、影像的寬頻通訊服務
有線電	網路結構	同軸纜線	幹纜光纖化 (HFC)	光纖到節點 (FTTN)	光纖到家 (FTTH)

視網路				
	說明	・網路有相當數量的放大器，造成頻道擴增不易 ・網路維護人力高 ・訊號品質受環境影響 ・類比訊號	・經由幹線光纖化，減少網路放大器的數量 ・每個節點可服務2500～3000戶 ・增加網路頻道容量 ・減少雜訊干擾，提供品質較好的影像服務 ・頭端與頭端間可由光纖網路互連，減少播送設備投資 ・類比訊號	・主配線光纖化，降低網路複雜程度 ・每個節點可服務200～500戶 ・頻道數量可藉由壓縮技術擴增至三百～五百個 ・可提供互動式影像服務 ・類比訊號與數位訊號	・網路全面光纖化 ・全數位化傳輸，可結合寬頻電信網路 ・可提供電信服務 ・類比訊號與數位訊號

資料來源：改寫自陳克任 (1999)

　　從上表所規劃之電信網路與有線電視網路發展趨勢表得知，雙向互動電視對於有線電視經營者而言，將是另一片天空。目前世界各國投入互動電視的實驗已有四十多國，包括美國、香港、臺灣、大陸有線電視相關產業皆已開始作雙向互動服務的實驗。現今將「多元化的實質」納入有線電視的經營體制已是有目共睹的事實，諸如多元化頻道、多元化節目、多時數播出、多類型呈現以及多互動的形式等，皆離不開多元化實質的營運方式。可以想見的是，在各類型電視媒體區隔逐漸模糊的年代，基於節目內容的屬性在在地與國際兩極化發展的因素相互交融之下，這「多元化」之實質意義，除了多頻道之外，藉由科技的發展所延伸之媒體特性，的確為有線電視的未來帶來不少商機。

　　就廣告市場的觀點，不論是電信相關服務或是雙向互動服務，對於經營者的營運規格將可為之延伸。這種以提供資訊服務搭配廣告訊息的交易行為，就如今日的網際網路以及數據機模式。在消費者需求成為定型之後，廣告主的商業訊息自然會順勢推出。由這種種現象，可以預期對整體電視媒體的生態，將有密切的影響性。新媒體的竄起，帶給臺灣廣告市場多元化。新的廣告模式與觀念，也符合了所謂「處處是商機、

到處是廣告」的意涵。

　　由於衛星與有線電視兩種媒體皆具多頻道的特性，使得電視頻道稀有的名詞成為歷史，特別是數位化所帶來的「壓縮技術」，更提供此兩種新媒體取之不盡的資源。「寬頻網路」的概念亦使得新媒體的經營者發現，衛星與有線電視不僅是電視，也可視其為極快速且大量的資訊通路。如此一來法規的制定如不更具前瞻性，將會造成更多的法律灰色地帶。從目前臺灣的廣告市場而言，諸多在法令邊緣的廣告手法推陳出新，加上經濟市場國際化與自由化的腳步，自然使得廣告手法與管理策略不斷的調整。

　　衛星電視雖屬國際化的特性，但因傳輸方式與接收成本的諸多因素，使得衛星電視對臺灣觀眾而言，在直播衛星尚未普及之前，中低功率的C頻衛星仍須仰賴有線電視的通路。不過，由於兩種媒體的基礎仍有差異，如非傳輸通路的原因，衛星與有線電視根本就不應視為同一通路的電視媒介。就有線媒體的廣告行銷而言，區域行銷、在地訴求以及分類經營的區域性廣告，成為電視媒體的生力軍；就衛星電視媒體的經營角度而言，居於頻道經營者的身分，不得不建立與有線電視系統利益共享的廣告模式。此點，反而促使衛星電視擁有可跨足全國與地區性的廣告運作空間。至於，有線系統業者採用以節目切換器插播區域廣告，便是採用此一理念而來，畢竟所謂廣告市場策略不同但目標市場一致之通路，似乎可並存不悖。

　　從硬體業者的經營角度而言，如何促使視訊伺服器 (video servo) 具有更多的視訊流，以及如何促使家庭用數位機上盒 (digital set-top-box) 商品化達到大幅降低製造成本的目的，更是其共同追求的目標。根據多份研究報告顯示，目前電子媒體產業所欠缺的已不是硬體更不是媒介，反而是軟體不足使得目前互動電視服務在臺灣缺乏整體運作的動力。至於軟體的來源不足，乃是起因於外來節目軟體受到著作權法的限制，而臺灣自製節目軟體卻受限於產製體制所致。

數位版權經營 (digital rights management, DRM) 在科技成熟之後，成為必須面對的議題。網路時代的來臨，使得使用者希望能在新的通路上獲取更多的數位內容和服務，但由於 DRM 技術發展未成熟，內容提供者基於版權保護之疑慮，不願意將內容放到網路上，導致使用者運用其他、甚至非法的管道取得內容。現階段推行 DRM 不易之因頗多，包括：消費者尚未有在網路上付費購買數位內容（文字、圖片、音樂及影片）的習慣；整體的網路環境並不支援 DRM；使用者多半認為註冊和認證的手續很不方便，然而多數 DRM 系統又視此為必要；出版商還未建立一致性的共識來管理內容，也缺乏線上內容傳布基礎建設；目前 DRM 技術主要為單一的產品保護，尚未達成整合性應用（如可運用於各式裝置上而非只能在個人電腦上使用）；缺乏技術上的標準，導致 DRM 系統之間無法互通，也無法與早期的系統互通等因素。

就電子媒介發展源起，數位化寬頻發展諸如 ADSL、cable modem 等的興起，使得大型檔案傳輸成為可能；串流技術如影音檔案得以線上收聽或收看；檔案壓縮技術，使得檔案更小、品質更好、便於傳輸等技術發展，使得影音消費模式不斷的改變。生產者必須理解數位檔案的特性，包括：容易複製、容易傳布、不易失真、保存容易以及便於切割、重組，對於節目軟體內容的後續產製、儲存與發行也皆應納入考量。

然而，節目軟體源的不足，將是臺灣發展雙向互動服務最大的障礙。可以預見的是，在廣告通路永遠依存於節目收視的關鍵上，如何推展節目來源便成為此一廣告網路重要的階段性任務。基於衛星與有線電視專業頻道與專業時段的市場區隔特性頗為鮮明，所謂套裝廣告託播制度的經營空間仍然存在，應是不可忽視的參考模式。不但如此，正因衛星與有線電視媒體的介入，給予臺灣的廣告代理商積極推動的「全傳播服務」(full service communication) 通路，有更大的運作彈性。

綜合前述所探討，展望臺灣的電子媒體廣告市場，在衛星與有線媒體融入市場之後所帶給廣告經營者頗大的競爭危機，但也相對的給予更

多運作空間的轉機來看，如何建構一具有媒體效益的媒介通路，是不可忽視的策略。而有效媒體效益的促成，應可從多面向著眼，可分為以下三個重點：

(一)經濟面的角度

市場機能的存在，永遠維繫於供給與需求的平衡。就以衛星與有線電視媒體而言，媒體價格的訂定是其因素所在，但是社會經濟狀況則為偶發事件。探索財經政策指標的同時，應更具體分析經濟成長率。

(二)產業面的角度

媒體對行銷通路的建立、廣告價格制定、播出時段的運作以及選播與收視調查結果，皆是新媒體從介入期步入競爭期乃到成熟期的必備條件，亦即永續經營終須仰賴健全的機制才有可行。

(三)消費市場面的角度

分眾化及在地的特質是衛星與有線電視的趨勢。此一結構的定型，使此兩種新媒體觀眾的收視行為，將更重視消費權益的存在。新媒體的廣告市場運作策略應充分認知，其特質將由廣播 (broadcast) 而成為窄播 (narrowcast)。其間較大差異是在，廣播為一對多，窄播為一對少甚至是一對一的傳播行為。更重要的是，在廣播與電視的領域中，閱聽人將由被動轉為主動。因此，面對新媒體的來臨，其廣告行銷手法也必然須從消費市場面著眼。

第八章

電子媒體產業
策略的未來

　　綜觀近十年來媒體科技的發展，非同步 (ADSL) 或非對稱 (ATM) 傳輸、數位壓縮多頻電視 (MPEG-1、2、4、7、21)、寬頻網路服務供應者 (broadband-internet service provider)、雙向互動電視 (interactive TV) 以及數位衛星高速上網 (direct PC) 等等，皆為媒體數位化的熱門話題。唯上述傳播科技之發展，與臺灣地區媒體整合的展望，仍應有政策性、規劃性及先後的考量，以免盲目追求而造成經濟投資之浪費，對整體臺灣媒體產業之發展而言亦無積極助益。數位化科技的成熟，帶給各類傳播媒介更大的發展空間。然而，數位化技術並非萬能，此一科技只是一種輔助性的功能。

第一節　數位電子媒介的發展

　　早在 1948 年就已經有人提出將電視訊號數位化的構想，但是，礙於壓縮與編碼、解碼技術尚未成熟，一直到 1982 年，才有德國 ITT 集團 (ITT Industries, Inc.) 成功研製 PAL 制電視接收機的一套電視訊號數位處理晶片。1998 年 10 月，德國制訂 H.261 數位視頻壓縮標準，開創數位電視技術的新時代。此後，世界各國爭相投入發展，且各自依據國情與資源條件，研發出不同的數位電視技術規格（林志勇，2004: 20）。

　　就訊號、傳輸與網路特質而言，數位電視科技可含括，(1)訊號特質：訊號抗干擾、便於鎖碼處理、多代複製、利於長久保存、訊號可以單獨分離以及適合數據與影音訊號；(2)傳輸特質：訊號傳輸過程中設備易於整合，使得資訊傳輸設備容易結合各種數位訊號；(3)網路特質：電視臺可使用單頻成網與高品質之頻道壓縮技術結合。就傳輸技術而言，數位電視是製播、傳送和接收電視訊號的革新性技術。推動電視數位化的好處不僅是其資料壓縮與更正錯誤的功能。由於其相容性的設計，過去僅能容納雜音充斥的類比式訊號的頻寬，現今卻能同時擠進多種高品質的數位影音訊號及語音模式資訊傳輸 (Neogroponte, 1996)。就訊號與傳輸

特質而言，類比與數位的差異頗大（如表 8-1）：

表 8-1　類比與數位的差異

	類　比	數　位
視訊信號種類	類比 (analog)	數位 (digital)
抗雜訊干擾能力	弱	強
鬼　影	有	無
聲音品質與音軌	FM（雙聲道）	CD（5.1 聲道）
影音頻道數	少	高於類比電視七倍
訊號保護方式	類比擾碼	數位編碼
螢幕呈現比例	4：3	4：3 (SDTV), 16：9 (HDTV)
掃描線模式	525 (486)	1125 (1080)
整體解析度	720×486 (SDTV)	720×480 (SDTV) 1920×1080 (HDTV) 1280×720 (HDTV)
頻道使用效率	低	高（經數位壓縮）
附加價值功能	較少	除影音外可點選與連結
互動式服務	無	較易於處理
機上盒成本	低	高

　　電視之所以能如此快速數位化，正是因為它比一般所預測的更早發展出高度壓縮技術。數位化及標準化為世界潮流，配合先進的壓縮技術，不但降低傳輸成本，且增加頻寬及品質。電視數位化帶來嶄新的軟體內容與資訊服務模式，新競爭者和新經濟模式，使得資訊及娛樂工業也因此紛紛出現，這些多元化的發展當然有助於電視數位化環境的建構。有關數位電視產業的特質，應包括如下：

　　1.數位電視產業科技由類比式到數位化，其意義遠大於傳統科技的演變。

　　2.提供互動性、分眾性、檢索功能。

　　3.訊號抗干擾、便於鎖碼處理、多代複製、利於長久保存、訊號可單獨分離以及適合數據與影音訊號。

4.訊號傳輸過程中，設備易於整合。

5.可使用單頻成網與頻道壓縮技術。

數位與類比電視的差異，在於資料可以重組、切割、混合、進行資料壓縮以及更正錯誤，此點對於傳播業者而言，正是革命性的改變。因為數位化科技在傳送影音訊號時，只要加上更正錯誤的幾個位元與改錯技術，就能夠除去資料傳送時可能產生的干擾，使閱聽眾能收視到畫質更佳、音質更好的訊號。更因為數位訊號可以壓縮，因此頻寬的利用率提升，原本僅可以傳送一個類比電視頻道的頻寬，進而可以傳送四到六個數位化的頻道，此點對於電視業者而言，就有更多的通路可供節目與多樣化的內容加值以及資訊傳輸服務。無論是付費電視、隨選視訊，或是利用剩餘頻寬所提供的加值服務，如數據服務、即時資訊查詢和新聞服務、線上遊戲與遠距教學等，都將使電視產業擁有更多商機。從科技面的角度加以分析，數位化對電視產業有必然性的衝擊，其中包括產製、管理與分配等思考面向的革命性改變，此點也是在推動電視數位產業所應考量的因素，就產業結構而言，傳統類比電視與數位電視產業存在不同的特質，如表8-2。

表8-2　傳統類比電視與數位電視產業之差異

傳統電視	數位電視
生產分配與消費採順序或推展	具產製與消費流通、反向差異頻寬傳輸
產製與分配屬封閉、消費屬開放空間體系	具開放與封閉並存的產製與消費體系
強調單向與多向資訊流通模式	個別化與大眾化資訊流通並存的雙向模式
處於單向供需的科層控制機制	再中心化的虛擬控制與垂直水平整合機制
以大量形式生產的消費基準	釐清主動與被動、兼顧質量需求之多次消費原則
採傳輸與管理中心化的理念	採分配體系匯流化、控制技術多元化整合模式
單一式專業分工與產製流程	多元化業態組合之平臺性作業基礎
製播合一與單一機制的產製體系	製播與內容、服務、接取分離的產製體系

資料來源：陳清河 (2002)

美國聯邦通訊委員會定義數位電視為：一種以位元形式傳播的新科技，可以傳送比現在類比科技更多資訊、更好的畫質及音質，同時播送好幾個標準畫質節目，且未來將取代現有電視（覃逸萍，2000）。這層定義具體勾勒出幾個數位化的特質，首先，數位電視是從類比升級，它是以 0 與 1 的位元方式傳輸資料，因此不會有類比失真的問題；其次，隨著數位技術（資料處理儲存技術）的成熟及通訊傳播技術（廣播播放的訊號壓縮、寬頻技術）的進展，同樣頻寬可以承載加倍的資訊容量；最後，根據各國推動數位電視的時程與決心，傳輸無線電視的類比頻寬終將收回，而由數位電視取代。

數位電視的標準涵蓋無線電視系統、衛星直播電視系統與有線電視系統。目前在數位電視的推廣上，主要以美國及歐洲兩大規格為主，並沒有一個全球統一的標準，主要是因應各國在轉換規格時不同的考量與評估。以臺灣為例，交通部原於 1998 年明定採行美規 ATSC 標準，但由於地面廣播業者反應不佳，遂於 2001 年決議保持技術中立，由地面廣播業者自行決定採行標準，但若業者欲改採歐規 DVB-T 標準，頻寬必須遵循 6MHz 為原則。

而 ATSC 與 DVB 系統分別是根據不同市場考量所規劃，所以兩套標準使用的是不同的傳輸調變。ATSC 使用 8-VSB（殘邊帶調變方式），此一調變系統中，較低殘邊帶幾乎沒有用，只有較高的殘邊帶能讓信號在 6MHz 頻寬中傳輸，使 6MHz 可以傳送 19MHz 的數位資料。但在傳輸中易因受到干擾而減弱，使正確信號混亂。歐規的 DVB 則使用 COFDM（coded orthogonal frequency-division multiplexing，編碼正交分頻多工）系統。電視臺將 8MHz 頻寬的數位編碼資料（通常為 24Mbps）分成許多個串流，傳送到多個副頻道，所以每個副頻道每個單元時間載送較小的編碼位元，因此在同個時間可以傳送較大範圍的資料。

數位電視依傳輸通道的不同，可分成數位電視地面廣播、數位有線電視、數位直播衛星等三種傳輸網路。目前，世界上共有三大數位電視

系統標準，分別是美國的 ATSC (advanced television system committee)，歐洲的 DVB (digital video broadcasting)，與日本的 ISDB (integrated services digital broadcasting) 系統。韓國與中國大陸為因應數位產業龐大的市場商機與該國需求，2005 年後在數位廣播部分亦陸續採用自行研發之韓國 DMB (digital multimedia broadcasting) 與中國 DMB 之標準。而在有線電視方面，世界主要國家皆以歐規 DVB 為數位標準，而其中北美的 ATSC-C 標準也在美洲大力推動。

表 8-3　數位視訊產業發展現況

	標　準			數位電視開播時間	類比訊號終止時間
	衛　星	有線電視	地面廣播		
北美	DSS DVB-S	ATSC-C	ATSC	1998 年底	2009 年
歐洲	DVB-S	DVB-C	DVB-T	1998～2002 年，各國不同	約為 2012 年
日本	ISDB-S	DVB-C	ISDB-T	2002 年底	2011 年
臺灣	DVB-S	DVB-C	DVB-T	2002 年	2010 年
大陸	DVB-S	DVB-C	DMB-T	2002 年	2015 年

資料來源：修改自張英信 (2003)

　　不同標準間的差異也造成各國數位電視的差異。以最早推動的美國與歐洲為例，美國 ATSC 標準主要以節目品質為訴求，以高畫質節目的傳送來吸引消費者轉換至數位電視時代，多頻道則為其次考量；而歐洲的 DVB 標準則是強調多頻道的標準畫質節目，以行動接收為發展延伸應用。這樣不同的考量結果，使歐洲的製造業者可以製作較低成本的機上盒供目前的電視機使用，電視臺業者也有能力可以提供轉換盒給付費收視者。

　　就經營價值上的意涵來說，數位電視的優勢包含：延長媒介內容的保存價值，可供以後再製重播或售出；較能擴展電腦自動化應用；透過電腦及相關周邊設備，讓媒體能夠有接近其他閱聽眾市場的機會。數位

技術可以在任何記憶體中儲存，不會有變質之虞、重製時訊號不會衰減，也可分離加工處理。而電視素材的數位化將可結合原先就已發展成熟的電腦軟硬體，使其功能可以延展。此外，電信、電腦與資訊網路等原先各自發展的科技產業，由於數位、寬頻的技術發展，藉著內容交流與平臺共用而能接觸到不同市場的閱聽眾。簡言之，數位化的動力來自於用相同的資源做更多開發，所以可以降低成本，同樣的內容經過模組化分享後可以供應更多平臺、更多發展的可能性。

第二節　匯流之後的電子媒體

在網際網路已發展成廣域網路 (wide area network, WAN) 的今日，廣域網路中可能連接迷你電腦、工作站、大型主機，甚至區域網路也可連接在內。在傳輸方式與通信協定方面，也呈多樣性發展電子化學習 (E-learning)，複雜度節節升高（林群偉等，1998）：

1. 頻寬要夠大，以便提升通訊速度及速率。

2. 必須能夠支援多媒體服務，包括聲訊、影像、視訊及數據資訊之傳輸。

3. 彈性要大，因為資訊流量難以預測，因此要考慮網路在未來成長的彈性需求。

4. 要有全球性視野，藉由跨疆域的通訊達到世界地球村的理想。

5. 運用科學管理的方式，使網路管理更具彈性及效率。

如上所述，網路規劃首重彈性，要達成多元化的網路規劃，或許可以利用動態虛擬專用網路的觀念來達成目標。所謂「虛擬專用網路」 (virtual private network, VPN)，主要是由軟體來定義網路，經由參數改變達成網路之組構，並架構在分封交換數據網路 (packet switched data network, PSDN)，或其他實體網路之上的虛擬網路。因為虛擬專用網路以軟體來執行網路管理，最大的優點即是彈性高，網路管理可充分掌握，

兼具公眾網路及專用網路的好處。

　　就科技的特質而論，數位電視已經不再只是電視，而是一個可以與其他行動與固定寬頻網路相互串連的多媒體網路。亦即，電視臺在完成數位化之後，所提供的服務當然不僅在廣電服務的範疇，可順勢建構數位媒體平臺的理念。為了因應數位化時代的來臨，傳統電訊產業不得不隨著科技日益成熟而加快自身數位化腳步，新興產業亦透過各類型企業模式推出數位科技產品，經營者都期望能在這波數位化的浪潮下，建構永續性的跨產業經營環境。

　　在電腦、電信與媒體產業匯流現象以及全球化的影響下，數位化與寬頻網路發展為廣電產業帶來新的契機，數位廣電的發展帶給傳統媒體經營另一種結構性的改變。數位地面廣播電視發展所產生的影響力，並不僅限於工業結構的變革，而是整體廣電產業型態的調整，如前所述的內容服務、企業體質與市場生態皆將受其影響。正由於此一改變，未來電視臺有意要開始轉型成為多媒體業者時，廣電產業所能提供的服務就不僅止於傳統的影音節目，而是可以提供多型態的加值服務。在節目內容方面，不再只是傳統的廣播電視服務，而是可以提供電子節目選單(EPG)、多樣化的隨選視訊服務、互動電視服務、寬頻上網等整合性應用服務。因為數位資訊傳輸具有多媒體、超文本、即時性、互動性、開放性以及非線性等特徵，所以和傳統的單向集中式媒體型態完全不同，數位資訊傳輸的特質會改變整個傳播內容的生產過程、媒體結構，以及廣電業者和閱聽人之間的關係。

　　在大眾傳播媒介的發展過程中，廣電媒介是屬較後期的產物，也因此廣電媒介的科技化以及社會化特性是比其他傳播媒介更為具體，其衍化過程與影響性更難以超脫理性溝通的範疇。亦即，人類有了廣電媒介之後，其社會功能一直引導此一媒體的制約式傳播特性。

　　綜合上述問題點可見，媒介使用者的異質性與使用網際網路時的注意力、參與感以及互動性皆仍待加強，加上目前使用 cable modem、MOD

以及 ADSL 寬頻網路仍非完全普及，且系統也較難以相容。另則，執行網際網路遠距教學之人力太少、人才不足的種種現象，皆可能影響往後推動此一通路的瓶頸。從多媒體匯流的觀點來看，廣電與電信由於法規的鬆綁與數位化的必然性，兩造之間已形構幾項市場新機制。首先是兩者的媒體特質皆朝向大眾傳播→小眾傳播→個人傳播，real time → any time, any place → on-demand，即時→無線→雙向轉變的特質。更重要的是，其服務內容會有資訊傳輸 (data broadcasting)、隨選視訊 (VOD)、網路電視 (web TV)、電子商務 (e-commerce) 等。正因如此，無論新舊媒介皆應調整其步調以為因應。

從社會文化面角度切入，針對電訊傳播產業數位「新寫實」、「後現代」、「後工業」、「新思潮」、「超涵化」的名詞，可用「後基盤」、「後 PC」、「資訊社會」(Drucker, 1995) 以及「第三波文明」(Toffler, 1995) 等科技意涵，解釋近十年來資訊科技所帶給整體產業的衝擊及影響。更貼切的形容，數位化正使人類身處數位夢幻的時代。由此推論，電訊傳播系統之數位管理必然日益受到重視。就電訊產業結構而言，後者所具備的特質，形構其營運形式的新基模。此乃典型之工業經濟 (industrial economy) 與數位經濟 (digital economy) 的意涵。

對於數位化傳播組織與數位資訊系統的網路結構，資訊傳播科技系統 (information-communication technological systems, ICTSs) 在經濟層面扮演關鍵的角色。在歐美各資訊科技先進國家，企業組織已普遍應用資訊與電訊科技所結合而形成的網路系統，一方面便利其內部組織成員間的傳播溝通，另一方面則可藉以加強其組織成員與外界的溝通聯繫。影響系統設計的因素包含組織的環境，也就是組織之外的所有事物，包含一般環境與特定環境。一般環境是指所有可能影響組織的各種條件，包括政經情境，如政治權力的運作、經濟資源的分配、既定的相關政策與法規、生態以及文化環境等；特定環境則是指，對達成其目標有直接關聯的環境，也就是與組織相關的對象，比如顧客、供應商、競爭者、政

府立法機構、工會以及公共壓力團體。這些特定環境將隨企業所選擇的產品、服務與經營之範圍不同而有差異。

鮑爾溫 (T. F. Baldwin) 等人在《大匯流》(Convergence: Integrating Media, Information & Communication) 一書中曾提到（謝奇任等譯，1997）：「寬頻通訊系統 (broadband communication system) 已經成形，它將聲音、影像及資料整合起來，儲存龐大訊息供隨時選取 (on demand)，並集互動功能於一身」。綜觀電訊架構下之電信、有線電視、無線及電腦工業的分立，將因匯流 (convergence) 而成為整合寬頻系統 (integrated broadband system)。並且經由數位科技的推波助瀾，數位寬頻使傳輸訊號的模式有了革命性的改變。綜合電訊產業數位化後帶來匯流的趨勢，配合上寬頻技術的開發，乃是後工業社會必然的趨勢。根據觀察，工業社會受到數位社會影響的轉變，應可含括以下諸多面向：

1. 片刻與常時使用 (always on) 的媒體接續模式，使資訊的流通有更多的選擇性，消費型態將因此有所不同。

2. 沿用固定型 (fixed network)、行動型 (mobile network) 與衛星型 (satellite network) 網路，將資訊流通以立體化的整合通路。並結合數位化技術，使此三種傳統網路與數位寬頻結合，加大其資訊流的角色。

3. 結合單一媒體與多媒體的傳輸機能，使多媒體能更積極地扮演影音傳輸的工具，並結合數位科技擴大資訊流通之呈現方式。

4. 劃分各類型網域如大中小規格的 WAN、LAN 與 MAN 網路，以追求各網路發揮因地制宜與因人制宜的資訊傳輸需求，做到最具效率的規劃。

5. 兼顧質與量，追求品質，以質取勝，此點乃為電訊產業數位化最終的目的。

6. 發揮連結與非連結的服務，使得擴建跨網路服務，得以採取超鏈結方式，加強數位電訊產業的互通性，建立更周密之資訊流網路。

而電訊產業數位化的產業宿命，可從下列幾點來討論。

㈠數位化後工業模式的形構

從資訊產製到資訊接收的過程（圖 8-1），數位化的模式僅在其訊號的形式，以及運用電腦控制方式改變使用者接收的消費行為。從內容的產製、訊號的傳輸，乃至網路分配的基礎程序，其關鍵點常決定於傳輸規格與接收設備的推展。

圖 8-1　數位化基礎模式
資料來源：Downes & Mui (1998)

數位模式成為市場的主流之原因，應是具備下列要項：首先是訊號彼此間需易於辨識，以數位訊號模式的確較為容易；其次，為延長媒體價值，數位模式較易維持原有標準，不易失真。更重要的是，配合電腦使用數位控制與傳輸，較易擴展自動化的運用，故而數位化的要求不僅存在於工業體制，對商業市場及日常生活而言皆更有其便利性。根據尼葛洛龐帝式轉換 (the Negroponte switch) 的詮釋，數位可帶來多種可能性甚或無限的可能性。也因此，原本經由地下纜線傳輸的資訊，都將透過大氣傳輸；亦即，空中傳輸的資訊會走入地下，而地下傳輸的資訊則會飛上天空。由於數位位元具有易於分封傳輸 (package delivery) 的優點，又可和其他位元混合（多媒體模式），以及製造壓縮、錯誤偵測及回復等特色，使得數位模式在新位元條件下更具相容性、可塑性與延伸性。但目前數位科技為兼顧整體電訊市場運作機制，仍受限於數位傳輸須占用較多的頻寬以及人類接收訊息模式的類比化，然而隨著寬頻網路與壓縮技術的發展，人工智慧與電腦語言的簡化將能排除諸多障礙，形成電訊產業的工業模式。

電子媒體產業數位化 (media digitalization) 長期以來係運用科技，採取局部完成的目標，此一目標通常是以階段性的推展來完成。這種數位化的理念不僅限於傳播環境，在生活的各種情境中似乎都很難脫離其範疇。然而，電訊產業數位化只是一種形容詞，數位媒體則專指經由長期研發而發展出之具體產物。數位化的產業特性包括在媒體傳輸過程的三種構面，都應含括幾種數位化的條件與意涵（圖 8-2）：

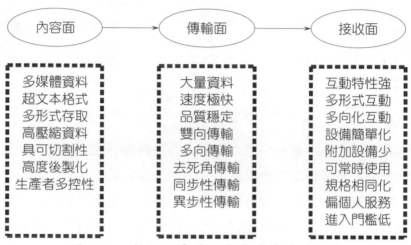

圖 8-2　數位化電子媒介產業傳輸構面圖
資料來源：陳清河、卓冠齊 (2001)

電子媒體產業受到數位化科技的推衍，整體處理程序的末端亦即接收者操作設備簡單化後，包括使用者介面與附加設備減少與合併，亦即所謂的多功能合而為一 (all in one) 的設備出現，能促使消費構面產生跨產業內容的需求型態。如從傳輸面的面向來看，近幾年較明顯的例證乃是有線寬頻傳輸業者的產業結構，基於法令的解構，有線電視得以跨業經營電信事業後，可同時提供電視節目與有線數據甚或電話服務。經營者為了加快進入市場，採取對於購買兩種服務以上之訂戶予以折扣，以便能與電信業者競爭。

電訊產業數位化後，經營利潤降低以及整合行銷服務成為市場競爭

的必然現象，企業環境從分流的概念中自生產到接收，產業結構就內容 (content)、服務 (service)、傳輸 (access) 的垂直切割模式則更為明確。然而，受到組織面的成本差異箝制，匯流後的大企業比分流的小企業更難經營，大者恆大的理論常受到挑戰，反而是分流後的小企業因經營成本較低又能專注於經營特定業務，而獲致利潤。然而，就宏觀的角度來看，產業垂直與水平整合 (vertical & horizontal integration) 是否容許小型企業的發展，亦常列為受檢視的現象。可就臺灣於 2000 年 3 月開放固網為例，三家取得固網執照的經營者進行網路建設以來，為了提升競爭因素，即傳出策略聯盟 (strategy alliance) 的思考。然而，此種結合與聯合行為是否會造成定型的產業生態，而不利其他業者競爭生存，亦是不可忽視的問題。

再以內容產製的構面加以分析，內容資訊的數位化為因應具競爭力的企業管理模式，而分成媒介性資訊 (media data)、檢索性資訊 (meta data) 及控制性資訊 (control data)。媒介性資訊即是目前最為常見的資訊處理方式，將資訊的形式呈現，包括節目、資料以及可供點選之背景資訊。至於檢索性資訊，乃將大量累積而成的媒介性資訊按消費者與媒材特質，再予分類構成檢索性資料，成為提供檢索功能的資料庫。而控制性資訊則是根據原屬媒介的特性加以發揮，以特殊形式與傳輸通路的需求傳送給消費者。經營者將其累積或可加以分類的資訊媒材，另作組合的思考，而產生資訊倉儲的運作模式。就內部經營之資訊流通面，目前所採取的中央資訊供應系統 (central data system)，乃是一種典型的資訊流通方式，在上述資訊分流的機制之下形成的經營面向。

值得一提的是，資訊來源更加多元，資訊的廣度與深度會依照使用者的屬性而加以量身訂做。但在傳輸構面必須受限於因數位處理後之檔案格式化，而有所謂協定 (protocol) 的出現，如同時下可見的形式包括電腦傳輸協定、通訊協定等。基本而言，電訊產業數位化必須要有協定，亦即須有相容性的傳輸面，始可形成策略聯盟運作基礎的競合關係。以

往的協定是由市場競爭，而現今各國皆透過政府機制或產業內規（如 WAP、TCP/IP、Kermit 等）進行的平臺串流模式，甚至訊號產製過程的各種傳輸線性與非線性模式，都促成資訊流通的更具立體化與層次感。

(二)電訊產業匯流與分流的宿命

　　隨著數位化的形成，壓縮技術及寬頻通路已普遍為電信事業、廣電事業、有線及資訊科技事業所使用，導致產業匯流 (convergence) 現象。廣義下的電訊產業，或為強化現有業務而進行各種水平結合或聯盟，或為多角化經營而不斷從事垂直整合或策略聯盟。此種前所未有的全面匯流，使電訊傳播產業不再以載具不同而劃定不同之事業領域、管制模式，以及規管機關的界線亦趨模糊，因而對電訊法規、目的事業主管機關、事業經營者及投資人均形成新的互動結構（劉孔中等，2000）。未來電訊產業中的電腦（軟體、服務）、傳播（電話、電纜、衛星、無線傳輸）和內容（娛樂、出版、資訊提供者）匯聚在一個共構的平臺，使各項原本獨立的產業，在大媒體潮流下突顯出來的新產業，而其中的新媒體將成為未來引領新經濟的動力。可以預見，歷經數位革命的結果，將使電腦運作處理速度增快，搭配寬頻通路、光纖傳輸、壓縮技術等，使原本獨立的電話、電視產業所採用的類比訊號可透過電腦傳輸，且必然會以同規格的基礎建設傳輸聲音、影像和資料，而三種不同形式的資訊內容也可以從同一網路自由擷取（李桂芝，2001）。數位化帶來的便利性，在時間、地點、資源成本三項因素產生變化，讓資訊能有效率地滿足消費者的需求，但也使電訊產業的基模全然解構。

　　相對於傳統網路產業的分類，電訊產業常是依循國際標準組織所發展的開放系統相連 (open systems interconnection, OSI) 的模式，規範為七層的介面參考架構，包括應用層、呈現層、匯集層、傳輸層、網路層、資料連結層與實體層等七層（施迪豪，2000）。然而，哈佛企管學院三位學者班 (P. W. Bane)、布雷德利 (S. P. Bradley) 和柯里斯 (D. J. Collis) 則

對多媒體產業 (multimedia industry) 提出更為精簡的框架，包括三個垂直獨立的產業及五個水平層級的產業（圖 8-3）。

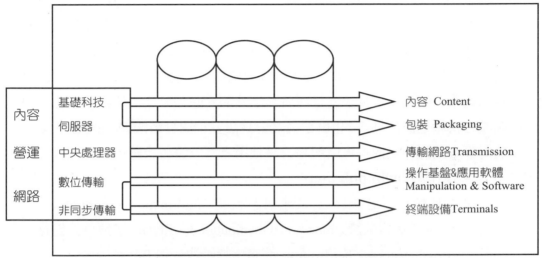

圖 8-3 聚合媒體環境的水平分層結構
資料來源：參考自何吉森 (2007)；劉幼琍 (2004)

就上圖的描繪，電訊產業有五大水平應用層面。

1. 內容層 (content)

內容提供者產製訊息產品，關鍵在於內容創新與品質。數位化的結果提高內容品質，並有即時、互動、多工等特性，內容業者因此必須走向「內容加值」的方向，將內容轉移成為資訊的形式來進行傳播與多工使用，包括文字、電視、廣播、影像、財經訊息、圖表、網頁、聲音、資訊等資料，而這些內容則構成電訊產業的整合模式。

2. 包裝層 (packaging)

包裝服務業者對內容加以選擇或組合的處理過程，更可附加額外的功能。在此層中依功能的不同可分為兩種包裝整合者，一為系統整合者 (system integrator)，此類整合者為使用者要連線至網路時的相關技術工具或平臺提供者，因為以目前上網的工具而言，是屬電腦上網的技術平

臺較有一定的標準；另一種則為內容整合者 (content integrator)，負責包裝及選擇內容產品，並附加內容產品互動與呈現的功能性。

3. 傳輸層 (transmission)

傳輸業者由各種不同的網路架構形成，包括電信網路、有線電視網路、無線通訊網路、直播衛星等網路皆屬之，而各網路可相互連結，達到多工使用的目的。傳輸業者從事傳輸硬體建設，包括固網、無線通訊、有線電視、衛星傳輸及小區域與廣域網路的建置。另外，傳輸業者也扮演統合傳輸通路的平臺，也就是負責管理設置相關發射設備、接收器材、發射點等硬體，並提供專業服務，讓使用者可以接收相關資訊。

4. 操作層 (manipulation)

操作基盤，可分為資訊高速網路軟體 (information superhighway software)、傳統操作軟體 (transitional manipulation software)、運算與儲存硬體 (processing/storage hardware)。而應用軟體業者如 ISP 經營者，則提供接收與儲存網路訊息的硬軟體設備與個人加值服務。

5. 終端層 (terminal)

終端設備接收係以有線或無線的方式所連接的終端設備，講求開放性與多工使用，亦即屬銷售傳送與接收資訊的相關設備，如行動電話、個人行動助理 (PDA)、電視、個人電腦數據流通等。

由上述分析可見，科技層面一旦成熟後，所帶來的是產業競爭力與商業體制下的市場發展，科技的必然性會影響到媒體產業的匯流化。只是，必須強調的是產業匯流化的結果並不代表市場運作力將會停止流動。基於產業程序性、原本產業屬性差異等等因素，經過匯流化後的電訊產業勢力必將進入重新分配後的分流模式。唯將電訊產業分為水平面與垂直面切割分析，由上中下游供應者構成的垂直生產鏈，在經過媒體數位化過程後，仍將依其所提供的服務形式不同，而被區分成不同類型的供應者。其中，內容與傳輸通路構面的管理必然成為主導的機能，再次印證電訊產業數位化後，將帶來的是整合產業匯流趨勢。然而，產業的經

營管理卻仍將朝向分流化發展。

　　吳宏敏 (1997) 將 ISP 業者的背景大致上分為下列數種：資訊業者、多媒體業者、廣告公司、電腦公司、硬體業者、網路硬體業者及網路骨幹擁有者，其中資訊服務產業（包括套裝軟體、結合軟硬體的轉鑰系統、量身訂作的系統整合、提供教育訓練的專業服務、代工的處理服務及以 ISP 為主的網路服務等六大類）市場規模成長迅速。然而，從 ISP 所能提供的服務加以分析，網際網路發展呈現驚人的成長，相關應用加速衍生，諸如：網路連線服務、硬體產品、軟體產品、系統規劃與建置服務、教育訓練服務、虛擬主機 (virtual hosting) 服務、網路購物服務、資源索引服務、出版品、Internet 咖啡屋／上網區等。此種現象充分印證，電訊產業數位化，使其從過去只提供單純撥接服務到目前提供多樣式的服務，成為標準的服務供應商，可見產業分流的主要原由與資訊來源多元化有密切關聯性。

　　就水平整合而言，電訊產業有其各自隸屬的屬性，諸如隸屬於廣播、電視或網路的範疇，因而縱使透過數位化後能獲得更多的頻寬，提供多樣化的資訊予消費者，但終究會依其所長而發揮該產業的效益。然而，在其組織擴張至飽和程度時，為求能產生最大效益，勢必將組織劃分成個體以方便管理，因此所謂的「交叉持股」、「策略聯盟」等模式自然形成。因應此階段的配套措施則需輔以政策法規訂定以制定遊戲規則，防止媒體勢力分配不均所產生的排擠效應、或是不合理的競爭。

　　由於科技匯流與產業界線的變化，整體電訊產業已經無法再依傳統方式作分類，產業面臨解構並重塑成傳輸網路、營運管理與節目內容三大領域。就功能而言，各式寬頻網路即是資訊傳遞的通道。資訊的內容將不再區分為視訊、語音或數據等，其中以視訊資料所需的傳輸容量最大，只要網路系統能夠傳送視訊資料，則必有足夠的頻寬傳送音訊與數據。從宏觀的角度剖析電訊數位化的產業結構，將可分為電子化傳播服務、供應服務、傳統傳播服務、基礎建設服務及技術支援服務。

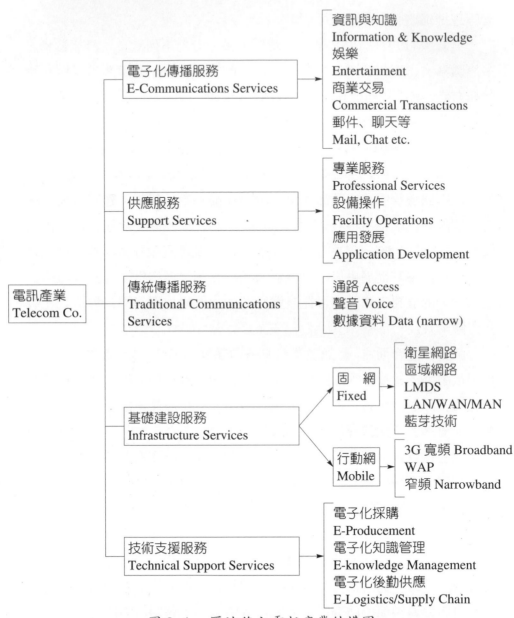

圖 8-4　匯流後之電訊產業結構圖
資料來源：電信服務業產業評估研討會 (2000)

由圖 8-4 中充分顯現，數位化之後傳播產業的解構其實是一種解構

之後的再建構歷程，或許可稱之為新思潮的重塑。

(三)資訊流通管理的變項

電子媒體產業歷經數位化科技的高度涉入後，其影響的面向較難以單一構面完整描繪此一產業的工業與資訊流通形式。歸究其因，乃長期以來研究機構與電訊產業經營者對數位化的認知，經常存在某種程度上的落差。

由前述的分析加以衡酌，資訊流通的模式往往是繫之於工業結構上的結合，但因數位化僅是傳輸特質上的改變，所以對於電訊產業在資訊流過程中仍有角色上的定位問題。

根據創新傳布倡導者羅吉斯 (Everett M. Rogers, 1983) 的說法，傳布指的是一項發明，在某個通道中經歷一段時間傳播給社會系統成員的過程。傳播涉及一項新思想、新觀念、新事物；傳播是指兩造相互交換訊息，由一方傳達至另一方，以達共識。尤其是社會體系經常影響消費者接受新事物的決心，只是數位電訊資訊流通的目標對象與族群，可能對新事物的認知與接受度並不容易觸動。

1.數位化規格的取向評估

新事物發展過程包括所有的決定、行為與影響等等。從認知需要層面、研究發展階段與商業化發生，進而出現傳布與採用，而後出現結果。多數新事物的研究都是針對新科技，科技的發明主要是減少不確定性以獲得想要的結果。創新發展階段隱含之一，乃新事物的發展是由製造者製造或販售，但其實也有可能是使用者因為需要，而促使製造商去發展進而要求銷售。特別在新科技商業化的過程中，由於研究的重心多由私人企業主導，因此在這一科技發展階段的過程，被稱為商業化。商業化是將新發明製造、量產、包裝、行銷與傳布（普及化）。然而，新科技要普及至大眾使用，仍須透過規格制定。由上述不難發現，規格的制定❶

---

❶ 為提高收視戶收視電視節目品質，以及能達成數位多元化服務，數位電視廣播

反而成為諸多電訊產業數位化以後必須克服的首要障礙，至於訴求對象則可依賴商業化的程序加以調整。

經由上述分析可見，一項科技產品的發展，首先必須考量與現有市場上所流通的產品是否相容。與原產品規格不相容者，稱之為革命性創新，或稱搗毀科技，目的在於透過新產品使科技更新速度加快。反之，與原產品相容的新科技，稱之為革新性創新，或稱扶持科技，優點在於市場接受度高，消費者在汰舊換新的過程中，不自覺地接納此一新科技。但因此種兼顧相容特質的科技，必然受限於革新而較難於作革命性的創意改變，此類產品常會有功能無法改變的後遺症。

綜觀數位革命的產物，大多屬於革命性創新，因此比較不受傳統產品的束縛，其優點在於技術研發速度更快；然相對地，一旦要將技術研發落實到應用產品時，也就招致市場接受度的考驗。目前大多數的電訊產業係採納美規為主，原因來自多方面考量，其中之重要因素在於美規產品的相容性高，一旦推出就易為消費者接受，但其產品的延伸性則為人所詬病；相對的，歐規產品由於生產製造者有較強的創新能力，新產品可塑性的機械特質往往有明顯突破，但其相容性則較不考慮。因此，兩者的流通性變項必須由市場考驗其新進入市場時的接納程度而定。

2.科技與管理的微觀面

電子媒體產業管理的目的，在求高效率的經營與經濟效益，換言之，就是如何運用其科技特質求取更高的企業利基。從資訊流通管理的角度

乃唯一之路，臺灣數位電視廣播在政府積極推動下，至 2005 年已初步完成全島各大數位轉播站之建置，收視戶可利用機上盒收視五家無線數位電視節目，然而，要達到數位多元化服務，除行動接收外，室內接收亦不可忽略。而室內接收易因建物材質、建物形式與環境之因素影響其接收訊號強度，因此，針對某地區數位發射站發射訊號的強度，在不同建物材質、建物形式與環境之因素下，量測其場強，再以各項量測數據進行統計分析，瞭解行動與室內有效接收之比例，作為無線電視臺建置數位發射機發射功率之依據，以及收視戶接收無線數位電視節目應依循方向之參考。

與高速公路的管理來看，兩者甚為雷同，高速公路傳輸的速度端賴進出管道的多寡，通常進出管道越多，在中途上下的車輛就越多，加上行駛速度的不同，就會延緩公路上的車行速度。資訊數位化後，網路的使用架構就如同高速公路，直接進出的管道增加時，傳輸速度就會隨之減慢。因此，如同政府推動高速公路的聯外管道建設，必然須依據使用者的需求建構網路傳輸管道。以此類推，可見電訊產業數位化後，要能提升資訊傳輸效率，匝口多寡的設計乃為必要考量因素。

數位化與高速公路相關的另一個概念在於使用者付費的精神。諸如現行電話費率的計費方式計算，在經由數位管理後的使用費率，則不應忽略位元價值 (the value of a bit) 的差異。因為，在數位時代中每個資訊位元的價值不是來自於位元的機械本質，而是因使用者和使用方式不同而有所差異，這些差別計價的概念反而是較為合理的模式。數位化之後，使用電訊通路將不再是免費下載的時代。以高速公路的經營理念，目前高速公路的收費方式是以車型大小、固定點的計算費用；然則，未來的資訊高速公路除了仍舊採取依使用者的使用情況（車型大小）計費外，更應加上目前歐美各國所徵收的基本費及累積公里數計算的配套措施。此一措施的優點是依照使用者的使用程度加以劃分，不但可避免資訊空間的浪費，亦能加速資訊傳輸效率。

基於上述理念，對於數位網路的管理提出以下幾項建議：

1. 以進出管道管理：採總量與按次計費方式；
2. 使用時間長度計算：時間越長越便宜；
3. 使用程度計算：越密集越便宜；
4. 時段的管理與計費：離峰時間較便宜；
5. 以上網的形式大小計費：路由接續越多收費越高；
6. 配合所謂的高承載措施：軟體量越大收費越高；
7. 流通量及使用者品質：要求速率快品質高收費則高。

以目前網路使用情形而言，普遍出現大量的短線使用者，不必付費

的優點反而造成網路塞車的問題，也影響整體網路傳輸速度。而高速公路管理方式以基本費加公里數的搭配，若以此方式用於數位網路的計價，將更使上網者有目的地使用公共資源。

㈣電訊產業之經濟觀

工業經濟與數位經濟的轉化是種工業市場法則的趨勢，因為傳統工業經濟是較為封閉的概念，缺乏企業的可取性，不願主動創新價值 (innovalue)，其運作模式平穩但缺乏創意。電訊產業數位化管理之後所建構的數位經濟，必然異於傳統工業經濟的概念。

表 8-4　工業經濟與數位經濟的轉化

工業經濟 (industrial economy)	數位經濟 (digital economy)
・垂直性整合固有產業	・整合性電子化商業社群
・固定資產	・智慧資產
・低風險承受度	・高風險承受度
・成本、管理與流通效能構成競爭力基礎	・知識、機動性與關係管理是致勝關鍵
・生產製造為獲利來源	・服務與經驗創造財富
・仰賴產銷通路	・無距離障礙、無死角
・供應者導向	・顧客導向
・一般性產品倉儲	・製作個人化產品
・新進者缺乏管道	・流動與持續階層重組的遊戲場域

資料來源：電信服務業產業評估研討會 (2000)

就表 8-4 對工業經濟與數位經濟之比較概念可見，數位經濟是一種工業與資訊的高度社群化、講求流通且重視知識管理、強調行銷與創新、願意接受風險的經濟，可以預見，這些特質都將成為電訊產業數位化後企業的重要屬性。在數位經濟體制引發目前一波波交互持股、併購和策略聯盟的風潮下，跨產業的垂直整合似已成為快速增加產業競爭力與拓展事業版圖的產業管理模式。然而，所謂的垂直整合 (vertical convergence) 是無法達到綜效的，因為從許多國內外的例子都可看出消費者並不喜歡接收單一的內容服務，故許多網路 ISP 供應商、寬頻業者、入口網站經營者都必須體認一個事實：仍舊扮演好分工結構下的傳輸供應商，並應著重於分工及開放性。而真正應從事策略聯盟的是上游的內容產製者，因為消費者必然渴求獲得大量、快速、高品質且多元化的內容。

以美國 AOL & Time Warner 併購案為例，兩大企業完成整合之主因，在於美國地理環境與資源皆豐足，加以當地人口特質已經達到水準之上，因此兩者之結合不但可以滿足美國內部市場，亦可對他國造成影響。簡言之，策略聯盟或是其他形式的合作，能否成功必須考量人、時、地三要素是否都已成熟。分析目前電訊產業所產生的企業管理與經營可概分為跨組織、跨業合作模式以及內在核心資源，簡述如下：

1. 跨組織資訊系統

跨組織資訊系統建置之影響因素可以分為組織內部與組織外部（范錚強，2001）。組織內的因素包括：(1)管理者態度；(2)內部整合程度；(3)組織文化對創新的接受度。組織外的因素則有：(1)組織間的互動關係；(2)整體產業趨勢；(3)現有技術基礎；(4)政府法律政策。企業間的跨組織資訊系統也可算是企業間的電子商務組合模式，為因應企業經營環境中日益激烈的競爭，組織之間利用整合或合作的方式，配合資訊科技的運用，來維持或產生企業競爭或優勢，已成為一種必然的趨勢，其整合模式可概分為：

(1)一個以上獨立管理的組織以電腦溝通，不包含實體媒體 (physical media) 傳輸的系統。

(2)以資訊科技為基礎，跨組織疆界的系統。

(3)被兩個或多個組織所分享的自動化資訊系統。

(4)跨組織資訊系統環繞在資訊科技上，便利了資料的建立、儲存、轉換與傳送。跨組織資訊系統和內部分散式資訊系統不同處在於可使資訊跨越組織疆界傳送。

產業數位化後，網路資訊系統既然可以強化組織交易，企業間似乎也可以互通有無，交換彼此的商業資料，甚至策略聯盟，因此整體組織疆界的界定也就需要重新調整。類似連結企業上下游業者的資訊系統，可稱其為跨組織系統 (inter-organizational systems)，此種資訊系統可以同時為幾個企業帶來好處，並形成一個虛擬的企業共同體。面對日益複雜的國際性經營環境，跨組織間的合作與競爭已成為企業經營上不可避免的議題。藉由中心衛星制度的運作，以促進大型與小型企業經營同步、管理同步及生產同步的水準，在整體力量的發揮、對外競爭力的提升等方面至為重要。跨組織資訊系統的建置，透過組織內外的資訊整合，能在作業上降低成本、改善資訊處理方式，使服務差異化，管理者在其間扮演重要的角色。若管理者能感受到資訊科技對企業帶來的衝擊，並體認資訊科技對組織績效的重要性，則對跨組織資訊系統的建置決策有正面幫助。

2.策略聯盟與跨業合作

目前的企業概分為策略聯盟與獨立經營兩大類。就產業經營模式而言，電訊產業數位化後將走向財團下屬機構管理的型態，歸究其因，乃進入數位時代後，產業自然面臨須經營非原有之專長業務，例如數位媒體可經營電子報、民生資訊以及任何資訊鎖碼服務。因此，經營者在市場機制下會產生下列幾種可能：

⑴相關產業策略聯盟，組成數位化經營團隊，申請數位執照。

⑵同業聯盟融合多方專業人員與團隊，申請數位執照。

⑶第一類電信跨足第二類電信事業，以互補雙方優劣勢，共同降低成本經營，但各自擁有相關經營執照。

3.內在核心資源的競爭優勢

波特 (M. Porter, 1990) 認為產業資源的基礎觀點是強調企業所擁有的「核心能力」(core competence)，是以企業本身為重點的內在優勢。柯里斯 (D. J. Collis, 1991) 也認為核心能力來自一組不可逆的資源，相對於

競爭者的特有優勢，也是創造企業利潤的來源，因此競爭優勢是核心能力的表徵。普哈拉與哈默爾 (C. K. Prahalad & G. Hamel, 1990) 則提出企業必須擁有核心能力才能創造出「核心產品」，因此一致認為企業必須認清核心能力是企業最主要的資產與資源；並認為企業之所以能提供良好的產品及服務，原因在於企業所擁有的核心能力，也就是競爭力的根 (root of competitiveness)，而其內容包括：⑴整合性能力；⑵累積性的學習；⑶競爭者的差異；⑷進入新市場的路徑；⑸阻隔競爭者的模仿等五點特質。

核心資源既然是企業競爭優勢的重要來源，因此如何不斷的建構與累積資源就成為重要課題之一。一般而言，企業可以透過內部自行發展、外部市場購置與合作發展等三種不同的途徑，來取得所需資源。而在資源蓄積方面，如何將資源轉為組織資源而非個人資源，才能真正有助於組織競爭優勢的維持。其中，可以採取經營知識萃取，形成知識擴散來達到機構化的程度，以積蓄資源。另外在運用資源方面，當資源有剩餘時，應更加充分利用核心資源，以創造最大的價值。適時的轉移資源到不同的範疇體系，更能達成有效利用。但應絕對避免過度濫用，導致資源失去其應有的價值，失去競爭優勢（吳思華，2000）。

在臺灣加入 WTO 組織後的市場開放，將會引進各國電訊產業經營數位化的模式經驗，同時可預見的是，接收設備的電子產品價格將快速下滑而帶動普及化，更加速業者進化的過程，在異業競爭、同業分食的趨勢下，如果政府沒有完整的相關配套措施，傳統產業生命便岌岌可危，未來數位電訊產業將提供所有資訊日用品市場,而在快速更替的潮流下，來不及更新的傳統產業就容易失去其市場占有率。

從經營觀點視之，數位被視為是種媒介工具的年代已經過去，亦即數位已不再是一種科技的形式。為求有效率地經營，經營者在都會區講求品質，追求精緻經營，郊區採量化經營，爭取增加客量擴充區域面。未來企業的走向將朝薄利多銷，符合資訊高速公路 (information superhighway) 理論。在消費已飽和的時代裡，消費者對新產品的需求不若以往強烈，衝動性購買的消費行為減少，此乃目前許多數位產品不易推動的原因。

目前由於傳統媒體與網際網路產業之間，仍處於極度競爭的零和戰役。可預見的是，未來傳統傳播產業與電信業者的經營方式大致趨向三大方面，首先是控制瓶頸設施來掌握優勢，網路為產業發展之基礎，有了自己的網路，可以使自己的成本降低，不受別人掣肘。其次，滿足消費者一次購足的消費型態，由於技術進步，業者可同時提供語音、數據、影音服務，消費者不會像過去單獨購買一種服務，為了將多種產品之費用列於同一帳單，故業者會傾向提供「套裝服務」(package service) 來吸引消費者。最後則是應積極進行整合來提高競爭優勢，且電訊產業乃為資本與技術密集產業，業者需要挹注更多資金進行實體網路的鋪設，並須投入技術之研發來提供最佳服務，故企業間常以結合與策略聯盟來互補彼此的不足，提升彼此的競爭力。

此一現象在電視工業邁入八十年的階段中已充分顯現，配合政策與大環境的互動以及科技的推衍，呈現出以下幾種電視產業的新風貌：

⑴數位壓縮與寬頻通路是造成電訊產業相互匯流的原動力。

⑵數位科技的進步、全球性的電信自由化開放政策，以及產業間聯盟的興起，逐漸打破資訊、通訊、娛樂傳播、消費電子等領域，形成「科技匯流」(technology convergence)。

⑶傳播科技的發展所匯流的不僅是科技的形式，更重要的乃壓縮了時空的概念，讓散居不同角落的個體能夠快速地進行互動與交流。

⑷即時的技術加速了物質與非物質的快速流動，是全球化趨勢的重要特徵。

電信業者從舊式雙絞線的窄頻電話網路，發展到利用非對稱式數位用戶迴路 (ADSL) 技術，藉以提升傳輸效能的寬頻網路。有線電視產業則可將所鋪設的同軸線纜也逐一升級到寬頻的光纖同軸混合網路 (HFC)

甚至光纖到家 (FTTH)，建構更大頻寬的服務體系，以及利用衛星傳輸之直播衛星系統 (DBS) 進入高寬頻的世界。提供語音通訊服務、電信線路傳輸視訊服務，數位電視可提供多元化的加值服務。

表 8-5　高速接取網路進程

接取網路	使用技術	頻　寬
簡易老式電話業務 (POTS)	傳統電話線	56Kbps
數位整合服務網路 (ISDN)	使用數位技術	128Kbps
直播衛星 (DBS)	使用衛星	<400Kbps
數位用戶迴路 (xDSL)	使用壓縮技術	1.5～9Mbps
光纖同軸混合網路 (HFC)	使用混合光纖	64K～30Mbps
光纖到家 (FTTH)	全部光纖電路	80Mbps 以上

資料來源：參考修訂自中華電信 (2001)

　　由於數位壓縮結合寬頻傳送，媒體功能與角色的界定，不能再用單一科技的觀點看待。媒體的界線不但日益模糊，即使是不同的媒介形式也具有相同或相似的功能與特性，特別是數位媒體的發展，更讓這樣的媒體匯流趨勢成為傳播科技的主流思考。傳播科技的發展所匯流的不僅是科技的形式，更重要的是壓縮了時空的概念，讓散居不同角落的個體能夠快速的進行互動與交流。然而，值得注意的是，媒體所給予互動的不只是個人的思想與情感，就產業經營面而言，應包括生活中金融及經濟資訊的互通。亦即，電腦等數位資訊科技的發展，減少了長距離的交易成本，並使各國經貿交易更為快速，商品、投資和貨幣流通逐漸一體化。由於科技產業革命導致訊息傳送成本、運輸成本大幅降低，跨國公司把部分生產部門，以及部分監督機構，轉移到低工資國家，從而獲得更大的利潤（張世鵬，1998）。此種即時的技術加速了物質與非物質的快速流動，這正是全球化趨勢的重要特徵。科技匯流的發展將走向多媒體環境，也就是以不同平臺的容量，傳輸本質上類似聲音、影像或數據的服務，而形成多媒體的跨業經營型態，以達到資訊互享的目標。整體而

言，數位電視所引發的產業特質與消費者行為的改變頗大，其中包括 all in one、at one stop shopping、always on、any where、any time 等模式。

　　傳統電視媒體產業面對此一產業新風貌的流變中，目前所要克服之困境乃數位機上盒❷(digital set-top-box) 的推廣。未來電視產業應以推動機上盒為重要方向，因為機上盒的普及正有助於多媒體平臺的建立。2001年梅鐸集團之中嘉網路投資和信所屬有線系統以及東森多媒體之數位平臺皆期望能推動數位 STB，反觀我國政府也極力推動無線電視數位化的進程，事實上也是為了要解決此一問題，由此可見機上盒在數位科技的形成所扮演角色的重要性。

表 8-6　數位機上盒 (STB) 的功能與應用

功　能	高速寬頻通訊網路服務	雙向互動安全性	互通性	提供資訊／數據服務	整合其他產品
應　用	非同步傳輸(ATM)	條件式接取(CA)	數位地面傳輸(DTT STB)	網際網路(internet box)	數位影音光碟(DVD)
	非對稱傳輸(ADSL)	智慧卡(smart card)	直播衛星(DBS STB)	網路電視(Web TV)	有線數據機(cable modem)
	光纖到節點／家(FTTC/FTTH)		有線傳輸(cable-ready)	資訊管理機制(MIS)	
	共同使用機上盒(unity box)		電視與電腦(TV & PC)		
	家戶用機上盒(house-side box)				

第三節　數位電視革命的創新與傳布

　　就數位電視革命的傳布面向而言，本章主要探討之焦點含括企業導

---

❷　數位機上盒可運用之功能除解碼之外，另有數位與類比訊號之轉換、附加價值服務、分級付費、點選收視以及客戶資訊管理等。

向、市場導向與消費導向的意涵，期望藉以建構科技之延伸性。至於，創新面向的思考則將焦點放在新科技的醞釀過程、如何運用新事物創新之概念，並就各電視臺如何推動數位化的取向，探討受眾市場對其提供之資訊服務的接受度，以及消費者為何不願接受的障礙，思考數位電視科技產物之源起，如何擴散到整體社會系統，而成為眾人所接受的社會過程。並期能分析數位電視科技產物在社會系統的傳布過程中，採用者的態度模式，尤其是認知與行為之差異因素。

從過往的經驗得知，新事物傳布的特徵是一種特殊型態的散播，其傳播的訊息是新的或新近被採納的事物。由於一般人未曾接觸過新事物，不知如何使用，亦不知可能帶來的後果，所以會有不確定的感覺。然而，一旦資訊尋求行為減少對新事物之不確定，就可決定是否採用或拒絕（Rogers, 1995；黃韻如等，2002）。由此可見決定是否採用新事物的過程亦可視為是一種資訊尋求與資訊處理的活動，以便降低採用者對新事物好或壞的疑慮。

1990 年代，數位化概念在電視產業發酵，電視媒體正式邁入另一階段的「典範轉移」。其中，數位與壓縮技術的進展正勾勒出尼葛洛龐帝 ❸ (N. Negroponte)「有線變無限，無線變有限」的科技願景。數位化最大的優點就是能大幅增加頻寬的使用效率，此一科技勢必將帶來電訊產業的相互匯流，使得原本壁壘分明的媒體產業得以整合成一個水平相關的層級式產業（齊若蘭譯，1995）。諸如以往皆採分業方式的電信公司、網路服務業者、無線電視網路、有線電視網路，以及直播衛星等網路傳輸業者，藉由此一新科技可進行互跨服務的競合關係，加快通訊

---

❸　根據尼葛洛龐帝式轉換 (the Negroponte switch) 的詮釋，數位可帶來多種可能性甚或無限的可能性。由於數位化具有益於分封傳輸 (package delivery) 的優點，又可和其他位元混合（多媒體模式），以及製造壓縮、錯誤偵測及回復等特色。使得數位模式在新位元條件下，更具相容性、可塑性與延伸性的特性。

(communication)、資訊 (computer) 與消費服務 (consumer service) 的聚合特質。傳統電視臺的產製流程在類比時代是從內容製作、匯聚到傳輸的線性思考，但是在頻道空間增大、內容需求量增加時，電視產業中的許多新興角色將會漸漸形成。如圖 8-5 為傳統電視於電視數位化之後在經營結構上的差異。

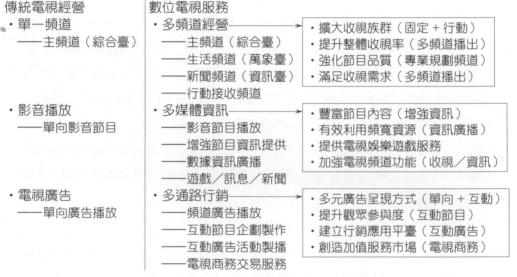

圖 8-5　傳統電視與數位電視經營之比較
資料來源：臺視資訊部 (2004.2)

　　在先進國家推動電視數位化時，地面廣播電視臺通常只負責製作電視節目內容,訊號則透過無線電波傳輸業者以塔臺共構的方式傳輸訊號。電視產業的發展將朝向水平分工，其完整的產業價值鏈除了考量互動回饋外，流程中構成要素將朝上下游垂直整合，而事實是「當內容數位化、傳輸寬頻化之後，這個產業之間就沒有什麼分別」（賴雅芹，2002）。正因如此,傳統電視產業必然面對此一新科技所帶來的新事物之抉擇議題。在商業主流的電視產業中，如何面對消費層面的快速傳布，將是此一新事物得以推動的依據。

帕夫林 (John Vernon Pavlik, 1998) 提及,「與其他科技一樣,數位科技的推展必然是無法獨立存在於真空狀態下,而必須與政治、經濟相互產生交集,進而發揮影響作用」。不難理解的是,由於數位科技的進展已成人類社會無法抵擋的趨勢,因此從類比轉變到數位化科技的電視產物,如何繼續掌握大眾的接受度一直是不可或缺的考量。就各國推動數位電視的經驗得知,接收設備的價格、使用行為的改變、產製者對科技的見解,以及其所產生之多頻道內容應如何規劃,皆為此一新事物衍生的瓶頸。無可避免的是,推動數位電視首要之道,當然應使接收設備普及化。至於,軟體內容的產製環,或可藉由改變或重製舊媒介的內容,逐步建立後設資料 (meta data) 之檔案管理模式,並結合附加價值 (value added) 的訊息服務管道,拓展電視媒體數位化的軟體來源及輸出方式。

就大環境而論,電視產業的發展迄今已有八十多年,整體電視產業已從單一系統轉為多系統經營;從勞力密集轉為資金與科技密集;從傳播乃至資訊並即將轉為電信服務;從個體與政黨體制轉為水平與垂直市場整合趨勢,以及從地方化轉為全國化乃至全球化的架構。走過來時路,充分顯示臺灣電視的現況,在科技發展的軌跡中已理出頗具經濟規模的市場環境。其所具備電子媒體之可塑性、延伸性、相容性以及永續性等特質,已非其他媒介通路可加以比擬。此乃為何早就有人認為電視並非電視,應更擴而大之為電訊的視野加以衡量。

縱然如此,反觀 1993 年之後,臺灣開放有線電視、衛星電視,以及民視、公視分別於 1996、1998 年加入市場的競爭,使得電視事業的經營一直處於消費者對收視品質迭有抱怨,以及政府居中協調仍難解決的種種現象。不過,對於臺灣有線電視封閉式經營的環境而言,之所以會造成混亂的市場運作,應源之於系統經營者爭取市場空間的惡性競爭,以及上下游產業難以取得互信的因果關係,而此一現象正是致使臺灣有線電視之數位化過程難以施展的癥結。至於,推動無線電視數位化亦為既定政策,可以推論,對於數位解碼盒推廣的問題必然也難以避免。隨著

科技的整合，世界各國有線電視屬付費收視而無線電視屬免費收視的營運方式，或許將因應數位電視政策的推動而有所調整。特別是在數位技術逐漸被採用之後，已可預期未來的無線電視也會出現付費收視與加值服務的方式，其傳輸過程將仰賴數位解碼盒始可推動全面的數位化。

　　然而，就有線電視業者的經驗❹，近幾年來臺灣推展數位解碼盒的過程並不順暢。觀察諸多市場與消費者對此一新事物的分析認為，電視產業至目前為止，之所以仍無法順利推動數位解碼盒應有以下幾項主要因素，包括：市場運作的成熟度不足、消費者對付費收視習性的難以適應，以及政策強勢主導的窒礙難行等面向。如從近幾年來臺灣幾家有線系統業者主動實施分組付費，卻屢遭消費者排斥而未能成功的經驗可見，推動數位電視在時機的掌握上甚為重要。因為，此一新事物的採用並非片面要求系統業者貿然先行測試市場之接受度即可順利推展，大多數的消費者因長期享有價廉且量多的電視節目，如欲立即改變其消費模式，當然會遭受許多障礙。

一、對創新與傳布理論的探討

　　數位電視在臺灣的推廣進程中，必須面對科技創新、創新與傳布、產品推廣、社會採納、社會影響乃至社會認同的階段，才可達成新事物能被傳布的脈絡。

---

❹　位於基隆屬於和信企業體系之吉隆有線電視系統，在 1996 年成為臺灣第一個取得系統執照的業者，於 2002 年下半年，引入中嘉集團以全數位有線電視的模式經營，目前已備妥數位解碼盒可提供收視戶使用。但此一個案因 2003 年11 月臺北市政府費率審議過程而略有波折。

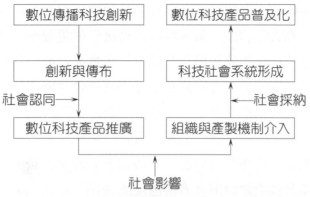

圖 8-6　傳播科技生態環境衍化程序概念

　　如前所述，羅吉斯的「創新傳布」理論主要是研究新事物 (新思想、新工具、新發明、新產品) 如何擴散到整個社會系統 (social system)，進而形成廣為人知的社會歷程。羅吉斯 (1995) 認為，研究傳播科技必須關注「社會採納」與「社會影響」兩個層面，以此思維反觀電視數位化科技的研發與推廣必然難以例外。其中，廣大消費者對數位科技所衍生新事物採納的態度、整體傳播政策的取向，以及數位內容的建構是否完備，皆將成為社會影響的關鍵因素。

　　按羅吉斯的理念，產製者必須瞭解誰是新科技產物的創新採用者 (innovators) 以及其與早採納者 (early adopters) 的互動關係。更重要的是，必須認知消費者之所以願意成為較早採納者的原因，以及此一新科技產物能獲取多少的採納率 (rate of adoption)，更應推估未來可能是上升還是下降❺。羅吉斯更引用「臨界大眾」(critical mass) 的概念加以衡量新事物的後續擴充性，於此所謂「臨界大眾」乃指會採用新科技的最大可能

---

❺ 根據訪談前中嘉和信 MSO 之經營者王騰 (2002.03)，認為該 MSO 所屬系統——新視波有線電視系統推動數位解碼盒過程時，在初期多數消費者並不排斥接受此一新事物。然而，在後續的推展過程中，消費者並未因接受此一新事物而獲得更多的內容或服務。亦即，這些早採納者與產製者是在缺乏更滿足之內容互動的情境下逐漸卻步。

人數。反觀臺灣電視產業對推動數位科技的實用與否提出具體成果，更以採納率的多寡去印證此一新事物能否被接受的重要參考依據，其結果似乎不是如理論的推估便可簡化其結果。事實上，此一新事物的推動過程，其最大可能人數仍然會受到社會系統或社會氛圍等因素的影響。因此，根據此一理論所述，採納新事物推估臨界大眾時，必須再經歷認知、說服、決定、推動以及確認等五項步驟，可見數位電視科技為大眾採用的快慢，完全決定於消費者對此一科技創新與傳布的決策模式。

為瞭解新科技所面對消費者的態度能否相互扣連，故引用恩格爾 (J. F. Engel)、科拉特 (D. T. Kollat) 與布萊克威爾 (R. D. Blackwell) (1982) 所提出之 EKB 模式為例加以對應。此一模式認為，通常消費者決策行為中有五個重要的程序（黃韻如等，2002）。如反觀所擬探討之主題，應可作如下之見解：

(一)問題認知

當消費者認為理想的情況與實際的現象有差異時，即產生問題的認知，其來源有二：一為外在的刺激，另一為內在的動機。此點乃上述所謂社會系統或社會氛圍等因素，是否存在對新事物採用的影響。

(二)資訊蒐集

當問題認知發生後，消費者若發現自己所擁有的資源並不充分，就會去蒐集更多相關資訊以解決問題，且通常會透過大眾傳播媒介、朋友意見及行銷人員所操縱之變數，以經過接觸、注意及接受後所得到的訊息去選擇、評估採用新事物的方案。

(三)方案評估

當相關資訊蒐集完後，消費者便依評估準則和信仰對選擇方案進行評估，以達成對新事物採用的決策。評估準則是消費者用以評估新事物

之標準，而信仰則是連結新事物和評估準則間之一種意識。

(四)選擇決策

消費者評估各種可能的方案後，便會選擇一最適當方案，並採取接納新事物的行動。但當消費者遇到一些不可預期的環境變數，如：所得改變、政策改變等因素，則會保留原來的意願而不採用新事物的方案。

(五)評估結果

當消費者作了選擇後，會有二種可能結果，一是滿意，二是決策後失調。其中滿意即是對選擇方案之評價與事前對該方案之信仰與評價二者認知一致；至於失調則顯示出對該新事物缺乏更多的互動而產生失望。

此種模式的推論或許可以說明，一項新科技的出現，僅是將內容產業提升到經濟生活裡更接近核心的地位，當然是足夠讓人期待。但經濟學者和企業的發言人們經常忽略的是，含括內容產業在內的整個經濟市場結構和生產能力之數位革命同時也在轉變著（查修傑譯，1997: 344）。

科技通常包含新硬體與新軟體二個面向，硬體面是指組成此一工具中的物質或物理性零件，軟體面則是與此一工具有關的知識。換言之，每項新科技出現，除了硬體本身的操作及其效用為人類帶來衝擊，軟體方面也間接地改變人類的思考方式及相關的價值觀。由於目前臺灣大多數家庭電視接收設備仍以類比器材為主，在過渡時期，如何使數位傳輸能相互接軌，其最直接的作法，應是硬體面數位解碼盒 (digital set-top-box) 的推廣。然而，軟體面之產品價格與技術規格，甚或服務內容的不確定性等問題，都會使其瓶頸一直難以突破。基本上，新科技的推動是用來減低生活中不確定性的一種工具，如再就創新傳布的理論分析，軟體面向即是探討此一新科技是什麼、此一新科技如何有效運作，以及此一新科技為何能有效運作等與科技本身有關的問題。至於，一般人對新事物評估內容，則會提及此一新科技所帶來的結果是什麼、它會對我有

利還是不利等，與科技所造成之結果有關的問題。由此可見，數位電視科技未能順利推展，不外乎是此一新事物仍有諸多因素未能為大眾所接受，其間應可視之為數位電視科技與臺灣社會認同度仍具頗大差異。

　　在創新傳布理論中，所謂傳布指的是一項發明在某個通道中經歷一段時間傳播給社會系統成員的過程。早採用者相對於晚採用者，對數位傳播科技新事物的採用行為當然也有不同。通常創新採用者較具世界觀 (cosmopolite)、較常接觸大眾媒介與人際傳播、更願直接與新事物來源進行溝通，而且意見領袖常是主導新事物是否被採納的關鍵。從羅吉斯於1964 年針對五個哥倫比亞村落意見領袖的研究中得知，是否成為意見領袖通常決定在其社會特徵、傳播行為及共通性；羅吉斯更發現意見領袖通常具有受過正規教育、高識讀能力、較大的創新性、高社經地位、較多的媒介暴露，以及較高的意願接受新事物等特徵。

　　由表 8–7 可知，在數位電視擴散過程仍須注意臨界大眾對於此一新事物接受度是否具有兩極化的現象。而且，此一新事物是否具有再發明的空間，除了視數位傳播科技產物能否順利為大眾所採納而定之外，更重要的是電視媒體組織內部人力對此數位科技產業的認知，以及是否有意願投入更多的溝通情境，如表 8–7 中所提及社會系統的策動者 (change agents) 變項（如傳布策略）與創新決定過程的類型。

　　然而，社會系統中的個人在採用諸如數位科技新事物的時間上來說是不同的，更確切的說，那是一個跨時期的結果。可以根據大多數的人開始使用新觀念的時間來作為採用者的分類依據，而更有效率的方法則是以創新性的程度來區分採用者的類目。創新性是傳布新事物研究界定個人相對於社會系統中其他人採納的早晚程度，因為策動者角色最主要的目的是在使創新性增加，創新性也就成為傳布研究中最主要的依變項。其創新性要比認知或態度轉變更明顯地指出行為的轉變，這也是為何，在羅吉斯所提出科技產物創新性與採用者五大分類中，會有採用順序特徵上差異性的主因。其中，應特別重視社會系統的影響，而社會系統的

表 8-7 對新事物採用之自變項與依變項分析

類　型	自變項	依變項
1.早知者	社會系統成員中對新事物的早知者	個人特質（如世界觀、媒介使用行為）
2.採用速度	社會系統對不同新事物的採納速度	成員對新事物特性的認知（如複雜性、相容性）
3.創新度	社會系統成員的創新性（組織或個人）	個人特質（如世界觀、媒介使用行為、資源、社會地位、與策動者的接觸頻率），為系統層次的變項
4.意見領袖	創新傳布中的意見領袖	個人特質（如世界觀）；社會規範與其他系統變項；媒介使用行為
5.人際網絡	擴散網絡的人際關係	社會系統中二人以上的連結網絡模式
6.社會系統	不同社會系統對一新事物的採納速度	社會規範；社會系統特性（如意見領袖之多寡）；策動者變項（如傳布策略）；創新決定過程的類型
7.傳播通道	傳播通道的使用（如大眾媒介或人際關係）	創新程度與社會系統成員的其他特質（如世界觀）；社會規範；新事物特性
8.影響	新事物的結果	成員特質；社會系統特性；新事物使用的狀態

資料來源：Rogers (1995)

建構則源之於國家威權的認知，因此主管機關對於數位電視的政策主導必然有密切關聯。

　　綜合創新傳布的理論解析，還可用以解釋傳播科技新事物傳布採納速度快慢的原因，包括：

(一)決定新事物過程的類型

　　可分成自行決定、集體決定、權威決定。另外，由許多個人組成的組織，其採納速度會較個人慢很多。目前數位解碼盒的普及化過程，自應在此一氣氛中加以經營。

(二)傳播通道特性

　　傳播通道與新事物特性之間的交互作用，常是造成新事物減緩或加速傳布的原因，例如人際傳播適合告知性的訊息，或是用以解釋較複雜的新事物；反之，大眾媒介則多適用於簡單易懂的訊息。由此可見，推動數位電視的過程中，傳播媒介的運用應可提高民眾使用之意願。

(三)社會系統特性

　　社會規範也和傳播網絡有高度關聯，同樣影響新事物傳布的速度。社會系統包括政府在法規與政策上的制定，而此一系統是否與整體社會對於電視數位化的認知有密切關聯性，仍為重要考量因素。

(四)策動者的推廣能力

　　改變策動者的努力與傳布速度的關聯，有時不是那麼直接相關，但有時對意見領袖卻是頗有說服作用。在社會氣氛能否接受電視數位化的過程中，若可透過意見領袖，如知識分子、企業領導者、社會團體以及創新者或早採用者的引薦，其說服力必然大為提升，此點當有助於數位電視科技產物在市場的加速推廣❻。

　　在羅吉斯所提出之「科技接受曲線」(technology adoption curve) 中，認為一個新科技要達到 20% 的普及程度，需要花上整個產品成熟期一半的時間，另外一半的時間則可以讓科技的普及程度達到 90%。換言之，一個有影響力的新科技問市後，到其被八、九成人接受的期間，此間必須花掉研發該新科技所需之一半的時間，且消費者只能接受 20%。可一旦過了這 20% 接受度的轉折點後，消費者會很快地接受該新科技，並迅

---

❻ 在新產品擴散理論中，創新者或早採用者常屬一小部分，但這一小部分人員是否使用，卻根本的影響這項產品是否能推展成功。對照 80/20 法則（80/20 法則意味 80% 的市場貢獻其實來自於 20% 的人），可以更明確瞭解左右這產品生命的發展，事實上是一小部分的人口而已，但是此一人口常會主導新事物的採用。

速地達到八、九成以上的接受度，而中間只須花另外一半的時間。推估
形成此特色的原因，可能是推出初期，消費者還不太瞭解該新科技，而
新科技擁有者，也對消費者的教育不足，也可能是該新科技附屬的基礎
架構未能完全建置等等。因此消費者必須要花較多的時間方能瞭解該科
技，進而接受它，此點更說明在科技推動的過程，創新傳布模式的確對
新科技散布的過程有明顯的影響性。

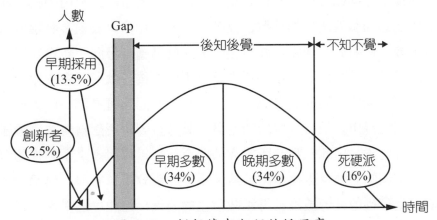

圖 8-7　創新傳布期程的採用率

資料來源：黃紹麟 (2001)，參考自「數位之牆」網站

　　在創新採用者與晚期採用者中間，有一個明顯的斷層，說明了新科
技要從先知先覺者擴散到晚期採用者的過程中，存在著需要去克服的斷
層。如前已討論，形成此一斷層之因有來自於付出代價、複雜度、政府
政策推廣以及是否廣為使用等因素。而這個斷層能否被克服，正是這個
新科技最後能否被主流大眾接受的關鍵。而過往諸多科技產品，因為無
法跨越關鍵的 16% 門檻❼，最後只能淪為小眾的應用無法成為主流，甚

---

❼　創新者 (innovator) 首先採用，這部分人的比例約略是 2.5%。接下去會跟著採
　　用的人，是所謂的早期採用者 (early adopter)，約占 13.5%。這兩種人可以稱為
　　先知先覺者，相加起來占有比例達到 16%。然後是後知後覺者，又可依照接納
　　新科技的時間先後分為早期多數 (early majority)，以及晚期多數 (later

至因無法推廣而消失。柯司特 (M. Castells) 曾舉 1980 年代電訊傳播通訊科技的發展為例，商業導向的解除管制與自由化運動，乃是電傳通訊成長與重新組織的決定性因素，最著名的案例即是 1984 年美國電報電話公司 (American Telephone & Telegraph Company, AT&T) 的分家 (夏鑄九等譯，1998)。

　　數位電視科技所獨有的一些特質如互動性、即時性、工具性、便利性，都會引發閱聽人產生與使用類比電視媒介者不同的使用動機。新科技的功能必須強調擴充的選擇、互動性、個人化，以及更多特別個人化的滿足等。針對此一觀點，新科技的成熟度仍應考量此一新事物所能帶入的功能性，其中當然含括一般大眾是否能夠接受軟體內容的擴充，否則其後續接納度會因此而受到影響。綜合上述面向可見，一般大眾對於數位電視的採用必然有其主觀的定見，其考量因素與創新傳布理論雖有頗大契合之處，但此一理論所講究的概念，是以採用者之主動性的探討為主，唯稍缺乏涉及更複雜的經濟與心理因素分析。亦即，無論從何種角度，就理性的思考或推動電視數位化的過程，這些可能對採納新事物產生影響的情境皆應賦予更多元的觀察，使一般大眾基於心理或社會的思考，才會積極採用數位電視科技相關產物與內容。

二、臺灣推動數位電視化歷程的觀察

　　近十年來電視科技所帶給整體產業的衝擊及影響，就訊號與傳輸特質而言，電視數位化所帶來的具體意義含括：(1)訊號特質：訊號抗干擾、便於加密處理、多代複製、利於長久保存、訊號可以單獨分離以及適合數據與影音訊號；(2)傳輸特質：訊號傳輸過程中設備易於整合，使得資訊傳輸設備容易結合各種數位訊號。換言之，數位相較於類比訊號，在資料的處理上，可以更容易模組生產、排列重組、修正以及進行壓縮。

---

majority)，各占 34% 左右。最後是不知不覺的人或者是死硬派堅持不採用的 (laggards)，約占 16%。

對傳播業者而言，革命性的改變帶來了技術上的創新，亦即電視數位化之後在傳送影音訊號時，只要加上更正錯誤的幾個位元與改錯技術，就能夠除去資料傳送時可能產生的干擾，維持原有訊號品質，達到高傳真的效果。

然而，科技影響產製流程，製作人力的配置同樣也會隨著數位化的到來而排列重組、觀念修正以及進行壓縮，必然會成為推動電視產業數位化的新變數。再就傳輸技術而言，數位電視是製播、傳送和接收電視訊號的革新型扶持技術。然而，從整體產業管理的面向來看，卻引發革命性搗毀方式的諸多迷思。諸如在推動電視數位化過程的數位政策與產業策略的迷思，以及政府或經營者經常游離於科技或消費迷思。另則，基於科技的變動性,經常使人對數位科技是否可成為一種產業產生質疑，尤其是電視產製數位化是否就等於是數位媒體這類問題。這種種的疑問，使得從業人員不斷反思，數位科技到底能為廣電產業做什麼？由此可見，臺灣推動電視數位化歷程所要面對的議題，除了內部人力層面的結構之外，亦需考慮更多因為追求數位化所帶來的後續之內部管理與平臺管理的問題，其中包括：產製流程管理、播放平臺管理、傳輸平臺管理、多媒體呈現管理、影音存取平臺管理、營運平臺管理以及版權平臺管理等，這些問題正好都呈現了電視面臨數位化的危機與轉機。

在傳播科技與社會結構的引領下，電視產業從有線電視瓜分市場，到數位化傳輸時代來臨，臺灣的電視產業應如何在此一環境及相關網路結合有線、衛星，已成為刻不容緩的問題。數位化及標準化為全世界的潮流，配合先進的壓縮技術，不但降低傳輸成本且增加頻寬及品質。

電視數位化帶來嶄新的軟體內容與資訊服務模式，新競爭者和新經濟模式，使得資訊及娛樂工業也因此紛紛出現，這些多元化的發展當然有助於電視數位化環境的建構。由此可見，數位化是一種手段，更是一種目的，但推動數位化過程必然會遭受困擾。過去媒體數位化事實上已完成，唯數位媒體的整體形貌必須結合供應、傳輸與接收三種領域。目

前臺灣在接收的部分仍以類比接收設備為主，民眾必須更換電視機或加裝數位整合功能解碼器 (digital integrated receiver decoder, DIRD) 才能觀賞數位電視，此一問題成為推動數位電視最大的困擾。

　　臺灣在發展無線電視臺的時程規劃上，交通部預定 2010 年，政府將收回無線電視臺現有類比訊號頻道，至於目前接收類比訊號的電視機，也將無法使用。按此規劃，2008～2009 年之過渡期間，臺灣五家無線電視臺會同時播放類比、數位兩種頻道節目。如在 2010 年數位電視普及率達 85%，即可完全停播類比訊號頻道，只提供數位訊號頻道❽，這是政府與業者在數位化進程中最大的挑戰。

　　然而，整體電視環境的演變，是一種整體結構性的調整。在無線電視臺推動數位化的過程中，未來有線電視系統的配合程度，必然也會影響到此一科技的普及接受與認同。世界各國大多都決定了各自數位化的系統規格，但仍有如美國與歐洲等，在其後持續進行相關的規格改進 (例如 ATSC-H/M 和 DAB⁺)，以利未來的發展。在數位時代中，由於快速發

❽　為減輕業者的負擔，政府編列試播費用 1.26 億，除公視外的四家無線電視臺自籌 6515 萬元，其他由經濟部補助。針對臺灣五家無線電視臺，政府同意其各可免費獲得一 6MHz 的 UHF 頻道供數位電視用，經過數位壓縮處理，可以同時播出四個標準畫質的數位電視節目，或一個高畫質的數位電視節目。分別是中視 24、25 頻道；民視 28、29 頻道；臺視 31、32 頻道；華視 34、35 頻道；公視 50、52 頻道 (鍾佳欣，2002)。為能整合建構臺灣無線電視數位平臺之理念，各家無線臺均有負責數位電視發展的工作，華視負責實驗臺發射端系統的建置與試播；臺視負責實驗臺系統頭端系統建置與試播；民視負責設備行政與採購作業，以及數位電視塔臺共構與廣播網路規劃事宜。至於有關數位電視節目製作與試播部分，由中視負責數位電視節目的製作，以及數位電視資訊規劃與應用工作，其他相關數位電視產業合作事宜，則由相關團體進行規劃推動。經過幾年的努力之後，政府階段性投入無線電視發展經費 (按行政院新聞局所提供的數字，於 2003 年為 4.3 億、2004 年為 3 億、2005 年編列 2.5 億的補助經費，由公共電視負責建構共同傳輸平臺)，臺灣五家無線電視臺已成立無線電視平臺的模式。

展的科學技術，對於傳播媒體應採納何種規格的科技產品，有著決定性的影響力。因此，應用何種規格的科技無法藉由技術層面決定，必須從其與原有產品的相容性、產品本身的可塑性、產品技術的延伸性，以及未來發展的延續性加以評估。舉數位壓縮的規格為例，世界各國在推動數位化時，常為選擇何種規格而困擾，但如此作為往往會使數位化的推展進度受影響，尤其是消費者對新科技產品接受度的信心難以建立，必然成為數位電視產業推動上的障礙，其中電視數位解碼盒的推廣將成為重要因素。

再從創新傳布理論的思考，數位電視解碼盒被採納速度，必須是以不同階段社會中使用新事物的成員之多寡來計算，才是一種數值上的真正指標，藉由此一指標可以看出不同階段的傳布速度快慢。就理念務實的去加以探索，歸納推動電視數位解碼器材應有以下幾個重要因素，包括：節目軟體之質量是否為收視戶所肯定、同性質之電子媒介是否具有制衡條件、科技推展是否已達到穩定、數位解碼器材的價位是否為大眾所接受、傳輸網路品質是否完善、加值服務內容是否具吸引力，以及政策法規是否已妥善規劃等項目皆不可或缺。

在數位定址解碼技術的發展過程中，電視經營者應考慮的因素必須包括：訊號傳輸不易被解碼、電視臺與家庭電視機之系統介面必須具有良好的相容性、發展未來新服務如加值網路服務、數位電視或互動電視技術的延伸性等皆應納入規劃範圍。除此之外，尚須考量不會因為鎖碼處理之後，而影響鎖碼頻道或其他頻道的收視品質。當然，數位解碼盒的生產是否能兼顧成本低廉、安裝容易、故障維護方便亦不可或缺。如從經營的觀點加以探討，則另應顧及多頭端能否集中或分散管理、不同帳務系統與收費方式是否完備，以及編碼系統能否進行評估節目軟體內容的附加功能。可以預見的是，唯有結合完備的硬體設施及合理的消費環境，從硬體與軟體雙重考量，以及市場與政策環環相扣，才可為市場所接受。

綜合以上探討所得,可以理出發展電視數位化過程中,數位解碼盒推動的困難有以下四項重點:

(一)消費者心態問題

自從有線電視在臺灣普及化之後,已經養成民眾「多頻道、低收費」的收視習慣,只需支付基本月費就可以收看到所有頻道節目的習慣早已深植收視戶的心中,因此短期內很難改變。對於無線電視而言,未來發展數位化也會使一臺可經營四個頻道,屆時如電視臺希望有一付費頻道時,仍將面對民眾對使用者付費之排斥。

(二)推動時程問題

數位解碼盒的推動時程宜全國一致,以免有些業者故意延遲推動時程來不正當掠奪無意願安裝數位解碼盒的收視戶,造成市場惡性競爭。

(三)設備成本問題

推廣數位電視系統必須先在收視戶家中安裝數位解碼盒,而該項設備之成本完全由電視臺業者來負擔,將造成龐大的資金壓力,很可能產生資金缺口,造成經營成本的負擔。若向收視戶酌收數位解碼盒的費用,又會造成採納意願偏低,對於數位電視系統的推展當然形成阻力。

(四)軟體供應問題

實施分組付費制度後,電視臺業者勢必需要極為龐大的節目片源,因此會面臨極為龐大的購片費用成本。業者在經營成本的考量下,基本頻道及付費頻道的費用勢必無法低廉,將可能間接影響民眾接受的意願。

顯然,數位接收設備的推動能否順利,仍應考量是否有損消費者權益或剝削消費者現有的利益。此一習慣性的態度與行為所產生的阻礙,或許不應該完全歸諸硬體設備的條件。如果因此而將推動數位電視的措

施，必須有待多合一功能之數位解碼盒為市場所接納再一併考量，必然非唯一的思考。

　　對電視業者而言，業者仍須排除推動數位化過程中所將面對的困境，如 STB 的推廣、售後服務體系的加強、數位內容的擴充、CA 認證 (certificate authority)、計價拆帳模式問題的排除，以及雙向網路的建置。另則必須能掌握其有利的訴求，包括：如何提高製播效率；對計次、VOD 與互動業務的推動；數位內容價值利基的掌握；資料庫管理運作模式，以及跨業經營的可能性等，才可為市場所接受。有幾項重點仍為推動電視數位化不可忽視的條件，包括：如何配合製播分離制、如何儘早制定數位傳輸共同規格、如何儘早規劃共同營運模式、如何儘早制定各類相關認證業務、應更明確的規劃共同使用平臺、共同平臺營運之各項資金分配與運用，以及數位壓縮技術❾的選擇等。

　　隨著高畫質電視的普及，影音的資料量越來越大，相對的頻寬卻沒有明顯增加，如果必須在同樣頻寬中傳輸更多頻道，讓頻譜能夠更充分運用，MPEG-2 格式已經遇到瓶頸。除了早期針對聲音以及 VCD 規格所推出之壓縮技術外，包括 H.264（也稱 MPEG-4AVC 或者 ISO/IEC 14496–10）、MPEG-4、AVS、DivX、Xvid 以及微軟的 WMA、VC-1 等新壓縮技術不斷被開發，將各種壓縮技術使用於各類訊號的傳輸（如表 8–8）。其中，最受人矚目的就是 H.264❿，在 MPEG-4 基礎上開發出來

---

❾　傳統電視內容：目前是以 MPEG (moving pictures expert group) 影視流 (video stream) 為主。MPEG：此名詞原指研究視頻與音頻標準的小組，而該小組於 1988 年組成，至今己制定 MPEG-1、MPEG-2、MPEG-4、MPEG-7 等多個標準，而 MPEG-21 正在制定中。然現在己經將此名詞泛指為該小組所制定的一系列視頻編碼標準，是作為視訊在動態畫面之壓縮及儲存的標準，而壓縮比可達 50:1 到 200:1，並包含音訊的壓縮，是一種非對稱形的壓縮。資料來源：http:/www.mpeg.org/MPEG/index.htm1#mpeg。

❿　H.264 被稱為先進影像編碼系統 AVC (Advanced Video Coding)，這個影像壓縮格式是 2001 年 12 月，由 ITU 中的 VCEG 與 ISOIEC 組織中的 MPEG 標準，

之新的影像壓縮格式，它具有以下三大特點：更高的編碼效率、更強的解碼差錯恢復能力，以及提高對行動通訊和 IP 網路的適應性，新興的 H.264 壓縮標準允許在不增加頻寬的情況下，能夠增加 SD 和 HD 節目的頻道數量（葉財佑，2007）。

表 8-8　　常見的數位壓縮標準及用途

數位壓縮標準	數位壓縮用途
MPEG-1	VCD、MP3
MPEG-2	DVD、SDTV、HDTV、DVB、ISDB
MPEG-2　part 2	DivX、Xvid
H.264	3G、IPTV、ATSC、DVB、DMB-TH
MPEG-4 p10/AVC/H.264	HDTV、IPTV、HD-DVD、DVB、ISDB
WMV-9 (VC-1)	WMV、HD

資料來源：葉財佑 (2007)

三、數位電視產業特質的未來取向分析

電視產業在 1990 年代數位化概念被提出之後，使電視媒體正式進入另一段技術革命階段，隨之而來的數位壓縮與寬頻通路是造成電訊產業相互匯流的原動力，並使得原來互不相關的產業得以整合成一個水平相關的層級式產業。諸如以往皆採分業方式的電信公司、網路服務業者、廣播電視網路、有線電視網路，以及直播衛星等網路傳輸業者，可以進行互跨服務的競合關係。

電視科技由類比式到數位化的進程，其意義遠大於傳統科技的演變，電視產業可以徹底轉型成為數位組織、數位產業，以及生產數位化資訊內容的高科技產業。未來數位電視所提供的服務將和目前的網際網路或寬頻網路服務一樣，提供互動性、分眾性、檢索功能，以及可供隨選多媒體資訊服務內容，以符合大多數民眾的需求，其傳布的可能性更高。

共同組成聯合視訊團對 JVT (Joint Video Team) 所制定出來（葉財佑，2007）。

在數位傳輸網路完成之前，電視產業必需瞭解數位電視與寬頻網路發展之間密切的關聯性，以目前寬頻上網人口快速增加的趨勢，以及對寬頻網路內容及服務的需求來看，在寬頻網路服務發展方面也成為不可擋之趨勢。綜合上述之分析，電視數位化將可形成三種具體的結構改變：

(一)訊息溝通傳遞方式的改變——匯流、壓縮、數位化的科技理念

匯流主要是描述各種的新傳播媒體，因為採用電子化、數位化，以及利用電腦作業或網路科技而相互結合，使得各種傳播媒介的使用界線漸趨模糊。壓縮則是因為電子化與數位化，所以可以使得大量的資料輕易地在短時間內壓縮容量，此一技術也使得隨選視訊可以在有線或無線電視媒體被應用，同時還可以發展多頻道產業分流管理與經營的環境。可以預期的是，往後的電視產業空間將可大幅延伸，一改過往傳統類比的限制，產生具競爭力的可塑性基礎。

(二)電視數位化科技的特質——超文本、互動性與個人化的傳輸與供給

超文本 (hypertext) 的概念，是由尼爾森 (Ted Nelson) 於 1962 年提出，他將其定義為「非線性的或從開始到結束的非直線文本」。超文本的概念與技術提供網際網路發展的基礎，使得網頁可以發展出自動連結、多面向的內容搜尋等。此種超文本技術也提供讀者自由創作的空間，可以自行創造個別喜歡的故事情節發展，同時還可以藉由滑鼠按鈕，馬上進入想要的資訊畫面。此種技術極適合應用在教育面，可增加學習的興趣，其互動性必然是在新媒體時代中最受歡迎的概念技術之一。近幾年臺灣有線電視業者積極推動的互動電視❶(iTV)，就是在以數位化為前提

---

❶ 所謂互動電視意指可以自由選擇節目單上的任何節目，甚至還可以有隨選多媒體 (multi-media on demand, MOD)、歌曲、電玩，目前中華電信已在推展的

下的推展。以往單向傳播的視訊服務在數位化後已朝雙向互動的領域邁進，資訊廣播所遞送的資訊也可做到由群體導向拓展至個別使用者導向（李梅菁，2001）。

㈢數位網路概念的流變——資訊高速公路、寬頻互動網路電視產業服務

　　資訊高速公路可謂之為一種對於數位資訊網路可以快速大量傳布的隱喻。資訊高速公路的特性，在於其有大量空間，且可以快速傳達訊息，互通有無。就電視產業而言，數位產業的發展可使原本免費收視的無線電視業者有機會引入誘人的付費機制，有線電視則可提升「月租費」之多層次行銷機制。

　　由於商業利潤極為龐大，這些數位科技也被稱為終極機制，包括：隨選視訊、電子購物商場、電子遊戲、線上節目資料庫與直接回應式廣告等多樣豐富的資訊。因為，隨選視訊服務的提供，使得觀眾得以主動選擇喜愛的節目，數位化配合寬頻電視網路有足夠的空間容納豐富的節目資料庫容量以作為基礎，可以建立各種分眾節目的市場，使得各種階層、年齡、性別的觀眾都可享有個人化服務，達到「一次購足」(one-stop shopping) 的情境，閱聽人可以依其需求而選擇適合自己的節目、資訊或產品。

　　在寬頻時代之下，如何重新思考自身的核心能力，提供多元化的加值服務，將成為電視產業發展的重點。但消費者想享受數位化的好處和便捷，除了需待電視機和傳輸網路相關技術等硬體面的革新外，也有待政策上完成配套措施與內容產製的穩定供應才有可能。因此，以下擬分為兩種面向探討推動數位電視以及相關科技產物所面臨的困境：

Hi-channel 便屬此類。而隨著新媒介科技的聚合，電視、電腦的結合，使用者在資訊高速公路上，可以同時是傳播者，也可以是接收者，互動性增加溝通雙方（甚至多方）的溝通機會，也增加媒介閱聽人在使用電視媒介的主動參與性。

(一)資訊流通內容產製與供給的失衡

數位化配合傳播科技的開發，是電視走入數位化時代必然的趨勢。電視數位化受到數位科技轉變所建構的媒體環境特質，將可區分為形式與實質上的對立與差異。然而，綜觀電視涉入數位科技所形構之數位環境中，生產分配與消費模式的變革，其資訊流通、消費市場與社會氣氛卻仍存在正負面的意涵。其中之負面意涵或可稱為是一種推動數位化的危機，當然也是一種困境。

然而，數位化僅是媒體格式的改變，並不代表電視產業結構上各角色的位置會全然改觀，只是傳輸供應者是數位化過程的操作者，亦即可作為連結上游內容產製者與下游消費者間的橋梁。傳輸供應者的兩大功能是運輸與倉儲，未來傳輸供應者必須在運輸資料上，講求提高效率與加強品質；而在儲存資料上，應繼續發展大量儲存，並配合用戶需求量再作群組分流處理。

(二)數位觀念在產、官、學與消費者之間的失衡

電視產業歷經數位化科技的高度涉入後，影響所及，此一產業的工業與資訊流通形式將難以單一構面完整描繪。歸究其因，乃長期以來研究機構與電視產業經營者對數位化的認知，經常存在某種程度上的失衡。研究人員與政策法規參與者對數位化的無限可能性，常會基於陳義過高，卻缺乏市場的檢視過程，導致常對經營者發生掣肘的現象。但無庸置疑的是，諸如此類具有必要性與重要性的概念，卻常可提供經營者在進入新市場時制訂策略面向的參考依據。終歸，市場與產業發展往往奠基於變數較大的消費導向所決定，常須被動的加以調整。在此種不確定因素中，建構較多可能性的法則，或許仍須視此一新科技或新觀念推動是否順暢而定。

由上述兩種面向再思考電視產業數位化的傳布，另一較值得予以關

注的,乃因加值服務內容所衍生的創新價值資訊 (innovalue information)。
就產業的互通結構而言,加值服務對於 B to B（企業對企業）的模式可
行,但對 B to C（企業直接對消費者）的模式並不容易達成,充其量僅
可達到 B2B2C 的情境。即使建構電子商務環境,但是消費者仍停留在免
費獲取資訊流通的階段。目前的加值服務,技術層面並無太多問題,但
是加值服務目前也僅對企業與高層精英的網路使用者較具訴求,反而對
於低使用者而言,仍會因為以往使用電視相關產業的習性,而有主動與
被動高度需求之差異,可見以電子商務所要做的資料庫行銷 (data
marketing) 仍言之過早。此一癥結正考驗電訊產業資訊流通的後續能力,
數位產業的特質即在扣連硬體與軟體的相互結合,才具有其可塑性的市
場運作空間。因此,在推動電視數位化的過程中,以下幾項因素亦應列
入考量:

1.如何使供應與消費的關係更為直接與多元

使產製與消費的資訊流通模式更為密切,導向個人類型化與大眾需
求化的資訊內容,使得為個人量身訂做以及符合多數人需求的資訊流通
得以並存,將資訊流通以立體化的整合通路呈現;並結合數位化技術,
使此傳統網路與數位寬頻結合,加大其資訊流的角色。但資訊流通與媒
體接近使用 (access to media),只是一種數位化理念的表象訴求。

2.如何建構一個開放與封閉兼顧的消費空間

使得公開免費下載、付費獲取資料成為另一種電視媒體產業供需的
市場手段。片刻與常時使用的媒介接續模式,使資訊的流通有更多的選
擇性,消費型態將因此有所不同。結合單一媒體與多媒體的傳輸機能,
使多媒體能更積極地扮演影音傳輸的工具,並結合數位科技擴大資訊流
通之呈現方式,以追求各網路發揮因地制宜與因人制宜的資訊傳輸需求,
做到最具效率的規劃。

3.如何釐清主動性與被動性需求滿足

在數位化的前提下,使資訊流通的深度與廣度皆能滿足消費者。如

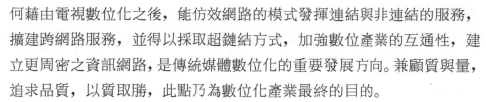

何藉由電視數位化之後，能仿效網路的模式發揮連結與非連結的服務，擴建跨網路服務，並得以採取超鏈結方式，加強數位產業的互通性，建立更周密之資訊網路，是傳統媒體數位化的重要發展方向。兼顧質與量，追求品質，以質取勝，此點乃為數位化產業最終的目的。

4.如何帶動個性化產品的流通市場

電視數位化的功能中，使用者可公平於自由與控制之間。亦即，數位傳播科技不僅可讓閱聽人成為訊息的接收者，也能使其成為訊息的生產者，增加了個人在資訊社會中的自由度。但是，反而因為使用者的行為很容易被觀察、記錄與分析，所以無形中限制了使用者的個人自由。懷伍德 (T. Haywood, 1995) 提及，數位廣電媒體將帶給計次付費的影片資料庫更多的發展空間，其特質是將使媒體的大眾市場轉移目標為個別的用戶，其意義乃為個別產品與服務訊息所帶來的方便性。此種個性化的產品將會是未來新科技與傳統科技最大的差異，此乃行動電話比過去的傳真機更易推展的原因。

5.新科技的傳布應避免阻礙共性化軟體的消費

早期有線電視與錄放影機出現後，多數的美國人在媒體上的消費越來越高，此一現象也說明媒體市場的擴張，完全是因為新傳播媒體市場的向外擴張所致，但傳統的媒介也並未因為新傳播科技的出現而萎縮。未來數位電視產業的推動，仍應考量內容的共性化消費，再求取個性化的市場目標，如此亦可免因新科技的推廣而阻礙軟體消費。科技所牽連的絕不僅止於新的設備，亦非人類如何使用新的設備如此簡易的關聯。亦即，當人類推動新科技時，應關注的並不只是科技設備，也不是人類如何採用科技設備，而是必須關注科技的本質，並進而理解科技本質與人之間的關聯。

6.如何建立與善用資料庫的資料

從整體數位電視發展的角度來分析，電視業者將網路視為電視促銷的延伸應是一種過渡性質的想法，因為網路本身是一個服務的工具，並

不只是一個大眾促銷的媒介。網際網路的多媒體、超文本、即時性、互動性、開放性以及非線性等特質，一再的顯示出網際網路不僅僅是一個另類廣告版面或存放資料的廣大資料庫。藉由網際網路可以接觸到更多的閱聽眾、提供即時、隨選及互動服務、符合個人化的內容、增進使用者的忠誠度，當然最後也會增加更多的收入。再來就是在數位多媒體網路發展之下，各傳輸網路會相互連結，網際網路與數位電視也都是寬頻網路中的一種網路形式。所以電視臺網站的價值其實不大，網路媒體才有價值，電視數位化的推動必須從網際網路的發展經驗中瞭解使用者的需求、互動電視的發展方向、收費機制的運作，以及未來整體內容加值服務的發展方向。

　　隨著新科技取代舊科技的速度越來越快，為了因應數位化時代，傳統電視經營者不得不加快自身數位化腳步，以便能在這波數位化趨勢下，建構永續產業經營環境。在整個寬頻多媒體產業中，電視臺業者可經營傳輸網路與節目內容，並為接取產品的中心。但是如何從類比走向數位、從窄頻走向寬頻、從傳統走向科技、從單向走向多向、從單一內容走向加值，就成為電視經營者眼前的問題，因為新科技的創新往往與市場的擴散存在著不確定的因素。雖然推動數位電視科技的確有諸多好處，但受制於現有類比器材的轉換以及數位服務的普及問題，近幾年來其瓶頸一直難以突破。其主因乃在，數位電視在創新傳布過程中未能被大眾所接受。

　　整體而言，電視數位化是各國皆已認同的政策，以技術的成熟度及軟體經營面的思考，數位電視的推廣終究是利多於弊。然而，之所以在推展過程會有所障礙，主要是因電視數位化屬於一種革新型的科技，科技革新的產物必然有其舊科技交替上的包袱。前面所提及數位解碼盒雖然是新舊接替的必備設備，但因民眾對於此一器材的價格與延續用途，一直存乎觀望的態度，其推廣效果無法順利是可以理解的。然而，數位化技術的推動對於公眾利益的維繫乃無庸置疑的事，最終議題仍回歸到

創新傳布的過程是否能營造更多的利基。

　　基於此一理念，對於新事物如數位電視新科技產物的推動，在使用創新傳布是以「勸服」為目的，即站在傳播者（數位電視科技、寬頻網路及服務的相關廠商）的立場，來觀察數位電視與新思想、新的服務型態如何擴散出去，並使廣大的社會分子採納。這當中須考慮的變項除了受眾的採納程度，也與傳播通道的品質、傳播環境（政策法規的因應、經濟建設、傳播科技產業、社會成熟度等）、軟硬體設備等息息相關。終歸，如何促使電子產業對於數位器材設備能兼顧多功能、相容性(compatible) 以及技術穩定性發展，而策動者機制能在技術規格給予最小管制，主動參與產業輔導並明確法規之前瞻性，應是有意涉入數位產業媒體成為早期採納的供應者與數位設備的先期多數消費者，兩者的積極參與，才可激起整體數位技術在硬體設備、媒體傳輸以及節目軟體，有一穩定以及可永續發展的數位傳輸平臺。

▪ 參考資料 ▪

一、中文部分

NCC 南區試播團隊 (2008)，〈手持式電視實驗性試播計畫〉，《南區試播報告書》。

工研院電通所 IT IS(1996)，〈有線電視營運結構〉。新竹：工研院電通所 IT IS。

中華電信 (2001)，《中華電信年度報告書》。臺北：中華電信。

中國時報社論 (1999)，〈收視率是電視媒體「自我異化」的結果〉，《中國時報》，第 3 版，12 月 5 日。

中國電視公司 (1981)，《中華民國電視事業的回顧與前瞻》。臺北：中國電視公司。

中國廣播事業協會 (1969)，〈中華民國廣播年鑑〉。臺北：中國廣播事業協會。

中華民國廣播電視事業協會 (1983)，《電視實務》。臺北：黎明。

尤子彥 (2005)，〈五大有線電視明年推免費電話〉，《中國時報》，A8 版，12 月 6 日。

尤英夫 (2005)，〈NCC 組織法第四條違憲〉，《自由時報》，自由廣場，11 月 3 日。

方世榮譯，P. Kotler 原著 (1999)，《行銷學原理》。臺北：東華。

王智偉等 (2004)，〈線上拍賣對消費者行為之研究〉，《華岡印刷傳播學報》，35，1–11。

王如蘭 (2001)，《迎接寬頻時代的挑戰：論臺灣無線電視業者內容加值服務方向》。臺北：國立政治大學廣播電視研究所碩士論文。

王國雍 (1994)，《數位音響產業之現在與未來》。新竹：工研院電通所。

王建勳 (1997)，〈有線電視廣告與隨選視訊〉，《佳訊衛星有線電視業務通報創刊號》。

台灣電訊網路服務股份有限公司 (1997)，《亞太媒體中心「資訊、通信科技與影視媒體製作、發行整合」》，行政院新聞局綜合計畫處委託研究。

民生報社評 (1999)。〈電視節目被收視率牽著鼻子走?〉,《民生報》,第 2 版,
　　12 月 5 日。

交通部電信總局 (1997),《電信自由化政策白皮書》。臺北: 交通部電信總局。

安泰 (2005),〈NCC 為國親介入媒體的利器　NCC 的規劃偏向複雜導致政治
　　介入媒體操弄民意〉,《台灣日報》,10 月 11 日。

江文軍 (2005),《論數位電視之收視率調查》。臺北: 國立政治大學廣播電視
　　研究所碩士論文。

行政院新聞局 (2008),《新聞法規彙編 (上、下冊)》。臺北: 行政院新聞局。

行政院經濟建設委員會 (2002),〈主題六: 數位台灣計畫〉,《挑戰 2008: 國家
　　發展重點計畫全體研討會會議資料》。

何貽謀 (1978),《廣播與電視》。臺北: 三民。

何吉森 (2007),《通訊傳播規範之整合與建構研究》。臺北: 世新大學傳播研
　　究所博士論文。

余淑美 (1991),〈數位有線電視 STB 之發展〉,《通訊雜誌》,69,10–21。

吳宏敏 (1997),《網際網路服務供應商經營策略分析》。新竹: 國立交通大學
　　交通運輸研究所碩士論文

吳品賢 (2001),〈日本 BS 數位電視現況——內容決定數位電視的未來〉,《數
　　位視訊多媒體月刊》,8 月號,5–6。

吳思華 (2000),〈創造力與創意設計教育師資培訓計畫〉,「工程領域——創意團
　　隊小組教材編撰大綱」。臺北: 教育部顧問室創造力教育計畫推動辦公室。

吳梓生 (1997),《由市場競爭與科技發展論電信與有線電視跨業經營之法制:
　　以美國為借鏡》。臺北: 國立臺灣大學法律學研究所碩士論文。

吳佳倫 (2003),〈你想找什麼?eBay.com,全球最大拍賣網站在台灣〉,《廣告》,
　　146,114–115。

呂郁女 (1999),《衛星時代中國大陸電視產業的發展與挑戰》。臺北: 時英。

呂郁女 (2000),〈網際網路的發展及其衍生問題之初探〉,「展望新世紀國際學
　　術研討會」發表論文。

呂慧雪 (2003),〈政院揭示通訊媒體服務業旗艦計畫,訂定 DTV 導入時間表無線廣播電視擔任火車頭〉,《工商時報》,7 月 30 日。

李明穎、施盈廷、楊秀娟譯, A. Briggs & P. Burke 原著 (2006),《最新大眾傳播史:從古騰堡到網際網路的時代》。臺北:韋伯。

李嵐 (2004),《中國電視產業評估體系與方法》。北京:華夏。

李瞻 (1992),《新聞學原理》。臺北:黎明。

李松竹、陳自強 (2001),〈互動電視的特性與發展趨勢〉,《電腦與通訊》,98,80–87。

李桂芝 (2001),《電視媒體與數位媒體競合關係之探討》。臺北:銘傳大學傳播管理研究所在職專班碩士論文。

李梅菁 (2001),《我國拓展數位地面廣播電視之政策研究》。新竹:國立交通大學科技管理研究所碩士論文。

汪益譯, M. McLuhan 原著 (1999),《預知傳播紀事》。臺北:臺灣商務。

汪琪、鐘蔚文 (1988),《第二代媒介:傳播革命之後》。臺北:東華。

汪繼源 (1995),《我國有線電視政策制定過程之研究》。臺中:東海大學公共行政研究所碩士論文。

周依婕 (2003),《數位有線電視付費頻道定價之研究──以兒童教學頻道為例》。臺北:銘傳大學傳播管理研究所在職專班碩士論文。

林振輝 (1998),《視覺回授在 3D 軌跡追蹤之應用》。臺南:國立成功大學航空太空工程研究所碩士論文。

林群偉等 (1998),〈網際網路傳播發展與影響〉。臺北。

林麗雪 (1995),〈中華通訊衛星在未來傳播上的運用〉,《廣播與電視》,2 卷 2 期,137–149。

林世欽 (2005),《手機電視介接技術研究與商業應用之探討》。臺北:臺灣電視公司。

林圭譯, R. K. Logan 原著 (2001),《第六種語言》。臺北:藍鯨。

林志勇 (2004),《我國有線電視數位化之產業分析研究》。臺北:世新大學傳

播研究所碩士論文。

林東泰 (2002)，《大眾傳播理論》。臺北：師大書苑。

邱琬淇 (2006)，《收視率調查》，國立政治大學廣電專題報告。

阿丹 (2003)，〈網路拍賣的世界〉，《網路通訊雜誌》，144，116–119。

查修傑譯，S. Burstein & D. Kline 原著 (1997)，《決戰資訊高速公路：第二波
　　資訊革命的契機與反思》。臺北：遠流。

姜孝慈 (1996)，《有線電視頻道使用之研究——論我國「免費頻道」的政策與
　　實際》。臺北：中國文化大學新聞研究所碩士論文。

施迪豪 (2000)，《從寬頻網路產業系統產品標準建立角度看電視遊戲機產業的
　　世代交替》。臺北：國立臺灣大學商學研究所碩士論文。

范錚強、皮世明 (2001)，〈資訊與 3C 流通業電子化之個案研究〉，《華人企業
　　論壇》。

俞灝敏、邱辛曄譯，J. R. Beniger 原著 (1998)，《控制革命》。臺北：桂冠。

洪貞玲 (1996)，《我國無線廣播電視執照核發與換發之研究》。臺北：國立政
　　治大學新聞研究所碩士論文。

秦鼎昌 (2008)，《台灣電影傳統影像與數位影像之產製研究——以戀人、人魚
　　朵朵為例》。臺北：世新大學廣播電視電影學研究所碩士論文。

高銛等譯，D. Bell 原著 (1995)，《後工業社會的來臨》。臺北：桂冠。

高瑞訓 (1995)，〈展望有線電視廣告機會〉，《廣告》。

夏鑄九等譯，M. Castells 原著 (1998)，《網絡社會之崛起》(*The Rise of the
　　Network Society*)。臺北：唐山。

尉應時 (1997)，〈電信與有線電視網路之技術發展〉，《1997 年跨世紀大媒體國
　　際研討會論文集》。

張世鵬 (1998)，《全球化時代的資本主義》。北京：中央編譯。

張玉山、李淳 (2001)，〈全球化、自由化與公用事業的再管制架構：以電業為
　　例〉，「知識經濟與政府施政」學術研討會。

張美娟 (2002)，《國內有線電視發展數位電視服務經營策略之研究》。臺北：

國立臺灣師範大學圖文傳播學系碩士論文。

張英信 (2003)，〈數位視訊產業發展現況與市場趨勢分析（上）〉，《數位視訊多媒體月刊》。

張登凱 (2002)，《從單向到互動、從節目收視到加值服務——有線電視數位化的理想與現實》。臺北：國立臺灣大學新聞研究所碩士論文。

張皓明 (2000)，〈台灣行動數據服務業者三年有成〉，《通訊雜誌》，77，27–31。

張慧君 (1999)，《我國數位視訊服務拓展方向之研究》。新竹：國立交通大學科技管理研究碩士論文。

張慧君 (2001)，〈由數位化浪潮看視訊產業之解構與重塑〉，《廣電人》，73，24–27。

莊克仁譯，G. E. Whitehouse 原著 (1987)，《傳播科技新論》(*Understanding the New Technologies of the Mass Media*)。臺北：美國教育。

陳月卿 (2003)，〈從歐洲經驗看國內數位無線電視經營與發展〉，2003 數位電視及廣播國際研討會。

陳呈祿 (1994)，〈通信衛星簡報衛星通信與廣播電視〉，「1994 年國際無線電技術研討會」。臺北：中國無線電協進會。

陳忠勝 (2002)，〈我國無線電視數位化之產業分析研究〉。新竹：國立交通大學傳播研究所碩士論文。

陳政三 (1988)，《英國廣播電視——政策·制度·節目》。臺北：三民。

陳清河 (1994)，〈衛星、有線結合後的電視市場研究〉，1994 年傳播生態學術研討會。

陳清河 (1997)，《衛星電視新論——科技、法規與媒介應用之探討》。臺北：財團法人廣播電視事業發展基金會。

陳清河、卓冠齊 (2001)，〈2000 年台灣有線電視訂戶滿意度之調查分析〉，2001 年中華傳播學會年會暨學術研討會。

陳清河 (2002)，〈從科技流變論述電視與社會的對話〉，臺北：政治大學電視四十週年研討會。

陳清河 (2002),〈數位媒介產製之創新與傳布意涵——以台灣推動電視產業數位化為例〉,2002 年中華傳播學會年會暨學術研討會。

陳佳賢 (2002),〈看中華電信推出 MOD 所代表的意義〉。資策會網際網路調查中心。

陳克任 (1999),《有線電視通訊:寬頻網路主角》。臺北:儒林。

陳德列 (2007),《台灣 DVB-H 手機電視創新採用意願研究》。臺北:世新大學廣播電視電影學研究所碩士論文。

陸蕙敏 (1992),〈擋不住的吸引力? 消費者的臉都「綠」了〉,《廣告雜誌》,九月號,68。

彭芸 (1992),《我國衛星傳播之研究》。行政院新聞局委託研究。

游梓翔、吳韻儀譯,W. Schramm 原著 (1994),《人類傳播史》。臺北:遠流。

湯允一等譯,D. Croteau & W. Hoynes 原著 (2002),《媒體／社會——產業,形象,與閱聽大眾》(*Media/Society: Industries, Images, and Audiences*)。臺北:學富。

程之行 (1995),《新聞傳播史》。臺北:亞太。

程予誠 (1995),《線纜傳播——科技原理與經營管理》。臺北:五南。

程宗明 (2003),《批判台灣的電視政策,2000–2002:無線電視台公共化與數位化之思辯》。臺北:國立政治大學新聞研究所博士論文。

覃逸萍 (2000),《數位化時代的無線電視傳播》。臺北:中華民國新聞評議委員會。

馮建三譯,S. F. Luther 原著 (1996),《美國與直播衛星——國際太空廣電政治學》。臺北:遠流。

黃韻如等 (2002),《台灣 DAB 市場消費者分析——以台北縣市大學傳播科系大學生為例》。臺北:世新大學傳播管理學系 91 學年度學生畢業論文。

黃國俊 (2005),〈台灣數位內容產業與有線電視〉,《數位時代的有線電視經營與管理》。臺北:正中。

黃瓊玉 (2006),《互動電視與播放電視節目結合的互動電視服務之初探》,國

立政治大學廣電專題報告。

楊宏達 (2007)，〈影片複製與媒材轉換〉，《柯達電影技術通訊》，大中華版總第 8 期，40。

葉財佑 (2007)，《無線電視台推動高畫質電視播出之研究——以台灣電視公司為例》。臺北：世新大學廣播電視電影學研究所碩士論文。

葉廣海 (1992)，《收視率的三角習題》。臺北：正中。

董旭英、黃儀娟譯，D. W. Stewart & M. A. Kamins 原著 (2000)。《次級資料研究法》。臺北：弘智。

趙怡、陳嘉彰 (2003)，〈從產業發展看媒傳規管體制〉，《國家政策論壇季刊》，冬季號，197–201。

臺視三十年編輯委員會 (1992)，《臺視三十年》。臺北：臺灣電視公司，226–227。

臺視資訊部 (2004)，《數位電視／電信加值服務》。臺北：示範性資訊應用系統整合開發計畫。

齊若蘭譯，N. Negroponte 原著 (1998)，《數位革命：011011100101110111…的奧妙》。臺北：天下遠見。

劉孔中、宿希成 (2000)，《電腦程式相關發明之專利保護：法律與技術之分析》。臺北：翰蘆。

劉世平譯，L. MacDonald 原著 (2002)，《北電網絡》。臺北：商周。

劉幼琍 (2004)，〈電信、媒體與網路的整合與匯流〉，《電訊傳播》。臺北：雙葉書廊。

劉幼琍、陳清河 (1996)，〈雙向互動服務在台灣有線電視系統應用之研究〉，國科會研究報告。

劉幼琍、陳清河 (1998)，《有線電視》。臺北：空中大學。

劉幼琍、陳清河 (2001)，《台灣寬頻網路使用行為與發展趨勢之研究》，國科會「行政院國家科學委員會專題研究計畫成果報告」。

劉沛晴 (2003)，《我國數位內容加值服務拓展方向之研究——以有線電視內容提供者為例》。臺北：國立臺灣師範大學圖文傳播學系碩士論文。

劉其昌 (2003),〈通訊傳播基本法草案之剖析〉,《通訊雜誌》, 119, 96–100。

劉新白等 (1996),《廣播電視原理》。臺北: 空中大學。

潘大和 (1986),《實用衛星電視接收工程》。臺北: 全華科技。

潘維大等 (2001),《寬頻影音多媒體隨選視訊對相關產業影響之研究》, 台灣有線視訊寬頻網路發展協進會「專案委託研究計劃」。

潘邦順譯, D. McQuail 原著 (1997),《大眾傳播理論》。臺北: 風雲論壇。

蔡念中 (2000),《有線電視與電信固網之跨媒體經營──規範競合與產業生態研究》。臺北: 台灣有線視訊寬頻網路發展協進會。

蔡念中 (2003),《數位寬頻傳播產業研究》。臺北: 揚智。

蔡志宏 (2004),〈電信服務與電信技術原理〉,《電訊傳播》。臺北: 雙葉書廊。

蔡時郎、許熾榮 (1996),《互動視訊與多媒體產業發展策略》。新竹: 工研院電通所。

蔡華展 (2006),《DVB-H 行動影視服務體系與業者佈局分析》, 資策會 MIC 研究報告。

盧非易 (1995),《有線(限)電視無限(線)文化》。臺北: 幼獅。

賴雅芹 (2002),《台灣地區互動電視產業發展現況之研究》。臺北: 國立臺灣師範大學圖文傳播學系碩士論文。

謝奇任、唐維敏、甘尚平譯, T. F. Baldwin 等原著 (1997)。《大匯流──整合媒介、資訊與傳播》。臺北: 亞太。

鍾佳欣 (2002),《我國無線地面廣播電視發展 DTV 之分析》。臺北: 世新大學廣電系廣播組學士論文。

薛絢譯, M. Wertheim 原著 (1999),《空間地圖: 從但丁的空間到網路的空間》。臺北: 臺灣商務。

瞿海源 (1997),〈第七章 資訊網路與台灣社會──網路使用的社會意義〉,《資訊科技對人文社會的衝擊與影響》, 行政院經濟建設委員會委託研究計畫。

魏宏展 (2002),《收視質於廣告媒體企畫之應用探討》。臺北: 國立政治大學

廣告所碩士論文。

羅澤生 (1996)，《網路贏家》。臺北：正中。

蘇采禾、李巧云譯，K. Maney 原著 (1996)，《大媒體潮》。臺北：時報文化。

二、外文部分

下世古幸雄、飯田尚志等 (1984)，《人工衛星を利用したアジア・オセアニア地域の放送サービスシステムに關する研究》。日本：財團法人國際協力推進協會。

Bijker, W. E. (eds.) (1987). *The Social Construction of Technological Systems: New Directions in the Sociology and History of Technology*. Cambridge, Mass.: MIT Press.

Bittner，John R. (1991). *Broadcasting and Telecommunication*. New Jersey: Prentice-Hall, pp. 122, 125.

Brown, S. L. & Eisenhardt, K. M. (1998). *Competing on the Edge: Strategy as Structured Chaos*. Boston, Mass.: Harvard Business School Press, p. 8.

Downes, L. & Miu, C. (1998). *Unleashing the Killer APP: Digital Strategies for Market Dominance*. Boston, Mass.: Harvard Business School Press.

Galperin, H. & Bar, F. (2002). "The regulation of interactive television in the United States and the European Union". Federal Communications Law Journal, Vol. 55.

Heap, N. (eds.) (1995). *Information Technology and Society: A Reader*. London: Thousand Oaks, Calif.: Sage Publications in association with the Open University.

Hudson, H. E. (1990). *Satellite Broadcasting-Satellite Broadcasting in the United States*. p. 217.

Maral, G. & Bousquet, M. (1986). *Systemes de telecommunications par satellites*. New York: Wiley.

Pantel (2000). "The Irwin Handbook of Telecommunications". A division of The McGraw-Hill Companies.

Pavlik, J. V. (1998). *New Media Technology: Cultural and Commercial Perspectives*. Boston, Mass.: Allyn and Bacon. 2nd ed.

Pringle, P. K. & Starr, M. F. (1991). *Electronic Media Management*. Boston London.

Rees, David W. E. (1990). *Satellite Communication*. New York: Wiley, p. 10.

Rogers, Everett M. (1995). "Diffusion of Innovations". A division of Simon & Schuster, Inc. New York.

三、線上資料

AGB Nielsen (2008)，〈2008 台灣媒體白皮書〉，轉自臺北市媒體服務代理商協會，http://www.taaa.org.tw/taaa/data/MAA/2008MAA.pdf

CCTA 2003–2004 年度報告，取自 http://www.ccta.ca/english/publications/annual-reports

CDTV 公布的資料，取自 http://www.cdtv.ca/en/about/history.htm

Definition of Digital Television: http://www.wordiq.com/definition/Digital_television#Technical

Global Information Inc(2007)，取自 http://www.giichinese.com.tw/chinese/dc53737-digital-tv.html

SIP: http://sports.hinet.net/olympic/event/2008WGP/index.jsp

TV-View.com (2003)，取自 http://www.tv-view.com/development/old/China_TV_popularization.htm

中國大陸計算機報 (2004)，取自 http://www.abs.ac.cn/ShowArticle.asp?ArticleID=3595

中國報告大廳市場研究報告網 (2007)，取自中國報告大廳 http://big5.chinabgao.com/gate/big5/www.chinabgao.com/reports/21847.html

《尼爾森媒體新知》2007 年 8 月號，轉自中華民國衛星廣播電視事業商業同
　　業公會 http://www.stba.org.tw/download/Nielsenreport9608.pdf

吳建興 (2006)，〈IMS Research：2011 年底 4.46 億用戶透過手機看電視〉，取
　　自資策會 FIND 網站 http://www.find.org.tw/find/home.aspx?page=news&
　　id=4467

吳建興 (2006)，〈英國業者提供試用 Mobile TV 反應良好〉，資策會電子商務
　　研究所，取自 http://www.find.org.tw

拓撲產業研究所 (2002)，〈新世紀兩兆雙星發展計畫〉，取自：
　　http://www.topology.com.tw/TRI

徐秋華 (2003)，〈中國數字高峰會參訪報告〉，取自公視策發部
　　http://www.pts.org.tw/~rnd/p1/2003/030224.htm

曹琬凌 (2006)，〈英國數位普及率破七成，類比電視轉換計畫啟動〉，取自公
　　視策發部 http://www.pts.org.tw/~rnd/p9/2006/061110b.pdf

曹琬凌 (2007)，〈荷蘭終止類比電視，全球首國完成數位轉換〉，取自公視策
　　發部 http://www.pts.org.tw/~rnd/p9/2007/Netherland%20DTV.pdf

黃紹麟 (2001)，〈關鍵的百分之十六㈠科技行銷的運作模式〉，取自數位之牆
　　網站 http://www.digitalwall.com/scripts/display.asp?UID=123

黃瑛如 (2005)，〈上探兆元的娛樂新經濟：DVB-H 手機電視〉，《商情報導》，
　　取自 24hrs' 資訊銀行 http://www.24hrs.com.tw/info_entry/info_doc.phtml
　　?docno=36

資策會「創新資訊應用研究計畫」(2008)，〈2007 年 12 月底止台灣上網人口〉，
　　取自 http://www.find.org.tw/find/home.aspx?page=many&id=193

資策會網際網路調查中心 (2002)，〈歐洲數位電視 2008 年普及率可達 73 %〉，
　　取自 http://www.find.org.tw/find/home.aspx?page=news&id=2170

資策會網際網路調查中心 (2003)，〈2004 年美國數位電視用戶超過 5,000 萬
　　戶〉，取自 http://www.find.org.tw/find/home.aspx?page=news&id=2801

管仲祥 (2005)，〈NCC 台灣傳媒的挑戰〉，取自視‧聽‧讀‧想

http://blog.chinatimes.com/benla/archive/2005/10/27/21986.html

劉惠宣 (2008)，〈德國高畫質電視發展現況概述〉，取自公視策發部
http://www.pts.org.tw/~rnd/p2/2008/0804/4.pdf

籃貫銘 (2007)，〈CEA：美國家庭數位電視機普及率已超過五成〉，取自易立
達高科技網　　　http://www.hope.com.tw/News/ShowNews.asp?O=
200712302058459435

名詞索引

3G TV　44–45

8-VSB　279

AC 尼爾森公司　(ACNielsen)
246–247

all in one　286, 302

any time　283, 302

any where　302

Arbitron　246

at one stop shopping　302

ATSC-C　280

C2C (consumer to consumer)　171

cable phone　164

CDMA　38, 41–42, 174

C 頻衛星　126, 136, 146, 272

D-AMPS　38

D-CATV　44

direct PC　79, 134, 276

DMB　25, 28, 44, 176–177, 280

DMB-H　176

DMB-T　28–29, 176, 280, 320

DOCSIS (data over cable system
interface)　90

Dollby Ac3　28

DVB　28–29, 46, 176–177, 279–280,
320

E1　93, 166

Eureka 147　28

FTTB, fiber to the building　164

GPRS　37–40, 43, 180–181

GSM　25, 38–40, 43

H.261 數位視頻壓縮標準　276

HSDPA　168–169, 180

HTTP (hypertext transfer protocol)
161

IDN　70

iPhone　45, 47

IPTV　30, 44, 73–74, 84, 320

ISDB-S　280

ISDB-T　28, 176, 280

JskyB　137

MediaFLO　176

MHP-TV　44–45

MOD TV　44–45

MPEG　28–29, 133, 319–320

MPEG-2AAC　28

MVPD　30, 183

M 臺灣計畫　81

NGN (next generation network)　59

NHK　104–105, 107, 257

NTSC (National Television System
Committee)　27

P2P TV　44

PerfecTV　136–137

PHS (personal handy-phone system)　40

PMP (portable media player)　165

SMPTE　30

ST-1 衛星　149

STAR TV　143

T1　89, 93, 166, 280

TCI　156

TCP/IP (Transmission Control
Protocol/Internet Protocol)　17, 113,

159–160, 288

UMTS (universal mobile telecommunication system)　41, 177

Video Comm　84

W-CDMA　40–42, 174

Web 2.0 TV　44

Wi-Fi　42–44, 47, 164–165, 168

WiMAX　41–47, 78, 174, 177

WLAN　38, 41, 43, 177

WRC　42

三　劃

三合一 (triple play)　43, 46

下行方向　67

下行訊號 (down stream signal)　55, 73

下行傳輸 (down stream) 89, 91–93

下鏈 (down link)　122–123, 126

上行方向　67

上行訊號 (up stream signal)　55, 66, 75

上行傳輸 (up stream)　55, 66, 89–90

上需與下傳 (first mile & last mile)　19

上鏈 (up link)　122, 126

大西洋貝爾 (Bell Atlantic)　156

大耳朵 (C-Band)　147

小區域網路 (LAN)　40, 112, 284, 292

工業經濟 (industrial economy)　283, 296

工業經濟與數位經濟的轉化　296

四　劃

中央廚房 (central kitchen)　164–165

互動式電視 (interactive TV)　82–83, 93–94

互動廣告　255, 304

互動隨選視訊 (interactive video on demand)　84

內製外包　225

公共財　199, 224

公眾交換電話網路 (public switched telephone network, PSTN)　157, 164

分封交換數據網路 (packet switched data network, PSDN)　164, 281

分封傳輸 (package delivery)　285, 303

分配線 (distribution line)　55

分組付費　62–64, 66, 73–74, 80, 95, 110, 113, 257, 306, 318

分解組合法 (analyzing & synthesizing method)　26

太陽雜音干擾現象 (sun transit outage)　125

引示訊號 (pilot-tone)　55, 60

手持行動數位電視系統 (digital video broadcasting-handheld television, DVB-H)　28, 44–46, 176–179

日本電氣通信事業者協會 (Telecommunications Carriers Association, TCA)　180

日本電話電報公社 (Nippon Telegraph and Telephone Corporation, NTT)　40, 42, 105

毛收視率 (gross rating point, GRP)　259

毛效果／總收視印象 (gross impressions)　259

五　劃

世界貿易組織 (WTO)　195, 299

主天線電視 (master antenna TV, MATV) 102

主要影響地區 (area of dominant influence, ADI) 259

主動需求 (on demand) 45, 62, 115, 192, 321

主幹線 (trunk line) 65, 71, 82

付費方式 (pay per view) 64, 84, 95

付費頻道 (pay channel) 121, 132, 148, 269, 318

代理制度 229, 232

可回傳的數位電視系統 (DVB-RPC) 28

外製外包 225–226, 228, 233, 239

外製用棚 225

外製節目 225, 228, 235

平均每刻鐘觀眾數 (average quarter-hour audience, AQH Persons) 259

平等接續 (equal access) 157

必載頻道 (must-carry) 144

母體 (universe) 258, 259

皮考克委員會 141, 200

古騰堡 (Gutenberg) 革命 158

六 劃

交叉補貼 (cross subsidy) 56, 157–158

交換式數位影像 (switched-digital video, SDV) 72–73

休斯公司 (Hughes Communications) 143

光網路節點 (optical network unit, ONU) 72–73

光纖 37, 55, 59, 61, 64–75, 77, 79–82, 84–85, 90–91, 94, 103, 105, 111–112, 114–116, 124, 147, 164, 192, 194, 270–271, 288, 301

光纖乙太網 (fiber-of-ethernet, FoE) 164

光纖同軸混合網路 (hybrid fiber coaxial, HFC) 59, 66–67, 71, 75. 85, 91, 113, 194, 270, 300–301

光纖到近鄰 (fiber to the curb, FTTC) 72–73, 78

光纖到家 (fiber to the home, FTTH) 65–66, 70, 73, 78–79, 82, 91, 113, 270, 301

光纖到節點 (fiber to the node, FTTN) 79, 91, 270, 302

光纖節點 (fiber node) 82, 85

全球資訊網 (world wide web, WWW) 17, 161

同步 2–3, 16, 18, 22, 26, 31, 81, 115, 129, 134, 143–144, 149, 152, 192, 245, 298

同步性 (synchronization) 17, 123

同步性傳輸 286

同步性與異步性 14

同軸電纜 50, 59, 61–62, 65–73, 75, 81–82, 85, 89, 91, 102, 147, 156, 194

地面無線數位電視系統 (DVB-terrestrial, DVB-T) 28, 46, 176–177, 279–280

地球村 (global village) 18, 158, 281

地鼠 (gophers) 17

在地化 (localization) 97–101, 117, 153, 161, 264–265, 267

多工選擇 (multiplexing) 94, 279

多系統經營者 (multi system operator, MSO) 51, 87, 100, 107, 307

多媒體家庭平臺 (multimedia home-platform, MHP) 30, 44–45

多媒體點選 (multimedia on demand, MOD) 30, 46, 115, 138, 158, 212, 282, 321

多頻道多點系統 61

收視戶引線 (drop line) 82

收視戶迴路 (wireless local loop, WLL) 82

收視戶接收設備 (subscriber drop) 52, 62

收視戶網路 (access network) 66, 81

收視率 141, 189, 223, 228, 231, 234–240, 244, 246–260, 262, 267, 269, 304

收視率調查 99, 184, 236–237, 246–257, 262

收視質調查 256–258

有線 MOD 221

有線電視數據機 (cable modem) 40, 78, 88–90, 92, 273, 282, 302

有線數位電視系統 (DVB-C) 28, 280

行為主義傳統 (behaviorist tradition) 15

行動網 (mobile network) 22, 56, 138, 145, 284, 292

七　劃

串流模式 (streaming) 45, 177, 288

位元價值 (the value of a bit) 295

佣金制度 231

低功率 38, 40, 56, 130, 145–146, 272

低涉入感 (low-involvement) 253

即時性 (real time) 11, 77, 121, 172–173, 175, 192, 282–283, 314, 326

即時性服務 (real time service) 134

即時通訊軟體 (web messenger, MSN) 13

每千人成本 (cost per thousand, CPM) 259–260

每收視點成本 (cost per rating point, CPRP) 250–251, 260

系統經營者 (system operator) 52–53, 61–66, 71, 75–79, 82–84, 87–89, 95, 97, 99–101, 105, 109–110, 113, 117, 264, 266, 305

系統整合業者 (system intergrator, SI) 182

八　劃

到達率 (reach) 259, 261

固定之通訊網路 (fixed line) 56

固定通信綜合網路業務 157, 212

固定通信網路 64

固網 (fixed network) 22, 35, 37, 40, 43, 50, 56, 64–65, 145, 156–157, 164, 174, 195, 212, 284, 287, 290

委製 225, 230, 243

委製內包 225

委製外包 225, 239

定址系統雙向互動 85–86

拉式 (pull) 183

拉式策略 (pull strategy) 183

抽樣單位 (sampling unit) 260

拆帳 225, 243, 319

法規鬆綁 (deregulation) 87

泛歐電視網 (Eurovision) 140

泛歐廣播 (Euroradio) 140

直接記憶體存取 (direct memory access, DMA) 47

直接經營 222, 228, 239

直播衛星 (direct broadcast satellite, DBS) 104–105, 107–108, 120–122, 125–126, 129–134, 136–139, 141–152, 194, 206, 272, 279, 290, 301–303, 320

直播衛星電視公司 (DirecTV) 108, 133–134, 137

社區共同天線 50–51, 102–103

社會文化傳統 (social culture tradition) 15

長尾 (the long tail) 效應 170–171

長尾理論 171

阻抗特性 (characteristic of impedance) 70

附加資訊 (program associated data, PAD) 36

雨衰現象 125–126

非同步 2–3, 18, 255, 276

非同步傳輸方式 (asynchronous transfer mode, ATM) 66–67, 72, 78–79, 270, 276, 302

非節目相關資訊 (Non-PAD) 36

非對稱式數位用戶迴路 (asymmetric digital subscriber line, ADSL) 40, 66, 79, 90–93, 112, 194, 270, 273, 283, 300, 302

近似隨選視訊 (near video on demand, NVOD) 82

九 劃

垂直整合 (vertical convergence) 51, 87, 288, 296, 304

客製化廣告 255

封包 (packet) 39–41, 43, 45–47, 156, 164, 168

科技決定論 (technological determinism) 3

科技匯流 (technology convergence) 45, 199, 206, 209, 213–215, 217, 291, 300–301

美國國際開發總署 139

美國聯邦通訊委員會 (Federal Communications Commission, FCC) 103–104, 157, 183, 200–201, 214, 279

計次付費 (pay-per-view) 53, 64, 82, 84, 132, 185, 269, 325

星狀網路 (star branch) 55, 65–67

十 劃

個人收視記錄器 (people meter) 246–248, 252, 254

倫敦皇家學會 (Royal Institution of Great Britain) 27

套裝服務 (package service) 45, 300

娛樂服務的提供者 (infortainment provider) 61

差別待遇 (discrimination) 157, 216–217, 266

旁波瓣 (side lobe) 126

核心能力 (core competence) 298–299, 322

窄播 (narrowcast) 222, 274

討論群組 (news groups) 17

訊號源自動增益控制 (automatic gain control, AGC) 60

訊號調變 (modulation) 59, 89, 92

訊號雜波比 (signal-to-noise ratio)　26,
　69

配線站 (hub)　65, 75

配線傳輸網路　66

配線網路 (HUB)　22, 55, 61, 68, 75

骨幹網路 (backbone network)　78–79,
　114

高功率　38, 124, 126, 130–132,
　145–146

高級專案研究機構 (Advanced Research
　Project Agency, ARPA)　160

高速數位用戶迴路 (high data rate digital
　subscriber line, HDSL)　90–91, 93

高畫質電視 (high-definition TV, HDTV)
　28–30, 44, 46, 103, 124, 132–133, 136,
　277, 319–320

高壓縮　286

鬼影 (ghost image)　50, 58, 60

十一劃

國家主義者 (nationalist)　135

國家傳播通訊委員會 (NCC)　34, 37,
　61, 178, 197, 209, 214

國族主義 (nationalism)　3, 139

國際電信聯盟 (ITU)　38, 41–42,
　143–144, 319

國際電信聯盟廣播部門 ITU-R　29

基本頻道 (basic channel)　53, 110,
　132, 318

常時 (always on)　12, 38, 284, 286,
　302, 324

掃描動作 (scanning)　27

產業垂直與水平整合 (vertical &
　horizontal integration)　287

異步性 (asynchronous)　17

異步性傳輸　286

第一類電信事業　55–56, 213

第二類電信事業　56, 213, 298

第三代行動通訊 (3G)　22, 37–38,
　40–43, 45, 165, 168, 174, 177–178,
　180–181, 194, 292, 320

通訊傳播基本法　215–217

陰極射線管 (cathode ray tube, CRT)
　26

十二劃

最前一哩 (first mile)　9

最後一哩 (last mile)　9, 79, 85, 120,
　147, 156, 164

創新價值 (innovalue)　47, 296, 324

博奕模式　197

單頻成網 (single frequency network,
　SFN)　25, 193, 276, 278

媒介效果子彈論 (bullet theory)　12

媒體產業數位化 (media digitalization)
　286

媒體購買公司　250, 255–256, 258, 263

媒體雙元市場 (dual product market)
　262

普及服務 (universal service)　157, 216

無線電音樂盒 (radio music box) 25

無線電臺 (radio station)　22, 207–209,
　247

無線數位平臺　221

無縫 (seamless) 網絡環境　35, 81

畫素 (pixel)　26–27

結構主義傳統 (structural tradition)　14

虛擬文化 (virtual culture)　12

虛擬社群 (virtual community)　14, 161

虛擬專用網路 (virtual private network, VPN)　281

視訊伺服器 (video servo)　272

視覺暫留原理 (persistence of vision)　26

超文本 (hypertext)　17, 161, 282, 286, 321, 326

超文字標記語言 (HTML)　161

超高速數位用戶迴路 (very high data rate digital subscriber line, VDSL)　90, 93

超鏈結 (hyperlink)　17, 284, 325

開放天空政策 (open sky policy)　104–105, 107, 130

間接　2, 51, 56, 99, 146, 203, 228, 230, 239, 252, 309, 318

間接經營　222–223, 225–230, 232–234, 238–240, 242–244

黑雁石 (Brant Rock)　24

費邊主義 (Fabianism)　221

十三劃

傳播網路系統 (computer-based communication network)　3

傳輸網路 (distribution network)　52, 54–55, 61, 63, 65–66, 80, 83, 89, 92–93, 95, 114, 194, 279, 291, 317, 321–322, 326

匯流 (convergence)　9–10, 12, 25, 34–35, 44, 74, 76, 79, 84, 103, 153, 158, 164, 178–179, 212, 214, 217, 220–221, 241, 256, 278, 281–284, 287–288, 290, 292, 300–301, 303, 320–321

幹線網路 (backbone network)　52, 55, 58–59, 61, 66, 69

幹線 (trunk)　22, 52, 55, 58–59, 61, 65–66, 68–69, 71, 82, 105, 271

搜尋與分享 (search & share)　16

新聞集團 (News Corp.)　134, 137

會計制度分離 (accounting separation) （禁止交叉補貼）　157

會話發起協議 (session initiation protocol, SIP)　43, 59

極化分離方式 (polarization isolation)　123

節目外包　227

置入性行銷　186, 190, 255

號碼可攜性 (number portability)　157

解像管 (image dissector)　26–27

解碼 (decoding)　53, 55, 63–64, 83, 95, 132, 276, 302, 305–307, 309, 311, 317–320, 326

解碼器　52, 63–64, 316–317

解調變 (demodulation)　89

解擾波 (de-scrambling)　53

資訊工業策進會 (MIC)　170

資訊社會 (information society)　126, 203, 216, 283, 325

資訊傳輸 (data broadcasting)　36, 48, 66, 75, 78, 80, 86, 94, 150, 276, 278, 282–284, 295, 314, 324

跨平臺營運　103

跨組織系統 (inter-organizational systems)　298

載波雜訊 (carrier to noise, C/N)　125

電子布告欄 (usenet/BBS)　17, 171

電子商務 (e-commerce)　40, 64, 87, 169, 170–171, 173, 182, 185, 190, 283,

297, 324

電子商務的行銷策略　170

電子郵件 (E-mail)　17, 94, 134, 213

電子節目選單 (EPG)　184, 282

電信法　114, 152, 157–158, 195, 204, 208–209, 215

電信骨幹網路　114, 116

電視無邊界 (television without frontiers) 266

電碼 (message code)　23–24

十四劃

實體媒體 (physical media) 傳輸　297

實體與虛體 (physical space & cyber space)　161

對稱式數位用戶迴路 (single line or symmetric digital subscriber line, SDSL)　90, 93

網路互連 (interconnection)　157, 166, 216, 271, 288

網路內容服務業者 (internet content provider, ICP)　162

網路服務供應者　61, 80, 92

網路服務供應者 (internet service provider, ISP)　36, 89, 113, 162, 181, 290–291, 297

網路烏托邦 (cyber-utopia)　13

網路應用服務業者 (application service provider, ASP)　162

網路電視 (web TV) 138, 283, 302, 322

網路電話 (voice over IP, VoIP)　9–10, 56, 83–84, 156, 158–159, 167–168, 170

網路儲存服務業者 (internet data center,

IDC)　162

網際網路內容提供者　241

網際網路平臺提供者　241

網際網路的接取 (internet access)　92

網際網路接取提供者　241

語音搭載數位用戶迴路 (VoDSL)　90

遠端登入 (telnet)　17

十五劃

寬頻多媒體網路　116

寬頻技術　18, 113, 279, 284

寬頻帶傳輸系統　(wide-band transmission system)　94

寬頻網路　37, 40, 77–81, 83, 145, 150, 159, 164, 166, 175, 194–195, 220, 253, 270, 272, 282–283, 285, 291, 300, 320–321, 326–327

寬頻網路服務供應者　276

廣告代理　225–226, 228, 231–233, 235–236, 238–239, 258, 260–261, 263, 273

廣告代理制度　231–232

廣告客戶　225, 227, 232–233, 235–239, 251

廣告節目化　227, 241

廣告聯賣制度　235

廣域網路 (wide area network, WAN) 112, 281, 284, 290, 292

廣播 (broadcast)　3, 8–9, 11–15, 22–26, 30, 37–38, 42, 44, 46, 51–53, 55, 57, 61, 72, 76, 80, 82, 85, 87, 112, 114, 116, 120, 124, 131–134, 136–137, 140–142, 149, 152, 157–158, 176–179, 183, 192–195, 197, 199, 200–202, 204,

206–212, 214–215, 217, 221, 240–242, 245–247, 261–266, 269–270, 274, 279–280, 282, 289, 291, 293–294, 304, 316, 320, 322

影像元素 (picture element) 26–27

影像交換 (video switching) 164

影像會議 (video conferencing) 92

影像電話 (TV phone) 41–43, 62, 81

影像撥號電話 (video dial tone, VDT) 83

數位內容 (digital content) 46–48, 79, 103, 159, 161–164, 245, 273, 307, 319

數位用戶迴路 (xDSL) 40, 301

數位助理 (personal digital assistant, PDA) 22, 25, 44, 46, 159, 162, 165, 168, 175, 178, 254, 290

數位版權經營 (digital rights management, DRM) 273

數位無線電視 (digital terrestrial television, DTT) 44, 302

數位傳輸服務網路 (integrated services digital broadcasting, ISDB) 28, 86, 176–177, 280, 320

數位經濟 (digital economy) 283, 296

數位電視 (digital TV, DTV) 28–29, 35, 44–46, 62–64, 73, 86, 132, 134, 156, 176–179, 183, 212, 220, 245, 253, 276–280, 282, 293–294, 301–306, 308, 310–312, 314–318, 320–322, 325–327

數位電視廣播標準 (Advanced Television Systems Committee, ATSC 28, 176–177, 279–280, 316, 320

數位廣播 (digital audio broadcast, DAB) 25, 28, 34, 44–45, 80, 92, 136, 164, 176–177, 200, 217, 280, 316

數位整合服務網路 (integrated service digital network, ISDN) 40, 62, 70, 73, 89, 166–167, 301

數位機上盒 (digital set-top-box) 34, 44, 62, 64, 95, 272, 302, 309

數位壓縮 63, 111, 147, 149, 277, 300–301, 316–317, 320

數位壓縮多頻電視 (MPEG-1) 276, 319–320

數位壓縮技術 (digital compression) 35, 54, 86, 122–123, 131, 137–138, 146, 200, 319

數據 (data) 25, 28, 30, 35, 37–40, 43, 45, 56, 64, 70, 79–81, 83–84, 89, 91, 93, 114, 124, 126, 134, 159–160, 162, 164, 166–167, 178, 180–182, 193–195, 200, 236–237, 248–249, 252–256, 262–263, 270, 276–278, 281, 286–287, 290–292, 294, 300–302, 304–305, 314, 324

歐洲廣播聯盟 (European Broadcasting Union, EBU) 136, 140

歐洲聯邦主義者 (unionist) 135

歐洲聯盟 (European Union, EU) 108

歐盟數位電視推動組織 (Digital Terrestrial TV Action Group, DigiTAG) 179

編碼 (encoding) 53, 62–64, 270, 276–277, 279, 317, 319–320

編碼正交分頻多工 (coded orthogonal frequency-division multiplexing, CDFDM) 279

線上交談 (chatting) 17

線性收視行為 (linear exposure) 253

衛星蝕 (satellite eclipse) 現象 125

衛星廣播電視法 120, 151–152, 158, 204, 265

衛星數位電視系統 (digital Video broadcasting-satellite, DVB-S) 28

衛星轉頻器 120, 123, 126, 131, 142, 149, 264

調變 (modulation) 22, 25, 28, 57, 63, 89, 94, 279

賣斷 225–226, 230, 242–243

十六劃

導入線 (drop/subscriber line) 55

整合服務數位網路 (B-ISDN) 70, 79, 88–89, 91–92, 112, 166–167

整合寬頻系統 (integrated broadband system) 284

樹狀網路 (tree branch) 65–67

機上盒 34, 44–45, 62–64, 83, 87, 89, 95, 151, 158, 165, 187–188, 272, 277, 280, 294, 302

隨按即說 (push-to-talk over cellular, PoC) 43

隨時選取 (on demand) 14, 284

隨選視訊 (video on demand, VOD) 62–64, 80, 82, 88, 90, 92, 115, 245, 254–255, 257, 278, 282–283, 319, 321–322

頻次 (frequency) 259, 261, 279

頻率響應 (frequency response) 67

頻道稀有理論 199–201

頻道經營者 (channel operator) 52, 87, 99, 149, 151, 264, 269, 272

頭端 (head-end) 52–55, 57–61, 63, 66–68, 71–72, 80, 82, 84–85, 89–91, 113, 177, 254, 271, 316–317

十七劃

壓縮技術 72, 94, 133, 159, 217, 271–273, 276–278, 285, 288, 301, 303, 315, 319

點對點技術 (peer-to-peer, P2P) 44, 170

十八劃

擾波 (scrambling) 53, 62

簡易老式電話業務 (POTS) 301

轉頻器 (satellite transponder) 62, 122, 126, 137, 144, 148

雙元產品市場 263

雙向互動電視 (interactive TV, iTV) 53, 63, 65, 75, 86, 105, 113, 182, 271, 276, 321

雙向傳輸 72–73, 75, 90, 94–95, 286

鬆綁 (deregulation) 34, 115, 152, 206, 283

十九劃

類比電視 (analog TV) 28–29, 73, 183, 185, 187, 189, 277–278, 314

二十劃

饋線 (feeder line) 82

二十一劃

顧客關係管理 (customer relationship management, CRM)　213

二十三劃

變頻器 (converter)　62, 64

二十五劃

觀眾反應調查 (audience reaction)　248

中英人名對照表

A. Coughlan　葛夫藍　183

Adam M. Brandenburger　布蘭登伯格　220

Alexander Bain　班恩　25

Alexander Graham Bell　貝爾　23, 25, 91, 156

Barry J. Nalebuff　奈勒波夫　220

C. K. Prahalad　普哈拉　299

Charles Francis Jenkins　傑金斯　26

Chris Anderson　安德森　171

D. J. Collis　柯里斯　288, 298

D. McQuail　麥奎爾　14-15

D. T. Kollat　科拉特　308

David Sarnoff　沙諾夫　24

Ernst F. W. Alexanderson　亞歷山德森　27

Everett M. Rogers　羅吉斯　2, 293, 307, 310, 312

F. W. Nietzsche　尼采　203

Frank Conrad　康瑞德　25

Frank Webster　韋伯斯特　12

G. Hamel　哈默爾　299

G. R. Dowling　佟林　220

Guglielmo Marconi　馬可尼　23-24

H. Galperin　格培林　184, 186-188

H. M. Beville　畢維爾　262

H. P. Davis　大衛斯　25

Heinrich Rudolf Hertz　赫茲　23-24

Herbert Marshall McLuhan　麥克魯漢　8, 158, 203

I. Ang　安格　262

Ithiel de Sola Pool　普爾　87, 139

J. F. Engel　恩格爾　308

J. G. Webster　韋伯　246

J. Wolf　沃夫　9

James Clerk Maxwell　馬克士威　24

James R. Beniger　班尼傑　12

John Logie Baird　貝爾德　26-27

John Vernon Pavlik　帕夫林　305

K. Fitzgerald　費茲傑羅　186

Karl Ferdinand Braun　布勞恩　26

Lee De Forest　佛瑞斯特　23-24

Lord John W. Reith　雷斯勛爵　211

M. Castells　柯司特　314

M. Porter　波特　298

Margaret Wertheim　魏特罕　13

N. Negroponte　尼葛洛龐帝　285, 303

P. W. Bane　班　288

Paul Gottlieb Nipkow　尼普可夫　25

Potter Stewart　斯圖爾特　189

R. D. Blackwell　布萊克威爾　308

R. G. Picard　畢凱　262

R. Tsaih　賽伊　186

Reginald Aubrey Fessenden　菲森登　23-24

S. P. Bradley　布雷德利　288

Samuel F. B. Morse　摩斯　23-24

T. F. Baldwin　鮑爾溫　284

T. Haywood　懷伍德　325

Ted Nelson　尼爾森　247, 321

Thomas R. Dye　戴　195

Wilbur Schramm　施蘭姆　3, 8, 211

William E. Hocking　霍根　211
William Haley　哈雷　211
Zechariah Chafee, Jr.　賈非　211

新聞採訪與寫作

張裕亮／主編　張家琪、杜聖聰、趙莒玲／著

　　本書的目標在於成為採訪寫作的操作準則。由於四位作者目前皆在大學教授採寫課程，且過去都曾於新聞界工作多年，累積了豐富的實務經驗。本書的特色即在於將四位作者的實務心得予以整合，其範圍橫跨平面媒體與電子媒體，以豐富的範例說明新聞採寫的實際操作。本書用詞淺顯易懂，舉例新近，教學、自修皆宜，是修習採寫課程者的不二選擇。

電影剪接美學——說的藝術　　井迎兆／著

　　本書乃電影剪接藝術概論性的書籍，從電影敘事簡史、影像敘事邏輯的策略、剪接的理論，到當代新世紀的剪輯特點，都在討論的範疇內。另外，本書將電影當成表意的藝術，特將它與語言類比，從「說」的各層面切入電影藝術，作為講說的策略。鑑於電影風貌的日新月異，本書希望在以往歷史的基礎上，繼續拓展電影剪輯藝術的新疆界，提供初學者作為認識電影的基礎工具。

現代媒介文化——批判的基礎　　盧嵐蘭／著

　　本書呈現當代媒介文化的主要批判觀點，它們皆是探討傳播媒介時的重要基礎，包括阿多諾與霍克海默的文化工業理論、葛蘭西的霸權理論、阿圖舍的意識型態理論、傅柯的論述理論、布迪厄的文化社會學、女性主義與後現代主義等。本書說明各個理論的主要內容，並分別闡述這些觀點所彰顯的媒介文化特性，全書聚焦於這些學說，為當前傳播社會提供基本的與重要的批判架構。